O MUNDO
UM GUIA PARA PRINCIPIANTES

Proibida a reprodução total ou parcial em qualquer mídia
sem a autorização escrita da editora.
Os infratores estão sujeitos às penas da lei.

A Editora não é responsável pelo conteúdo da Obra,
com o qual não necessariamente concorda. O Autor conhece os fatos narrados,
pelos quais é responsável, assim como se responsabiliza pelos juízos emitidos.

Consulte nosso catálogo completo e últimos lançamentos em **www.editoracontexto.com.br**.

Göran Therborn

O MUNDO
UM GUIA PARA PRINCIPIANTES

Tradução
Alice Borges Leal

Traduzido de The World
Copyright © Göran Therborn, 2011
This edition is published by arrangement with Polity Press Ltd., Cambridge

Direitos para publicação no Brasil adquiridos pela
Editora Contexto (Editora Pinsky Ltda.)

Montagem de capa e diagramação
Gustavo S. Vilas Boas

Preparação de textos
Lilian Aquino

Revisão
Daniela Marini Iwamoto

Dados Internacionais de Catalogação na Publicação (CIP)
(Câmara Brasileira do Livro, SP, Brasil)

Therborn, Göran
O mundo : um guia para principiantes / Göran Therborn ; tradutora
Alice Leal. – São Paulo : Contexto, 2013.

Título original: The World : a beginner's guide.
ISBN 978-85-7244-818-5

1. Civilização moderna – Século 21 2. Ecologia humana – História
3. Ecologia social – História 4. Sistemas sociais – História I. Título.

13-10397   CDD-301.09

Índice para catálogo sistemático:
1. Civilização moderna : Sociologia : História   301.09

2013

EDITORA CONTEXTO
Diretor editorial: *Jaime Pinsky*

Rua Dr. José Elias, 520 – Alto da Lapa
05083-030 – São Paulo – SP
PABX: (11) 3832 5838
contexto@editoracontexto.com.br
www.editoracontexto.com.br

Sumário

Prefácio à edição brasileira 7

Prólogo: no princípio há... 9

Introdução: a humanidade e seu mundo 13

Por que somos quem somos?
Uma geologia sociocultural do mundo de hoje 19

    Civilizações e origens 21

    Sistemas de família-sexo-gênero 46

    As seis ondas de globalização e seus sedimentos 55

    Caminhos rumo à modernidade e seu legado 79

    Consequências dos caminhos rumo à modernidade e seu legado 97

    A sina moderna das religiões 107

    Maré de oportunidades 111

DINÂMICA MUNDIAL: A EVOLUÇÃO HUMANA E SEUS IMPULSOS 117

Meios de vida: os altos e baixos do capitalismo – e o resto 121

Ecologia populacional e o fim da emancipação ecológica moderna.... 125

A dinâmica étnica, religiosa e sexual do reconhecimento e do respeito ... 129

Políticas de poder coletivo e a apoteose do Estado 132

Cultura – modernismo globalizado, acelerado e comedido 139

Canais de operação 144

Processos globais 145

Processos nacionais 165

O PALCO MUNDIAL ATUAL 171

Cenografia: o cenário mundial 172

Os atores principais 174

NOSSO TEMPO NA TERRA: TRAJETÓRIAS DE VIDA 195

Nascimento e sobrevivência 197

Infância 203

Juventude: sexo e cultura 210

Idade adulta 226

Terceira idade 263

Trajetória de vida ideal no século XXI 275

Morte e depois 276

CONCLUSÃO: COMO CHEGAMOS ATÉ AQUI E AONDE VAMOS 277

Como chegamos até aqui? 278

Aonde vamos? 286

BIBLIOGRAFIA 303

O AUTOR 319

Prefácio à edição brasileira

BRASIL NO MUNDO

Na primeira década deste segundo milênio, o Brasil se tornou um ator global fundamental em política e economia. O Brics, de Brasil, Rússia, Índia, China e África do Sul, surgiu como um polo mundial novo e mais dinâmico, junto com Estados Unidos, União Europeia e Japão. Isso é um grande desafio para um país grande até então mais voltado a si próprio e sem ambições nem possibilidades imperialistas. Até agora o Brasil vem atuando muito bem neste novo papel, como um líder habilidoso e não impositivo da União das Nações Sul-Americanas (Unasur).

A nova posição mundial do país exige um conhecimento maior sobre o mundo entre cidadãos, políticos e acadêmicos. Em áreas conexas – Historiografia e Ciências Sociais -, que conheço um pouco, a pesquisa brasileira é soberba e me ensinou muito, tanto em visitas (a primeira ao Cebrap em 1978) quanto em leituras. Octavio Ianni, de quem guardo uma lembrança carinhosa, escreveu um dos primeiros e mais lúcidos estudos sobre globalização: *A sociedade global* (1992). Foi pioneiro em meio a estudos nacionais e, no máximo, hemisféricos.

No entanto, o mundo é um país estrangeiro no qual todos somos visitantes recentes e sobre o qual somos todos iniciantes. Não é apenas a globalização. Precisamos aprender os códigos histórico-culturais das diferentes partes do mundo provenientes das suas geologias culturais. Precisamos entender a trajetória de vida dos nossos companheiros, assim como a dinâmica planetária da evolução humana e a cenografia do atual palco mundial.

As conexões do Brics já desencadearam um processo de aprendizagem sobre outros países, além dos históricos alinhamentos culturais com Portugal, França e Estados Unidos. Espero que este livro contribua com o processo de o Brasil conhecer o mundo – e o seu lugar nele.

Ljungbyholm, Suécia, 18 de abril de 2013.
Göran Therborn

Prólogo: no princípio há...

Quando o assunto é a humanidade, nós todos não passamos de principiantes. Normalmente sabemos muito mais sobre nosso próprio país ou região continental, esteja ela localizada na África, na Europa, na América Latina, na América do Norte ou em alguma parte da Ásia; porém, são poucos os que sabem bastante sobre o continente inteiro. Além disso, nós também não somos nada mais do que principiantes quando o assunto é o século XXI, um século que promete pelo menos o seguinte: ser muito diferente do anterior. Este livro é, portanto, um guia para principiantes, destinado a todos aqueles que sentem curiosidade com relação ao mundo, àqueles que ainda não sabem tudo o que gostariam de saber, tudo o que deveriam saber acerca do bem, do mal e da salvação do planeta. O que os leitores têm em mãos não são preceitos oriundos da corrente dominante, mas sim a visão de um estudioso em particular, baseada em meio século de pesquisa sociológica e impulsionada, de um lado, por dados empíricos e, de outro, por uma paixão pela liberdade e igualdade humanas.

Neste livro, os leitores encontrarão um mapa geológico sociocultural do mundo; um esboço dos impulsos fundamentais que movem as sociedades humanas, bem como uma explicação do modo como eles operam no mundo de hoje; além de um panorama do palco mundial atual, com seus atores principais. Vocês serão convidados a acompanhar trajetórias de vida completas, desde o nascimento até a vida após a morte, em diferentes partes do globo. Este livro é, também, um guia dos princípios, uma espécie de panorama mundial jamais visto antes (fora de minhas salas de aula em Cambridge), apesar de ser formado pelos vastos arquivos da pesquisa e experiência humanas.

Este livro é um guia do mundo no momento em que a poeira da "globalização" baixou e a vista mundial começou a clarear. O que está emergindo nos horizontes mundiais é um novo espaço de imaginação social, não mais meramente nacional, e não mais tendo a região do Atlântico Norte ao centro, maior do que o universo inteiro; ou seja, nos horizontes mundiais está uma primeira ou segunda modernidade, líquida ou sólida, ou uma pós-modernidade. Vivemos hoje em um planeta finito de uma diversidade impressionante, cujas partes são interdependentes e comunicam-se entre si. Esse novo mundo abriga civilizações plurais, cada qual com sua própria história contemporânea – diferentemente da dualidade de antes, quando os líderes da região do Atlântico Norte colocavam a sua civilização em oposição à dos bárbaros que a ameaçavam. Trata-se de um mundo de potências emergentes e culturas ressurgentes, e não simplesmente de mercados globais; um mundo de possibilidades alternativas e de trajetórias de vida diferenciadas.

Do ponto de vista intelectual, este talvez seja o momento da sociologia global, no sentido acadêmico, com sua sensibilidade diante da diversidade, das limitações e da conectividade da humanidade, bem como com seu distanciamento dos dogmas políticos. Há meio século, entrei para a Universidade de Lund, na Suécia, com o intuito de estudar Economia e Política; ao longo do processo, no entanto, deparei-me com a Sociologia, um método científico que tende a refletir circunstâncias locais mais do que a verdade universal. Mais tarde, na Holanda, recebi uma cátedra de Ciências Políticas, e a Economia Política sempre havia tido um espaço especial em minha mente, embora meus teóricos e pensadores prediletos sempre houvessem sido os historiadores, modelos de erudição e estilo. De todo modo, acredito que a Sociologia oferece a perspectiva mais privilegiada para se compreender o mundo como um todo – o passado e o presente juntos. Ela está sempre de portas abertas a outras áreas do conhecimento e disciplinas e é, por si só, pluralista, impulsionada tanto por uma curiosidade sem fronteiras e não paradigmática quanto pelo desejo de associar tantos dados e experiências humanas quanto possível.

No fim das contas, contudo, as disciplinas acadêmicas são importantes apenas dentro dos limitados confins da academia, e este livro destina-se ao mundo lá fora. Ele foi escrito por um acadêmico para seus concidadãos do mundo. De fato, para além de todos os papéis que desempenhamos, tornamo-nos também, de repente, concidadãos de um mesmo planeta e membros de uma mesma humanidade.

Por fim, meus agradecimentos. Sou um sociólogo artesão – e não um teórico afastado da prática ou um orientador de grupos de pesquisa. A maior parte dos dados empíricos nos quais o presente livro se baseia tive de granjear com as próprias mãos, aceitando, voraz e agradecido, os frutos colhidos por institutos de pesquisa e por colegas acadêmicos de diversas disciplinas. Gostaria de expressar meus agradecimentos à minha aluna Maruta Herding pela assistência na área do intercâmbio cultural. Também gostaria de agradecer aos meus alunos na Universidade de Cambridge pelo desafio e pela experiência maravilhosa que foi lecionar lá, bem como pelo aprendizado intercultural que me proporcionaram. Além disso, devo meus agradecimentos ao meu colega e editor, o professor John Thompson, por sua perspicácia, seu senso crítico afiado e seu apoio sempre generoso.

Cambridge, Inglaterra / Ljungbyholm, Suécia.

Introdução:
A humanidade e seu mundo

Só se pode compreender a sociedade humana e a história da humanidade por meio de suas contradições. O século XX foi homicida, o pior desde o século XVI, com a conquista das Américas pelos europeus – isso sem falar nos picos de crescimento demográfico líquido. Ele produziu o pior tipo de racismo – o racismo genocida – da história da humanidade e nos legou a consciência de que existe uma humanidade vivendo em um mundo compartilhado e finito.

Os direitos humanos, a internet, a "globalização" e o Protocolo de Kyoto – todos produtos do último quarto do século passado – abriram novos horizontes de compreensão e ação social para a humanidade e seu mundo. Enquanto, por um lado, continuamos sendo, por exemplo, chineses ou americanos, muçulmanos ou hindus, classe operária ou banqueiros, mulheres africanas ou homens europeus, jovens ou velhos, por outro lado, passamos a ser membros de uma humanidade comum, todos partes interessadas no mesmo planeta.

A confluência de eventos foi extraordinária. A Declaração Universal de Direitos Humanos de 1948 foi uma publicação de vanguarda e, por um bom tempo, de pouca importância. O direito ao casamento livre e consensual, por exemplo, foi sistematicamente violado na maior parte da África, da Ásia e dos Estados Unidos (casamentos inter-raciais), e frequentemente no restante das Américas e no Leste Europeu, embora nessas regiões legislações mais recentes tivessem abolido, pelo menos do ponto de vista oficial, o controle dos pais. A questão dos direitos humanos começou a se tornar um assunto sério na década de 1960, graças à Anistia Internacional, mas só passou a ser tendência dominante no cenário geopolítico em meados da década de 1970. As potências ocidentais trataram de inseri-los nos Acordos de Helsinque de 1975, reconhecendo as fronteiras europeias pós-Segunda Guerra Mundial, assunto crucial aos poloneses e à maior parte dos outros países do Leste Europeu, fossem eles comunistas ou anticomunistas. Também nas Américas, os direitos humanos passaram a ser tema central na segunda metade da década de 1970. Na América Latina (à exceção de Cuba), eles se tornaram um mecanismo de defesa derrotado após todas as tentativas de transformação social progressiva serem aniquiladas por ditaduras militares. Nos Estados Unidos, o tema finalmente teve repercussão positiva durante o mandato de Carter. A junção completamente imprevista da diplomacia da Guerra Fria e do reconhecimento, por parte dos EUA, dos direitos humanos nas Américas garantiu aos direitos humanos um espaço fixo na agenda política internacional, sendo aceitos – embora violados – até mesmo nos mandados de Reagan e de ambos os Bush.

Já há muito tempo, boa parte da humanidade está em contato, senão completo, então pelo menos transcontinental e transoceânico. Havia rotas de comércio ligando a Roma antiga à Índia cerca de dois mil anos atrás, assim como entre a Índia e a China. A pilhagem, por Alexandre da Macedônia, da Ásia Central há 2.300 anos é inegável diante das estátuas de Buda com estilo grego no Museu Britânico. A novidade hoje é o contato em massa e o contato entre as massas; a viagem, a comunicação em massa e das massas. A transmissão televisiva mundial via satélite surgiu, em larga escala, nos anos 1980. A internet se tornou pública em 1991. As ferramentas internacionais de bate-papo e os clubes para troca de imagens emergiram na década de 2000 e logo abocanharam dezenas – que nada! – centenas de milhões de membros no mundo todo. Hoje, a internet e os satélites alcançam quase todos os cantos do planeta, enquanto lá pela metade da minha carreira (nos anos 1980) mal dava para me corresponder com colegas italianos por conta do estado deplorável em que os correios daquele país se encontravam.

INTRODUÇÃO

Com o fim da Guerra Fria, a "globalização" se tornou o mais comum dos conceitos sociais, com seu uso atingindo o ápice nos anos 1990. O termo refletia o espírito da época de maneira plural, já que englobava vibrações tanto positivas quanto negativas. De um jeito ou de outro, o conceito se referia principalmente à extensão global de tudo que havia, sobretudo capital e mercados, mas também culturas. Transformações sociais ultrapassaram as barreiras estruturais e culturais de conteúdo, passando a ser apenas – e de forma arrebatadora – espaciais. De qualquer modo, sejam quais forem os entreveros críticos que se possa ter com o discurso da globalização, ele estava certo ao chamar a atenção para o novo estado de interdependência da humanidade através do fluxo de capital, de cadeias de produção, da penetração estrangeira em mercados domésticos, da acentuação de fluxos migratórios, bem como da intensificação da interação e do intercâmbio cultural.

O tema do meio ambiente ganhou notoriedade pela primeira vez em 1972, com a publicação de *Limits of Growth* (Limites do crescimento), obra de um grupo pequeno e bastante aristocrático chamado Clube de Roma. O livro teve grande repercussão por conta da crise do petróleo de 1973 e 1974. A Organização das Nações Unidas não hesitou em adotar a causa do meio ambiente, promovendo conferências em Estocolmo, em 1972, e no Rio de Janeiro, em 1992, e procurando estabelecer uma legislação global para o tema através do Protocolo de Kyoto, de 1997. Por causa da recusa por parte dos EUA em participar, o Protocolo de Kyoto acabou não gerando ações concretas. A despeito disso, a década de 2000 viu crescer a nossa consciência acerca do desafio global que o tema do meio ambiente representa, sobretudo como resultado de mudanças climáticas causadas pelo homem. Mais uma vez, os esforços da ONU fracassaram em termos de ações concretas, dessa vez em Copenhague, em 2009. De todo modo, nessa altura já havia uma espécie de consenso universal quanto à existência de uma humanidade comum diante de um problema ambiental global.

Essa condição é inédita na história da humanidade – ou seja, a consciência global de uma humanidade comum, eletronicamente interconectada, alvo dos mesmos satélites de comunicação, inserida em uma economia mundial, em um único meio ambiente global. Dentre as elites intelectuais, visões de uma única comunidade global não são um fenômeno recente. Só na tradição euro-

| 15 |

peia, há, por exemplo, a "perspectiva do cidadão do mundo" (*weltbürgerliche Sicht*) de Immanuel Kant e do Iluminismo, e, até mesmo antes disso, já havia o universalismo medieval de Dante, bem como a defesa de Bartolomé de Las Casas, no século XVI, de uma humanidade ameríndia (ver Bartelson, 2009). Não passaram, no entanto, de visões intelectuais, e à esperança de Kant na tal "paz mundial" seguiu-se a carnificina das Guerras Napoleônicas, a última parte da guerra mundial franco-britânica.

A fascinação pelo outro é parte essencial da história da humanidade, trazendo consigo conquistas e exploração. Nós todos temos muito que agradecer pela bravura não só física, mas também intelectual, dos grandes geógrafos e cartógrafos, desde Estrabão até Mercator e tantos outros, e dos grandes viajantes e exploradores, como Ibn Batuta, Marco Polo, Zheng He, Fernão de Magalhães, James Cook, Alexander von Humboldt etc. Somos todos também herdeiros do legado bastante controverso dos grandes conquistadores, entre eles Alexandre e Gengis Khan, além de Hernán Cortez e seus seguidores.

O desafio que se impõe agora é compreender e saber como agir nesse novo mundo compartilhado. O primeiro passo talvez seja reconhecer que compartilhar o mundo não implica necessariamente igualdade ou uniformidade; pelo contrário. Qualquer tentativa válida no sentido de compreender a humanidade atual tem de estar preparada para enfrentar diversidade e desigualdade – tão intensas como na sociedade feudal, na lavoura, no sistema indiano de castas e, também, na atual "cidade global". Esse primeiro passo constitui, porém, nada mais do que uma precaução contra uma visão limitada das noções de diversidade e desigualdade. O grosso do trabalho vem depois.

Para começar a entender a humanidade e seu mundo e para poder agir, é preciso, em primeiro lugar, descobrir o seguinte. Por que somos quem somos? De onde vêm nossas características, nosso conhecimento e nossa ignorância? Para responder a essas perguntas, é necessário recorrer a uma *geologia sociocultural* de todas as camadas da nossa história, investigando as marcas permanentes deixadas pelas civilizações antigas, as múltiplas ondas de globalização e os diversos caminhos que levaram à modernidade. Nossas visões de mundo, nossas crenças fundamentais, preferências estéticas, línguas, nossas formas e estilos de interação social, nossa política e nosso gosto por esporte podem todos ser justificados por meio de nossa formação histórica.

INTRODUÇÃO

A segunda pergunta que se coloca é a seguinte: por que nós agimos e por que os outros agem da maneira como agem? A humanidade possui cinco impulsos irredutíveis que, por sua vez, constituem a *dinâmica mundial*. E embora esses cinco impulsos não descrevam a natureza humana de forma exaustiva, eles certamente impelem nosso universo social. Aonde eles nos levarão, nem Deus, nem os intelectuais sabem dizer. Mas podemos ao menos entendê-los e usá-los ao nosso favor.

Em terceiro lugar, temos o *palco mundial* da geopolítica e da geoeconomia – sem esquecer a mídia. É claro que celebridades e ídolos internacionais também fazem parte da nossa humanidade atual, mas aqui será dado destaque ao pequeno grupo de grandes personalidades de impacto internacional no plano do poder.

Na sequência vêm as *trajetórias da vida humana*, que se referem ao nosso tempo limitado na terra. Nós todos levamos vidas de quase sete bilhões de formas diferentes, mas todos estamos sujeitos a estágios já pré-programados, ora mais curtos, ora mais longos, com suas diferentes fases, desafios típicos e ritos de passagem, desde o nascimento e a infância até a terceira idade e a morte. Esses estágios da vida, bem como as probabilidades a eles associadas em diferentes partes do planeta e nos mais diversos ambientes socioculturais, podem ser compreendidos e analisados. As possíveis trajetórias atuais de vida estão dispostas conforme a história geológica da humanidade, por vezes impelidas, por vezes bloqueadas, pela dinâmica proporcionada pelo palco mundial mencionado anteriormente.

A pergunta final é por que chegamos aonde chegamos e, ao respondê-la, podemos arriscar uma segunda pergunta, desta vez irrespondível: aonde vamos?

POR QUE SOMOS QUEM SOMOS? UMA GEOLOGIA SOCIOCULTURAL DO MUNDO DE HOJE

Para podermos nos relacionar e interagir de maneira adequada, é preciso entender as nossas diferenças – e não só as óbvias, como, por exemplo, o fato de termos aparências diferentes ou falarmos línguas distintas. Nossos valores fundamentais e nossos gostos variam, assim como nossas visões de mundo e nossas expectativas diante da vida, nossa percepção dos nossos próprios corpos, do sexo e da família. Enquanto, por um lado, nenhum psicólogo ou cientista social jamais conseguirá compreender todas as diferentes nuances que compõem a individualidade humana, por outro lado, nossas diferenças costumam seguir padrões históricos e geográficos, e são, portanto, passíveis de compreensão.

Todos os seres humanos descendem de diferentes culturas e contextos históricos. Nossa primeira tarefa na jornada de compreensão da humanidade é saber mais sobre esse processo de descendência. A abordagem mais promissora – embora pouco utilizada – consiste em analisar, sob a perspectiva da geologia social, sociedades humanas em suas configurações contemporâneas. O molde sociocultural com base no qual fomos criados não está restrito a um passado recente. Por isso, precisamos entendê-lo em todas as suas diversas camadas, que são resultado de processos sociais pertencentes a diferentes eras.

O MUNDO

Para poder traçar os contornos da geologia social global contemporânea, é necessário recorrer à história mundial – as mil e trezentas e poucas páginas da "breve" história mundial de Felipe Fernández-Armesto (2008) são um bom começo. Porém, o intuito aqui não é nem fazer referências vagas a essa obra, nem competir com ela. O intuito é, sim, observar as camadas da história do ponto de vista do presente. O foco, portanto, não está nos registros históricos, mas sim no DNA histórico que carregamos em nossa formação social e cultural.

Nesse sentido, três camadas amplas da formação social humana, que por sua vez abrangem incontáveis sedimentos de caráter local, são especialmente pertinentes. A mais antiga das três podemos chamar de "civilizações" – termo consagrado na linguagem corrente – no plural, ou configurações culturais de impacto duradouro fixadas no eixo espacial, com línguas, textos e/ou tradições orais "clássicas", com visões sobre a vida e sobre a vida após a morte, com noções de beleza, família, sexo e gênero.

Em segundo lugar, os padrões internacionais que permeiam as sociedades e culturas foram modelados, de forma decisiva, por processos transculturais, transnacionais e transcontinentais. Esses processos podem ser chamados de "ondas de globalização", ainda que, antes de 1492, eles não fossem de fato globais. Essas ondas floresceram com o intercâmbio, a comunicação e as viagens de longa distância e não podem, de modo algum, ser consideradas primordialmente econômicas – nem na sua dinâmica, nem na sua significância. A religião e a política também estiveram em primeiro plano. Além disso, essas ondas deram origem a dois importantes sistemas híbridos de família-sexo-gênero – um no sudeste asiático e o outro nas Américas.

A terceira camada é a "modernidade", o mundo moderno. Do mesmo modo que museus de arte atualmente distinguem entre arte contemporânea e arte moderna, é também necessário distinguir entre o mundo contemporâneo e o mundo moderno. O mundo moderno representa uma camada de vital importância para a nossa formação atual por dois motivos. O primeiro refere-se ao fato de a modernidade ter lutado, através de caminhos distintos e entre diferentes constelações de proponentes e oponentes, pela hegemonia cultural. Essas trajetórias tiveram papel fundamental na determinação do valor que hoje atribuímos à religião, à ideologia, às classes sociais e à língua. Em segundo lugar, o surgimento do mundo moderno também representou a consolidação da divisão à qual nos referimos hoje, de forma eufemística, como países "desenvolvidos" e países "em desenvolvimento", também conhecidos como "subdesenvolvidos". Para a maioria de nós, faz uma diferença enorme ter nascido nesta ou naquela categoria. O porquê do estabelecimento dessa cisão que já divide o mundo há mais de dois séculos permanece alvo de debates intermináveis e polêmicos. Já o modo como essa divisão aconteceu é um assunto que causa menos polêmica. Sob a perspectiva geológica adotada aqui, essa cisão foi causada pela confluência de fatores que levaram à modernidade e à quarta onda histórica de globalização.

Em outras palavras, nós hoje somos quem somos por causa da civilização e do sistema de família-sexo-gênero em que nos criamos, por causa da localização de nossas casas durante as ondas recorrentes de globalização, umas sobre as outras, e, finalmente, por causa da postura da nossa sociedade diante da luta contra e a favor da modernidade. Os mais individualistas não estarão equivocados ao adicionarem que esses moldes podem ser rompidos e rejeitados, mas seria ingênuo partir do princípio de que o impacto deles pode ser simplesmente apagado.

CIVILIZAÇÕES E ORIGENS

A perspectiva geológica global adotada aqui focaliza e se limita ao estudo das civilizações, o que por sua vez pode ser feito com a ajuda de diversas abordagens (ver Braudel, 1963/87; Fernández-Armesto, 2000; Huntington, 1996; International Sociology, 2001). A comparação de civilizações (eurasiáticas) já pertencia às "belas artes" da Bagdá do século IX (Chaudhuri, 1990: 67). Direcionemos nosso foco, porém, às configurações culturais maiores, pertinentes ao mundo contemporâneo e cujo impacto tenha sido duradouro. Do ponto de vista histórico, essas configurações culturais foram moldadas por forças geoespaciais. De fato, a primeira regra da gramática das civilizações de Braudel diz que "civilizações são espaços", fato que pode escapar à atenção do não especialista. Nessas configurações, espera-se encontrar uma visão de mundo cosmológica e moral, padrões de imaginação simbólica e, em civilizações letradas, uma ou mais línguas clássicas, além de um cânone clássico no que diz respeito à cosmologia, à ética, à política e à estética. Possíveis conflitos ou diálogos entre civilizações não serão levados em consideração aqui. O impacto dessas civilizações na dinâmica do mundo atual será analisado a seguir.

Para os propósitos aqui descritos, há cinco civilizações antigas principais de impacto permanente no mundo atual. No entanto, não se trata de uma lista exaustiva; o argumento central é apenas que não há outras civilizações tão importantes quanto, ou mais importantes do que as aqui descritas em termos do número de pessoas por elas aculturadas. Vale lembrar que o objetivo não é oferecer um breve resumo histórico das civilizações ou de qualquer outra camada da geologia sociocultural do planeta, mas sim destacar características cruciais à relevância dessas civilizações nos dias de hoje.

Civilização sínica

A civilização sínica é a maior de todas. Desenvolvida e enraizada na China, ela acabou se espalhando muito além da cultura *han*, para países como a Coreia, o Japão e o Vietnã. O adjetivo "sínico" é utilizado na área da pesquisa civilizacional justamente para denotar essa configuração maior. Um pesquisador contemporâneo (Fogel, 2009) chama-a de "sinosfera". Seu núcleo chinês, desenvolvido entre e ao redor do rio Yang-Tsé e do rio Amarelo, constitui a mais antiga de todas as civilizações principais. É a única das grandes civilizações fluviais antigas que permanece viva até hoje – incluindo as do Tigre e Eufrates, do Nilo e do Indo. Trata-se de uma civilização com alta densidade demográfica, cujas fontes de nutrição eram o arroz e o milhete, e cujo governo se concentrava em um grande núcleo de organização política – foram raros os casos em que o governo foi compartilhado entre líderes distintos. Uma civilização sedentária que, há mais de dois mil anos, erigiu, para defender-se dos "bárbaros" nômades, a Grande Muralha, a maior construção da história da humanidade.

As características mais marcantes da visão de mundo sínica, normalmente reunidas sob o termo "confucionismo", são sua moral não transcendental, sua filosofia social e a ausência de Deus ou deuses. Os centros culturais chineses, atualmente em alta no mundo todo, carregam o nome de Confúcio – que morreu no ano 479 a.C. A civilização sínica tem os pés claramente "neste mundo", no sentido de que não possui escrituras sagradas ou narrativas religiosas. A vida humana é fruto de laços sanguíneos, e esses laços constituem o principal dever moral a ser cumprido e venerado. Assim, altares caseiros são dedicados não a deuses, mas sim aos respectivos ancestrais. "Devoção filial", ou seja, o amor e respeito de um filho pelo pai, é a norma social primordial.

É verdade, porém, que essa tradição englobava um aspecto "de outro mundo" e sublime: o imperador havia sido enviado pelos céus e seu mandato era divino. A alusão aos céus, no entanto, era vaga, sem qualquer referência a um patriarca dominador, como na tradição judaico-cristã-muçulmana, sem personificações e representações de deuses, como na tradição hindu, e sem o entusiasmo espiritual de boa parte da África. O mandato do imperador podia ser interrompido, mas não pelo desrespeito a alguma lei divina. "Os céus veem aquilo que o povo vê; os céus ouvem aquilo que o povo ouve", dizia Mêncio, discípulo mais paradigmático de Confúcio (Tu, 1990: 119). O próprio mestre havia imposto uma filosofia com os pés fixos neste mundo: "Se ainda és incapaz de cumprir seus deveres perante os outros, como é que esperas cumprir seus deveres perante espíritos?", "Se não entendes a vida, como é que pretendes entender a morte?" (Bodde, 1981: 321). Essa filosofia abriu espaço para o desenvolvimento de diversas fés – budismo, taoísmo e confucionismo, os "três ensinamentos" chineses –, assim como dos mais variados tipos de crenças e práticas mágicas. Porém, essas fés, crenças e práticas sempre permaneceram marginais. Se estabelecêssemos um paralelo com a Europa e o oeste asiático, seria como se o cristianismo e o islamismo tivessem permanecido às margens da sociedade, com a filosofia aristotélica reinando soberana.

Ao mundo contemporâneo, o confucionismo legou a política secular, a estrutura familiar patriarcal, a meritocracia e a obsessão por diplomas e credenciais. Enquanto, de um lado, o orgulho pelo poder e pelas glórias passadas acabou por sustentar o caráter conservador dessa civilização, de outro lado, os modernizadores políticos da "sinosfera" jamais tiveram de enfrentar movimentos religiosos intensos – nem aqueles a favor da ocidentalização do Japão no final do século XIX; nem os comunistas da China, da Coreia do Norte e do norte do Vietnã (o sul era outra história); nem os militares capitalistas cuja tarefa era exercer o controle de natalidade, após a Segunda Guerra Mundial, na Coreia do Sul e em Taiwan. O exemplar sistema de avaliação mandarim – para o qual funcionários eram recrutados com base em meritocracia e educação clássica –, que não se institucionalizou de forma completa no Japão, mas estava presente na China, na Coreia e no Vietnã, atribuía alto valor à educação e, vale enfatizar, à educação em princípio acessível a todos. A educação das massas foi o grande trunfo no desenvolvimento do leste asiático ao longo do século XX. Sua estrutura familiar, herdada e passada de geração em geração, será comentada a seguir.

O MUNDO

A língua é um dos elementos fundamentais para os herdeiros da civilização sínica – quer dizer, a língua escrita, a caligrafia ideográfica chinesa, língua clássica dessa civilização. Pelo menos até a Segunda Guerra Mundial, essa era a língua padrão nas comunicações entre pessoas instruídas, muito embora as línguas faladas na região não fossem mutuamente inteligíveis e escritas diferentes tivessem sido desenvolvidas no Japão, na Coreia e no Vietnã. "Conversa de pincéis" era o apelido dado às comunicações que aconteciam por meio da escrita clássica chinesa (Howland, 1996: 44 e ss). Pessoas instruídas compreendiam os ideogramas da escrita clássica chinesa para além dos territórios nacionais, em toda a área ocupada pela civilização – como hoje, por exemplo, algarismos e símbolos matemáticos são compreendidos tanto em inglês quanto em russo. Mais tarde, japoneses e coreanos desenvolveram suas próprias escritas simplificadas, que, por sua vez, se tornaram preponderantes no século xx. E, já no final do século xix, missionários coloniais franceses haviam convencido os vietnamitas – que, por sinal, também haviam desenvolvido sua própria forma marginal de escrita local – a adotarem o alfabeto latino, além de uma série de sinais diacríticos.

Os caracteres chineses, chamados *kanji*, ainda são parte tanto da escrita japonesa quanto do sistema educacional do leste asiático como um todo. Uma renomada universidade particular de Seul, a Universidade da Coreia (onde dei aulas em 2007), passou a exigir o conhecimento de dois mil ideogramas chineses dos novos estudantes, resultado da insistência dos seus principais patrocinadores. Da escrita também provém um tipo diferente de arte: a caligrafia. Embora não seja ímpar, já que a civilização islâmica também a cultiva, a caligrafia ocupa um lugar único na civilização sínica. O monumento mais notável da praça de Tiananmen, em frente ao mausoléu de Mao, é uma coluna dedicada aos "Heróis do Povo". A inscrição original foi caligrafada pelo próprio Mao, e a mensagem na parte de trás do monumento, pelo ex-primeiro-ministro Zhou Enlai.

Atualmente, a educação básica na civilização sínica é tão fragmentada, do ponto de vista intelectual e social, quanto a educação básica na Europa – muito embora meus estudantes chineses em Cambridge tenham estudado Confúcio. O sistema educacional sínico clássico incluía, primordialmente, os *Analectos* de Confúcio, além dos *Cinco clássicos* – *Clássico de história* (sobre o governo), *Clássico de poesia*, *Livro das canções* (sobre as emoções), *Clássico dos ritos* (sobre relações sociais) e *Os anais de primavera e outono* (uma crônica histórica) (Tu, 1990: 123 e ss). Havia também o canônico *Livro das mutações* e o *Clássico da música* (Poceski, 2009: 37).

A arquitetura sínica clássica ganhou forma durante a dinastia Tang (século VII ao século X d.C.), mas os princípios urbanistas clássicos datam de muito antes. Eles ainda predominam no centro de Pequim, na Cidade Proibida e redondezas, nos traçados de Kyoto e do centro de Seul, e deixaram marcas no Templo de Confúcio (*Văn Miáu*) em Hanói, hoje conhecido como o Templo da Literatura (Logan, 2000: 26 e ss). A despeito do seu estilo bastante internacional, os arranha-céus do leste asiático de hoje apresentam, no telhado, uma referência ao cânone sínico – uma reverência meio às avessas, visto que a arquitetura sínica clássica era caracterizada por construções baixas e horizontais. Além disso, eles também costumam respeitar os postulados geomânticos do *feng shui*. Variantes regionais e nacionais foram desenvolvidas por todo o leste asiático; entretanto, um edifício "neoclássico" lá será marcadamente diferente de um edifício "neoclássico", digamos, no sul da Ásia ou na Europa.

A civilização sínica do leste asiático possui alta concentração demográfica, e os antigos postulados de harmonia e dever continuam predominantes. A criminalidade e a dissolução da família se manifestam menos nessa região em comparação ao resto do mundo. A política pode até ser autoritária e marcada pela repressão de qualquer movimento de oposição, mas a harmonia social e o consenso nas tomadas de decisão continuam sendo regras importantes. Tradições históricas antiquíssimas são mantidas – nos rituais imperiais japoneses, nos novos museus de Seul, na monumentalidade da Hanói de hoje e nos ares confucionistas, atualmente tão em alta no governo chinês. Em Pyongyang – conhecida, no início do século XX, como a "Jerusalém do leste", graças a missões de escoceses presbiterianos – pode até haver uma ruptura maior com o passado, mas, na China, Mao tinha orgulho e punha em prática sua formação clássica em História, Poesia e Caligrafia. Mao havia lido, repetidas vezes, as 24 crônicas dinásticas – dedicadas a todos os imperadores chineses, desde 221 a.C. até 1644 d.C. – e adorava discuti-las com seu médico particular e confidente. Antes de seus incontáveis encontros sexuais, costumava pedir às moças que lessem um clássico manual taoísta de sexo, contendo caracteres antigos raros (Li, 1994: 122 e ss, 358).

As identidades produtos dessa civilização não são centradas no eu, mas sim na sociedade, no contexto social. As línguas da região dispõem de diversas palavras correspondentes ao "eu" do português, utilizadas de acordo com o contexto social em questão. Em vietnamita, por exemplo, quando se fala com os próprios pais, deve-se evitar o uso da primeira pessoa do singular para referir-se a si mesmo, sendo preferível dizer "seu filho / sua filha" (devo essa informação a uma de minhas ex-alunas vietnamitas mais brilhantes, Pham Van Bich; para mais informações sobre o chinês, o japonês e o coreano, ver Nisbett, 2003: 51 e ss, 178).

Desde a Grécia antiga até a Euro-América de hoje, há uma preocupação, uma concentração no indivíduo, nas relações de poder e suas restrições – tema que, nos debates sociológicos dos anos 1980, passou a ser entendido como relações de poder e estrutura. Já no leste asiático, são as inter-relações, o conjunto, a harmonia do todo que estão em primeiro plano, sendo que todos os indivíduos e grupos possuem um lugar garantido nesse "todo", quase como uma mistura oportuna de ervas e temperos em um prato delicioso. E a "harmonia" é, hoje, um dos objetivos explícitos do governo chinês. A contraposição tipicamente euro-americana do bem *versus* o mal não tem lugar no leste asiático, onde dicotomias são evitadas por completo. É essa a herança cultural que está por trás, por exemplo, das políticas do setor público e do setor privado japoneses, bem como das tomadas de decisão da Asean (em português, Associação de Nações do Sudeste Asiático). Diante da atual falta de transparência no alto escalão do governo chinês, talvez seja melhor não entrar aqui em exemplos possivelmente sem fundamento, mas há ainda um aspecto dessa mentalidade que é bastante visível. Trata-se da visão radical, paciente e duradoura que caracterizou o planejamento político modernista do Japão do imperador Meiji (século XIX) e que está deixando marcas nas reformas socioeconômicas da China pós-Mao.

Por meio de experimentos transculturais e provas concretas oriundas desde a filosofia clássica chinesa e grega até de pesquisas contemporâneas nas áreas do desenvolvimento infantil, Psicologia e Estudos de Gestão, o psicólogo estadunidense Richard Nisbett demonstrou, em uma obra impressionante, como as civilizações sínica e europeia desenvolveram formas distintas de ver e compreender o mundo. As diferenças já estavam lá nos grandes filósofos há 2.500 anos, e estão aqui hoje nos pais, nas crianças, nos estudantes e nos executivos dos anos 2000. É claro, porém, que as diferenças apontadas são meramente probabilísticas e, portanto, não podem ser encontradas em cada um dos chineses, japoneses, europeus ou americanos descendentes de europeus.

Os europeus tendem a ver o mundo em categorias analíticas; os leste-asiáticos, em redes de relações. Um exemplo básico, utilizado por Nisbett em seus experimentos (e que me pegou desprevenido e me fez parecer eurocêntrico), consiste em pedir às pessoas que agrupem dois de três elementos – uma opção seriam os elementos panda, macaco e banana. Os europeus tendem a agrupar o panda e o macaco como pertencentes à mesma categoria, ou seja, a dos animais. Já os leste-asiáticos, por sua vez, costumam optar pela banana e o macaco, visto que macacos comem bananas. Os euro-americanos tendem a ver o mundo em categorias "ou... ou", enquanto os nativos do leste asiático preferem termos dialéticos contraditórios, tipo x juntamente com não x. É possível que Mao Zedong não tenha sido um pensador assim tão maravilhoso quanto seus aduladores alegam, mas a contribuição que fez ao marxismo consiste justamente nessa noção de dialética.

Hoje, a civilização sínica nutre um orgulho cultural imenso por sua herança rica, antiga e duradoura. Após seu declínio e rejeição intelectual no fim do século XIX e início do século XX, a civilização sínica permanece lá, em países modernos, prósperos e em rápido desenvolvimento. Esse orgulho é mais pronunciado na China (cf. Jacques, 2009: cap. 7-8), o centro da civilização sínica, ao passo que no Japão, na Coreia e no Vietnã ele se manifesta sob a forma de tradições culturais nacionais. Do ponto de vista histórico, seu maior ponto fraco foi o egocentrismo, que acabou levando ao isolamento do restante do mundo, gerando, assim, estagnação nas ciências, na tecnologia e na economia – o que, em meados do século XIX, atingiu proporções quase fatais. Suas maiores virtudes talvez sejam a organização de trabalho coletivo em larga escala, a tradição de disciplina cívica, a valorização da educação e do aprendizado e, finalmente, a estrutura secular, que por sua vez fecha as portas para o conservadorismo religioso e para conflitos religiosos.

Civilização índu

Índia, *índu*,* assim como *hindu* são vocábulos provenientes do rio Indo, localizado onde hoje fica o Paquistão. Porém, nenhum deles parece possuir vínculos com a civilização do vale do Indo, que desapareceu há 4.000 anos. A

---

* N. T.: Therborn opta pelo adjetivo *"indic"* para distinguir essa civilização não só da civilização do vale do Indo, que ele mesmo mencionará na sequência, mas também da civilização hindu, cuja conotação é, em primeiro lugar, religiosa – problemática que Therborn também abordará a seguir. Além disso, o adjetivo *"indian"* não é considerado adequado pelo autor por conta de sua restrição à Índia. Daí a escolha, em português, não por civilização "indiana" ou "hindu", mas sim "índu".

civilização índu começou a surgir entre 500 e 1.000 anos mais tarde, reunindo povos vindos do noroeste do Irã e da Ásia Central – os "arianos", termo que deu origem ao nome Irã – pelos desfiladeiros do Afeganistão e pela Terra dos Cinco Rios, a região do Punjab. A partir dessas raízes no noroeste, a civilização floresceu na direção leste, ao longo da planície do rio Ganges (rio sagrado no hinduísmo, em cujas margens está situada a cidade que talvez seja a mais santa dessa religião policêntrica, Varanasi ou Benares) e, bem mais tarde, atingiu o sul da Índia.

A relação índu-Índia é semelhante à relação sínico-China, já que a civilização ultrapassou as fronteiras da Índia atual nas direções sul e leste, onde hoje ficam Sri Lanka, Bali e Java, Birmânia/Mianmar, Tailândia, Laos, Camboja e o sul do Vietnã. A civilização também se espalhou para o norte, nos Himalaias e para além deles, no Nepal e no Tibete, cujo lamaísmo é uma ramificação do budismo indiano. A expressão europeia "Indochina" retrata o ponto de encontro entre as civilizações sínica e índu. Trata-se da fronteira sudoeste dos caracteres, arquitetura e *hashi* chineses, de um lado, e, de outro, da fronteira leste da escrita sânscrita, dos esculturais templos índus – que se espalharam pelo Camboja (por exemplo, o Templo Angkor Vat), por Laos e pelo sul do Vietnã, o então reino de Champa, ao longo de toda a primeira metade do segundo milênio cristão – e das leituras do *Mahabárata* e do *Ramaiana*, ainda hoje parte dos rituais reais na Tailândia (Coedès, 1966, 1968).

A Psicologia Cognitiva encontrou semelhanças entre as culturas sul e leste-asiáticas no que se refere à ênfase que é dada ao contexto, e não às disposições do indivíduo. Tais semelhanças distinguem essas culturas das euro-americanas (Nisbett, 2003: 114 e ss), e é bem possível que haja outras também – tais como a visão de mundo holística a partir da qual os indivíduos estão sempre inseridos em contextos maiores (Singh, 2002: 32 e ss). Ainda que de maneiras diversas, tanto a civilização sínica quanto a índu tiveram de lidar com o pluralismo religioso – e vale lembrar que, no curso da história, ambas também tiveram governantes fanáticos que não toleraram esse pluralismo. A tradição secular confucionista fundada na filosofia moral e política abriu as portas para o desenvolvimento de diversas crenças e práticas – como o taoísmo, o budismo, o xintoísmo e o cristianismo. Já a tradição hindu, infinitamente politeísta, sempre coexistiu muito bem com o jainismo, o budismo, o judaísmo, o cristianismo, o islamismo, e com os deuses e as crenças siques.

Por outro lado, as civilizações sínica e índu também estão, em alguns aspectos, muito distantes umas das outras, a despeito da proximidade geográfica e do intercâmbio cultural budista 1.500 ou 2.000 anos atrás.

Em primeiro lugar, a civilização sínica é predominantemente secular e com os pés "neste mundo", ao passo que a civilização índu está inundada de religião. A religiosidade dos indianos já era célebre no mundo helenista e, ainda que de forma apócrifa, também na Grécia antiga. No início do século IV d.C., por exemplo, houve um bispo que contou a seguinte anedota. Um indiano pediu a Sócrates que definisse sua filosofia, ao que ele retorquiu: "É o estudo da realidade humana". Nisso, o visitante indiano caiu na gargalhada e disse, jocoso: "Como pode um homem estudar a realidade humana e, ao mesmo tempo, ignorar a realidade divina?!" (Braudel, 1963/1987: 66).

Pode-se afirmar que o traço mais característico da civilização índu, comum tanto ao hinduísmo quanto ao budismo, é a noção de transmigração das almas ou reencarnação, além da ideia de que essas vidas subsequentes são determinadas pelas atitudes do indivíduo nas vidas anteriores. Tais crenças constituem as bases religiosas profundas e robustas dessa civilização, sobre a qual se estrutura a sua sociedade tipicamente hierárquica, dividida em castas (*varna*) – em princípio, não muito diferente de estruturas análogas no leste asiático ou na Europa. Na versão indiana, essa hierarquia contém as quatro seguintes castas: a casta sacerdotal dos brâmanes; a casta militar dos xátrias; a dos fazendeiros e comerciantes, os vaixás; e, por fim, a casta servil dos sudras. Abaixo desta última casta, surgiu a classe dos chamados "intocáveis", cujos deveres incluíam a realização das tarefas mais detestadas, tais como limpar latrinas ou pelar animais. Pouco a pouco, os chamados *jatis*, ou uma série de clãs ou castas hereditárias tradicionalmente vinculadas a profissões, começaram a emergir. Só eram permitidos casamentos entre membros da mesma casta, e as possibilidades de interação entre castas diferentes eram regidas por uma série de normas religiosas. Um brâmane, por exemplo, jamais poderia aceitar comida ou bebida de membros de castas inferiores; os intocáveis tinham de sair da frente dos membros de outras castas, sequer permitindo que sua sombra resvalasse neles etc.

Muito dessa hierarquização rígida entre as castas e os tabus em torno do contato entre elas já não existem mais hoje. Depois da independência, a Índia ofereceu às castas mais baixas acesso privilegiado a cargos no funcionalismo públi-

O MUNDO

co. A democracia liberou, do sistema de castas, renomados políticos "intocáveis" oriundos do movimento Dalit, desde o absolutamente brilhante doutor B. R. Ambedkar, um dos pais da Constituição indiana, até a governadora de Uttar Pradesh, Mayawati, adorada pelas massas e, apesar de eleita democraticamente (três vezes até o presente momento), não muito diferente de um caudilho plebeu caribenho do século XIX. Os antigos intocáveis hoje podem circular tranquilamente por muitas ou até todas as partes das aldeias, frequentando os mesmos estabelecimentos e utilizando os mesmos poços que os membros de outras castas. E, muito embora os anúncios de casamento nos jornais de Délhi ainda fossem organizados de acordo com o sistema de castas há alguns anos, quando os estudei, eles também traziam um pequeno alerta na base da página dizendo que "castas não têm importância". De todo modo, o sistema de castas, que também se alastrou dentre os muçulmanos sul-asiáticos, permanece um legado importante da civilização índu. Se, por um lado, esse sistema vem sendo substituído pela política dos números, por outro, a identidade e as associações vinculadas às castas constituem alvos óbvios de mobilização política. E, para que todos possam ver, as castas vêm claramente expressas por meio dos sobrenomes (a literatura sobre o sistema indiano de castas é vasta; algumas das obras de peso mais recentes incluem Yadav, 2006; Rao, 2009; Thorat e Newman, 2010).

Mahatma Gandhi incorporou essa cultura de maneira extraordinária e também foi um líder político formidável para o seu povo. Estatisticamente, sua representatividade não era muito alta; entretanto, ele representa uma das principais encarnações da civilização índu, algo que se percebe facilmente através de suas tentativas subversivas de colocar membros das altas castas para limpar as latrinas do Partido do Congresso Nacional indiano. Devido a esse tipo de política altamente simbólica, ao seu repúdio ao desenvolvimentismo industrial, bem como ao seu ascetismo, uma figura como Gandhi seria inconcebível – ou então simplesmente ignorada, por ser uma aberração – em qualquer outra parte do mundo.

A Índia permanece o palco de encenações religiosas fantásticas, com figuras sagradas perambulando nuas por aí (os *sadus*); com as *devadasis*, ou prostitutas cujos pais, devido à falta de recursos, as ofereceram à profissão ainda crianças, no âmbito de cerimônias religiosas; com rituais tântricos para despertar espíritos a partir de caveiras; e com tantas outras peculiaridades envolvendo figuras que pouco têm a ver com as esferas, a nós tão familiares, da Medicina, dos negócios ou da indústria cinematográfica (Dalrymple, 2009). É mesmo verdade: a Índia incorpora tudo e também seus opostos. O ateísmo também tem seu lugar garantido na profusão exótica que são as crenças índus. Um dos principais partidos políticos indianos, o DMK (em português, Federação do Progresso Dravidiano), da província sulina de Tamil Nadu, vem cultivando um secularismo de forma ainda mais militante do que a *laïcité* francesa ou do que o *kemalismo* turco – ambos termos que aludem ao secularismo. O partido não só baniu, em 1967, as imagens de deusas e deuses de escolas e estabelecimentos públicos, como também realizou "conferências para erradicar a superstição" (Smith, 2003: 147). Essa cultura que venera uma grande quantidade de ascetas acabou também produzindo o mais famoso manual erótico do mundo, o *Kama Sutra*, e construindo o templo mais explicitamente sexual do mundo, o Khajuraho. Os ritos religiosos, no entanto, permanecem no cerne da vida dos indianos – seja em casa, nos templos ou no sagrado rio Ganges. Mas, apesar da diversidade desses povos, o subcontinente indiano, juntamente com o apêndice marítimo Sri Lanka, também é o palco de violentos conflitos religiosos, provocados não só por militantes do movimento nacionalista hindu Hindutva, mas também, no Sri Lanka, por fanáticos budistas, e, no Paquistão, por discordâncias islâmicas internas.

Enquanto os mandarins lá do leste asiático tinham de competir uns com os outros pelo *status* de guardiões do conhecimento no primeiro sistema do mundo baseado em meritocracia, os brâmanes automaticamente herdavam toda a sua sabedoria e, assim, o conhecimento era mantido, de forma natural, fora do alcance dos membros das outras castas. A Índia e o sul asiático ainda apresentam altos índices de analfabetismo e, ao mesmo tempo, sistemas de educação superior sofisticados, que todo ano lançam no mercado grandes quantidades de engenheiros de computação e intelectuais.

A civilização sínica girava em torno de uma única questão: o imperador e seu império. Já os índus nunca tiveram um centro imperial estabelecido. O que hoje é a União da Índia jamais gozou de união política antes de 1947, e as maiores unidades políticas do subcontinente indiano foram sempre encabeçadas por líderes não indianos. Ashoka (século III a.C.) era budista, os grandes mogóis do século XVII d.C. eram muçulmanos descendentes de turcomanos e mongóis e, por fim, seus sucessores britânicos, nos séculos XIX e XX, eram cristãos. Os grandes líderes mogóis do século XVII d.C. desempenharam um papel fundamental no subcontinente indiano, mas nunca atuaram como unificadores, nem permaneceram incontestados. Já o governo britânico conciliou áreas sob o domínio colonial direto – centradas em Calcutá, Délhi, Mumbai e Madras, além de em boa parte do que hoje é o Paquistão, Bangladesh e a Birmânia – com principados "protegidos", dentre os quais Hyderabad, Mysore e Rajputana eram os mais importantes. Na verdade, o que mantinha a unidade (politeísta) da civilização índu era uma série de noções religiosas da vida e da vida após a morte, com suas obrigações conforme o *darma* e costumes e rituais conforme o *kama*. Essa unidade era mantida pelos brâmanes, que estavam acima dos próprios governantes e possuíam templos e conhecimento acerca dos ritos e regras sagradas – ritos e regras que, por sua vez, eram transmitidos por meio da língua da elite subcontinental, o sânscrito.

Hoje em dia, a maior parte das características mais impactantes da civilização da Índia provém do hinduísmo bramânico, e há uma forte corrente política, inserida no cenário político nacional há alguns anos, que afirma seu caráter hindu. Porém, seria um desrespeito à história igualar o hinduísmo à civilização índu. Não se trata apenas de uma civilização politeísta, mas sim "polirreligiosa" de uma forma altamente complexa e intricada, com a qual somente o hinduísmo, de todas as religiões, teria condições de lidar. O budismo, juntamente com o jainismo e o siquismo, teve suas origens no hinduísmo. A presença de minorias judaicas, cristãs e parses na Índia é milenar. O domínio muçulmano na Índia teve início no começo do século XI sob Mahmud de Ghazni (onde hoje fica o Afeganistão), dando lugar, no final do século XII, a um sultanato em Délhi e exercendo um papel fundamental no século XVI, com os mogóis. Estima-se que um quarto da população do subcontinente indiano tenha se convertido ao islamismo, sendo sobretudo pessoas de castas inferiores. Já a elite muçulmana da região veio de fora – do Afeganistão, da Pérsia e da Ásia Central (Singh, 2002: 66 e ss). O sistema de castas se infiltrou no islamismo indiano, o sufismo chamou a atenção dos hindus e os muçulmanos convertidos preferiram manter seus gostos culinários e festividades pré-islâmicas. O ponto crucial aqui, no entanto, não é o multiculturalismo histórico, mas sim a força permanente dessa religiosidade ecumênica – desde o imperador budista Ashoka de 2.300 anos atrás, ao qual a bandeira da Índia paga tributo de maneira emblemática, ou do "bom muçulmano", o líder mogol Akbar de

400 anos atrás, até a moral e os modelos intelectuais do século XX, chegando a Tagore e Gandhi, uma tradição pela qual a dinastia Nehru-Gandhi, da Índia independente, sempre teve respeito (cf. Sen, 2005: cap. 13).

O sânscrito é a língua clássica da civilização índu, tanto do ponto de vista cultural quanto do ponto de vista religioso, assim como o grego e o latim para nós. Também como o latim, o sânscrito é uma língua morta – com raras exceções pontuais (Goody, 2010: nota 161). Atualmente, entretanto, o sânscrito é ensinado em universidades na Índia e foi fomentado, juntamente com outros aspectos da cultura índu vistos de uma ótica hindu, pelo governo do BJP (em português, Partido do Povo Indiano) do início do milênio. Enquanto, por um lado, o idioma é mantido quase que exclusivamente como a língua santa da casta dos brâmanes, por outro lado, a "sanscritização" se tornou um tema na Sociologia indiana moderna, impulsionando uma espécie de movimento de ascendência das castas inferiores por meio da imitação dos costumes e ritos de castas mais elevadas (Srinivas, 2002: cap. 12, 13).

Os clássicos índus foram compilados cerca de 2.500 ou 3.000 anos atrás – ninguém sabe ao certo quando foi, e os debates em torno desse tema são sempre polêmicos, seja entre historiadores ou ideólogos. Diferentemente das civilizações sínica e europeia, os índus não se ocuparam da historiografia. Seus clássicos formam um *corpus* enorme, desde os hinos e liturgias dos *Vedas*, dos textos filosóficos dos *Upanixades*, do *Código de Manu*, com suas normas familiares complexas e seus manuais de economia e sexo, até os épicos populares *Ramaiana* e *Mahabárata* – este último 15 vezes mais extenso do que a Bíblia e considerado "o equivalente indiano à *Ilíada*, à *Odisseia* e à Bíblia, todos juntos" (Dalrymple, 2009: 90) – e os textos mitológicos e genealógicos das *Puranas*. Nas escolas, o ensino parece errático no que concerne à educação literária clássica, mas os épicos constituem uma referência cultural bastante difundida – eles foram inclusive transmitidos na televisão no início dos anos 1990, batendo recordes de audiência.

A arquitetura índu clássica emergiu, sobretudo sob a forma de templos, no período da dinastia Gupta, do século IV ao VI d.C., e parece ter atingido seu pico nos séculos XI e XII (Harle, 1986/94: Parte II; Speir, 1973: 458 s; Keay, 2000: 212 e ss). O Taj Mahal, assim como outros mausoléus espetaculares, surgiram sob o domínio mogol cerca de meio milênio mais tarde, fazendo florescer juntos, de forma sublime, os modelos da Pérsia e da Ásia Central.

O MUNDO

Civilização oeste-asiática

A civilização muçulmana do oeste asiático é mais restrita do que a região conhecida como "terra muçulmana" (*Dar al-Islam*), com seus adeptos de diversas outras civilizações – caso semelhante ao da civilização Europeia com relação ao cristianismo. O termo "oeste asiático" pode ser considerado análogo aos termos "sínico" e "índu", já que não dispomos de um vocábulo de origem árabe para designar essa civilização. Sua origem e seu cerne estão localizados na península arábica, que reúne as cidades santas do islamismo, Meca e Medina. Porém, a civilização ocupava uma área significativamente maior, com ramificações ao norte, em Damasco e, mais tarde, também em Istambul e partes do Ocidente, onde centros culturais de grande importância foram fundados – como em Córdoba, na atual Espanha, em Fez, no Marrocos, em Túnis e no Cairo. À exceção desta última, os centros culturais muçulmanos dessas cidades ocidentais já há muito tempo desapareceram por completo ou perderam sua importância. A civilização também floresceu na direção leste, em Bagdá, na persa Isfahan e em Shiraz; adiante, em Bucara e, mais tarde, também em Samarkand, no atual Uzbequistão – hoje nada mais do que tristes sombras de um passado glorioso, à espera de turistas.

Os desertos e os oásis, os mercadores e os nômades beduínos, e as caravanas entre eles, representam a base ecológica dessa civilização – de forma muito semelhante aos densos assentamentos em torno da lavoura do arroz para os sínicos. Por muito tempo, a dialética entre a cultura nômade do deserto e a cultura sedentária urbana predominou nos registros históricos relativos à Ásia Central e ao oeste asiático e, como era de se esperar, forma a base da pesquisa do maior cientista social da região, Ibn Khaldun, em cuja opinião "o deserto é a base e o reservatório de civilização e das cidades" (1377/1967: 93). Os desertos, os estreitos rios que atravessam alguns deles (o Nilo, o Tigre e o Eufrates, o Amu Dária e o Sir Dária), as montanhas áridas, os oásis e as cidades, com suas culturas próprias, permanecem lá, no cerne dessa civilização, desde o Marrocos (*Makhzen*, ou "oeste", para os nativos) até o Irã, por toda a Ásia Central e, principalmente, na península arábica, no centro de tudo. Os principais elementos que formam a sociologia dessa civilização incluem, de um lado, uma sociedade mercantil urbana e hedonista e, de outro, uma sociedade nômade austera, composta tanto por mercadores peregrinos quanto por guerreiros montados. Esses elementos ainda parecem representar boa parte da cultura da região.

Embora não da mesma maneira que a "terra muçulmana", essa civilização se definiu através da religião. Do ponto de vista histórico, trata-se de uma área onde duas civilizações ribeirinhas fabulosas floresceram, uma de forma descontínua, entre e ao longo dos rios Tigre e Eufrates, onde hoje fica o Iraque, e a outra ao longo do Nilo, composta por uma longa linha de dinastias faraônicas. A região também abrigava o principal inimigo da Grécia antiga, o Império Persa. Entretanto, o islã rompeu com todas essas civilizações, diferentemente do cristianismo com relação à Grécia antiga e a Roma. As civilizações pré-islâmicas não produziram os clássicos do oeste asiático, mas sim meros artigos hoje à mostra em museus, valorizados somente do ponto de vista do turismo e dos benefícios financeiros que proporcionam.

A ausência de relação entre o islã e as civilizações pré-islâmicas do oeste asiático não se deve a uma falta de abertura teológica maior do que a do cristianismo, mas sim a fatores históricos. No oeste asiático, não havia um Império Romano, uma ponte entre o paganismo e o monoteísmo. A Arábia de Maomé era uma sociedade composta por tribos. Mas havia também a Pérsia, cuja tradição política imponente mais tarde infiltrou-se nas esplêndidas cidades muçulmanas de Damasco e Bagdá. Mais importante do que isso: quando guerreiros árabes conquistaram a Pérsia em nome do islã, uma nova cultura tipicamente persa se desenvolveu, fazendo da língua persa não só o principal idioma literário do mundo islâmico fora da Arábia, mas também o idioma da suprema corte, desde a Índia mogol até a Turquia otomana (Lewis, 1964/1994: 13; ver também o belo panorama dos três grandes impérios islâmicos de Stephen Dale, 2010). Essa cultura persa elevada incluía poesia medieval de qualidade (Hafez, Rumi, Said e tantos outros), dentro da qual o vinho fluía livremente e o alvo do desejo sexual permanecia deliciosamente vago – uma mulher, um homem, Deus? Esses poetas mais ou menos contemporâneos de Chaucer estão ao alcance das mãos e são muito estimados pelos leitores de hoje, sendo atualmente celebrados, de forma monumental, no Irã (pelo menos esse parecia ser o caso quando lá estive, no início dos anos 1990).

É uma civilização orgulhosa e consciente de seu caráter islâmico, concentrada, é claro, em uma área que abriga os locais mais sagrados do islamismo xiita – Karbala e Najaf, no Iraque, e Qom, no Irã –, bem como as cidades mais santas para todos os muçulmanos – Meca e Medina, na Arábia Saudita. Seus principais valores e visões de mundo advêm do islamismo, religião profética de salvação. Seu texto sagrado fundamental é o Corão, e o estudo dele é parte obrigatória da educação islâmica. Até hoje, recitar o Corão de cor constitui uma das maiores conquistas para os estudantes muçulmanos.

Mas é também do Corão que provém a base do cânone clássico artístico dessa civilização. A caligrafia é uma arte tanto islâmica quanto sínica, mas, no islã, ela aparece, sobretudo, na decoração de mesquitas e edifícios públicos, dando forma a citações do Corão, ou então em versões caligrafadas do Corão – um tipo de arte que prosperou, à revelia do desenvolvimento da prensa, até os séculos XIX e XX. Até hoje, declamações do Corão são eventos culturais muito populares, comparáveis aos festivais de música europeus.

O árabe é *a* língua clássica por ser o idioma do Corão. O persa e o turcomano – antigas variantes do atual turco – sobreviveram como línguas interestaduais, sendo o persa reservado à corte e à literatura secular, e o turcomano à língua militar dos então formidáveis exércitos mogol e otomano. A despeito disso, ambas as línguas utilizavam o alfabeto arábico – o persa é escrito nele até hoje. Nos dias de hoje, o persa praticamente caiu em desuso entre os intelectuais sul-asiáticos (como me disse, com pesar, meu estimado colega estadunidense-iraniano Said Arjomand), por conta de sua marginalização a partir do segundo terço do século XIX, ocasionada pelo uso do inglês imperial. Mesmo assim, todavia, ainda dá para se virar com persa no Afeganistão, por exemplo. Depois de 1991, pode-se até dizer que as raízes turcomanas dessa civilização ganharam certo ímpeto na Ásia Central, mas no oeste asiático o turco passou a ser exclusivamente a língua dos turcos – que, desde 1920, é grafada no alfabeto romano.

Qualquer muçulmano que se preze aprende o Corão em árabe e jamais em traduções – o que é perfeitamente aceitável para um cristão aprendendo a Bíblia. Atualmente, existem até traduções autorizadas do Corão, mas elas se destinam aos curiosos de fora. Assim como o grego, e diferentemente do sânscrito e do latim, o árabe é, obviamente, uma língua viva, compartilhada desde o Iraque até o Marrocos, da Síria ao Sudão. No entanto, de maneira semelhante ao grego de Platão, já não se fala mais o árabe clássico do Corão. Trata-se da forma padrão mais elevada da língua, que até hoje se deve aprender, mas que só é utilizada em cerimônias religiosas ou eventos oficiais. Dentre os instruídos, o árabe clássico pode até ser usado como meio de comunicação entre, digamos, iraquianos e marroquinos – que não se compreenderiam de outra forma.

O ensino da língua árabe e sua gramática desempenha um papel fundamental na educação básica islâmica. Juntamente com o Corão e o *Hadith* (coletânea de feitos e palavras do profeta Maomé), ensina-se também um sistema de leis, de origem e importância religiosas, divididas, desde os séculos VIII e IX, em cinco escolas centrais, sendo quatro xiitas e uma sunita. Apesar de terem perdido vigor para dar lugar às legislações nacionais modernas (em alguns lugares, como na secular Tunísia, de maneira pronunciada), esse conjunto de leis permanece válido no que concerne à família e ao casamento – como aprendi ao examinar os padrões familiares mundiais do século XX.

Diferentemente do cristianismo, o islamismo não dispõe de uma hierarquia burocrática, mas também não é tão indeterminado quanto o hinduísmo. Existe um centro de peregrinação, Meca. De fato, há um centro universal de ensinamentos islâmicos (sunitas), o Al-Azhar, no Cairo, que atrai estudantes de Teologia não só de todo o oeste asiático e norte da África, mas também de países como a Malásia e a Indonésia. Os xeiques ou chefes muçulmanos constituem uma autoridade central. Países muçulmanos também possuem muftis, ou juízes religiosos, embora, atualmente, tenham perdido muito de seu poder e prestígio, devido à sua imagem de meros porta-vozes do governo saudita ou egípcio. O xiismo iraniano conta com uma organização mais rigorosa – a despeito da disposição teocrática de sua república islâmica. Sua hierarquia mandarim é encabeçada por grandes aiatolás, e eles possuem seu próprio centro internacional de ensinamentos islâmicos em Qom, no Irã.

A arquitetura muçulmana clássica do oeste asiático teve suas origens, no século IX d.C., no Iraque da dinastia dos Abbas. Mais tarde, nos séculos XV e XVI, ramificações das formas clássicas brotaram na Turquia dos otomanos e no Irã dos safávidas, de onde tanto os líderes timúridas de Bucara e Samarkand quanto os primeiros líderes mogóis obtiveram seus arquitetos e construtores-modelo. As mesquitas são as edificações mais ambiciosas e mais dominantes do ponto de vista estético. Elas normalmente dispõem de seu próprio complexo de ensino, o madraçal, e são, via de regra, mais adornadas do que os próprios edifícios públicos e cidadelas. Os mogóis se desenvolveram em uma direção diferente, sendo os mausoléus seus monumentos mais esplêndidos – uma tradição, por sinal, nem um pouco islâmica, já que não era hábito celebrar grandes líderes. O mausoléu de Humayun, em Délhi, homenageia um imperador fraco e derrotado, e o Taj Mahal foi construído em memória de uma rainha (Hattstein e Delius, 2005; Dale, 2010: 147 e ss). Curiosamente, os modelos árabes clássicos são a maior, senão a única, referência na arquitetura monumental da mais nova capital administrativa da Malásia, Putrajaya.

Civilização europeia

A Europa é um promontório ou parte elevada da Ásia, fora do grande arco de civilizações fluviais que dominaram desde o Nilo até o rio Amarelo. Há três ou quatro mil anos, era claramente uma região pouco desenvolvida. Trata-se de um território cercado por mares, às margens dos quais, primeiro no mar Egeu e, mais tarde, ao longo de todo o Mediterrâneo, se desenvolveram potências talassocráticas – ou seja, de poderio sobre o mar – de impacto permanente na região. Elas estavam interconectadas, de Atenas até Roma, embora o domínio romano de toda a região do Mediterrâneo tenha sido garantido por esforços militares primordialmente terrestres. Os principais rios navegáveis ligavam o mar ao interior – o Reno, o Danúbio, o Elba, o Volga e tantos outros. O poder naval, mais tarde aprimorado com a ajuda da artilharia naval, foi o elemento que mais propulsionou a Europa a ultrapassar suas fronteiras – desde os portugueses, com D. Henrique, o navegador, e os espanhóis, liderados pelo genovês Colombo, passando por Jan Pieterszoon Coon, da Companhia Holandesa das Índias Orientais, até James Cook e a Marinha Real Britânica. Atraídos pelo mar, os navegantes e exploradores europeus foram os sucessores dos guerreiros nômades que cruzaram as terras da Eurásia a cavalo – os árabes, os mongóis e os turcos.

A característica mais distintiva e constituidora da civilização europeia é sua base dualista – enraizada, de um lado, na Antiguidade politeísta pagã e, de outro, no cristianismo, religião monoteísta e uma espécie de mutação universalista do judaísmo do oeste asiático. Enquanto o islá do oeste asiático renegou seus antecessores, considerando o período pré-islâmico a era da ignorância, o cristianismo manteve sua fundação pagã, a princípio possivelmente até por necessidade, pois teria sido incapaz de reunir forças militares próprias.

A formação da civilização europeia é, portanto, dualista. Por um lado, é necessário conhecer o significado da cruz, a história de Jesus e de Maria, além do lugar da Páscoa e do Natal do calendário cristão. É preciso saber o que é a Bíblia e conhecer pelo menos um pouco do seu conteúdo. Deve-se saber distinguir a Igreja Ortodoxa da Católica e da Protestante, e talvez até mesmo entre os ramos desta última – Igreja Anglicana, Calvinista e Luterana.

Por outro lado, também é necessário saber quem foi Zeus (ou Júpiter), mas somente por uma questão cultural – não religiosa. Fazer parte da cultura europeia também significa conhecer um pouco sobre a *Ilíada* e a *Odisseia*, sobre Sócrates, Platão e Aristóteles, sobre Júlio César, Otaviano e Adriano. Para poder ingressar no ensino superior, normalmente é de se esperar que o candidato tenha alguma leitura de Homero, Platão, Virgílio, Horácio e Ovídio, bem como algum conhecimento do teatro grego e do direito romano.

A arquitetura europeia clássica se demonstra primeiramente nos templos greco-romanos da Antiguidade, com sua sequência de colunas e seu telhado frontal triangular, por vezes também com uma cúpula romana. Nos tempos modernos, esse modelo foi reproduzido através do neoclassicismo republicano, nos EUA, e imperial, na Rússia. Muito embora o termo "neoclássico" jamais seja utilizado nesse caso, a tradição histórica europeia inclui também as catedrais góticas cristãs, construções que parecem subir aos céus, como se representassem agrupamentos de seguidores – e não faraós mortos ou locais de sacrifício, como no caso das pirâmides dos maias e dos astecas. Construções icônicas modernas adotaram, com frequência, um estilo neogótico – tais como o parlamento britânico e a prefeitura vienense. Também o estilo neogótico se tornou o preferido nas universidades estadunidenses do século XIX.

A Europa cristã jamais descartou a era pré-cristã como um período negro ou marcado pela ignorância, e isso se deu por bons motivos. Após o período inicial de perseguição aos cristãos, o cristianismo se tornou a religião oficial do Império Romano, imposição que partiu diretamente do trono imperial. À diferença do islamismo, o cristianismo nunca teve de derrotar forças externas no campo de batalha. A vitória derradeira do cristianismo foi a resolução favorável da disputa entre dois pretendentes ao trono romano. Do ponto de vista da Igreja, ela marcou – e de fato marcou – a passagem cultural da Antiguidade à pós-Antiguidade, o período da Idade Média feudal (ver Anderson, 1974). A Igreja Católica designou Aristóteles como *a* autoridade do pensamento secular e estabeleceu, com base no direito romano, uma jurisprudência europeia dupla – com leis canônicas e seculares (ver Berman, 1980). Realmente, a Igreja tinha todo o direito de se considerar herdeira do Império Romano; afinal, foi Constantino quem havia, em 330, tornado o cristianismo a religião imperial oficial. Naquela altura, não foi proclamada nenhuma outra língua sagrada para além do latim, da Igreja Romana, e do grego, da Igreja Bizantina. Foi somente após a queda da Igreja Bizantina que o eslavo eclesiástico se tornou a língua oficial da Igreja Ortodoxa.

A Grécia e a Roma antigas foram adotadas como pais da Europa cristã, permanecendo fontes eternas dos padrões do classicismo europeu. Ler "clássicos", em Oxford e Cambridge, significa ler latim e grego, incluindo a história e a literatura da Antiguidade greco-latina. O "classicismo" na arquitetura denota ou o respeito às formas gregas e latinas, ou pelo menos a inspiração nelas. A literatura clássica europeia abrange obras desde Homero até Ovídio.

Assim como o islamismo e o budismo, e diferentemente do judaísmo, do confucionismo e o do hinduísmo, o cristianismo é uma religião de salvação de vocação universal. Adaptado ao gosto do poderio imperial inicialmente europeu e, mais tarde, estadunidense, o cristianismo demonstrou ser uma arma formidável de conquista, além de uma força inesgotável de expansão. E é justamente essa vocação universalista que vem sustentando as cruzadas seculares euro-americanas, em nome da "liberdade" e dos "direitos humanos".

Não era de se imaginar que as cruzadas cristãs e o *jihad*, ou guerra santa islâmica, fossem ficar frente a frente no mundo moderno. Porém, uma vez que os *jinns*, ou gênios, foram libertados da lâmpada modernista, era de se esperar que eles entrassem em conflito e que esse conflito ecoasse pelos tambores amplificadores das divisões geopolíticas, entre o império estadunidense e suas dependências.

A relação entre o classicismo secular – os deuses da Antiguidade logo passaram a ser meras personagens literárias – e a tradição religiosa do cristianismo é, por vezes, conflituosa, mas é justamente nesse conflito que reside a tensão, tão frutífera, de abertura da cultura europeia. Esse foi o caso – bastante favorável, por sinal – do Renascimento e do humanismo de Erasmo e outros, bem como do Iluminismo de Voltaire, Gibbon e Winckelmann – embora aqui tenha havido mais atritos. Mais importante e anterior a isso, entretanto, é o fato de essa tradição dupla de religião cristã e direito romano ter dado origem à doutrina legal de divisão entre poderes espirituais e poderes temporários, incorporada nas figuras – ambas supremas, mas distintas – do papa e do imperador (Berman, 1980).

Ainda que seja necessário cautela ao abordar a discussão – tão vasta – dos "valores da civilização europeia", alguns pontos merecem destaque. A Europa desenvolveu uma cultura política singular, com o sistema de eleição (ou loteria), com a representação popular como base apropriada para a coleta de impostos, e com o conceito de cidadania. É claro que outras culturas políticas coexistiram, e por vezes até prevaleceram sobre esse sistema, mas ele nunca foi extinto, e, já na Europa medieval, os dois cargos mais altos eram preenchidos por meio de eleições formais e periódicas – o do papa e do imperador. Ora, "democracia" é uma palavra antiga de origem europeia. Durante o período de grande crise fiscal, por exemplo, a monarquia absolutista francesa teve de convocar os representantes dos estados gerais em 1789. No entanto, o mais importante do ponto de vista do povo era a noção de cidadão como um indivíduo dotado de direitos. Esse conceito remonta à noção de homem livre da *polis* grega, eternizada no direito romano e difundida por todo o império. Essa concepção legal de direitos individuais não se desenvolveu em outras civilizações.

A civilização europeia conquistou as Américas. Os EUA mantiveram tanto a arquitetura clássica pré-cristã – denominada republicana, e não imperial, por Thomas Jefferson e os outros "pais fundadores" – quanto a fé cristã, primordialmente pela Igreja Protestante. A América Latina também preservou a fé cristã, só que, nesse caso, católico-cristã, e vivenciou o processo de construção do mundo mais em termos barrocos.

Civilização africana subsaariana

É na África que se encontram as origens de todos nós. Pesquisas paleo-antropológicas de peso parecem localizar na África a ascendência de todas as espécies humanas, de onde elas se espalharam para, mais tarde, povoar o planeta todo (um panorama plausível dedicado ao público geral é traçado em Chanda, 2007: cap. 1). Mas origem não significa continuidade, nem implica laços significativos. Hoje, muitos de nós sem dúvida diriam que são africanos com orgulho – para o desgosto daqueles que defendem a supremacia branca e a "civilização ocidental". Isso, porém, não passa de respeito humano. O objetivo primordial aqui é a diferenciação da humanidade.

A civilização africana subsaariana distingue-se de todas as outras não só em termos de suas características centrais, mas principalmente por pertencer

O MUNDO

a outro tipo de civilização. Ela é oral, desprovida de textos canônicos; é uma família de culturas que não dispõem de um núcleo histórico comum, de uma religião comum ou de uma língua clássica. Então, como é que se pode considerá-la uma das principais civilizações? Como se pode sequer chamá-la de civilização? O historiador amador precisa ser cauteloso nesse ponto, pois aquilo que V. Y. Mudimbe (1988) denominou "a invenção da África" remonta a um empreendimento nacionalista e colonial de desdobramentos tortuosos, complexos e conflituosos. No entanto, se o intuito for restringir o número de grandes civilizações a um mínimo, então é legítimo apresentar a civilização africana subsaariana como uma só. É verdade que a União Africana também inclui países ao norte do Saara, mas isso é uma questão de geopolítica moderna. O respeitado – embora de baixa repercussão – estudioso senegalês Cheikh Anta Diop, porém, diria que "a Antiguidade egípcia está para a cultura africana do mesmo modo que a Antiguidade greco-romana está para a cultura europeia" (esse argumento é apresentado em Diop, 1967/1993). De todo modo, sem tomar partido na discussão se as civilizações egípcias antigas eram "negras" (*nègre*) ou não, para os propósitos da presente obra basta afirmar que não parece haver laços contínuos entre a arquitetura faraônica, as visões de mundo e as escrituras do vale do Nilo, de um lado, e o grande deserto, do outro – embora artigos do antigo Egito tenham sido encontrados na região subsaariana (Braudel, 1987: 194). Do ponto de vista da relevância atual de uma civilização africana comum, só se pode falar da civilização subsaariana.

Os fatores ecológicos da região sempre foram problemáticos. O espaço era delimitado por dois grandes desertos – o Saara, ao norte, e o Calaári, ao sul – e por dois oceanos – o Atlântico, a oeste, e o Índico, a leste. Nem os desertos, nem os oceanos eram considerados impenetráveis na Antiguidade; juntos, no entanto, eles acabaram por manter a África fora das rotas comerciais da Eurásia. Ainda mais importante do que os oceanos e desertos, a própria geografia do continente era pouco favorável. Devido à densa floresta tropical, infestada por insetos e parasitas e desprovida de linhas naturais de radiação, o centro geográfico da região jamais poderia ter se tornado o centro social dessa civilização. Além disso, por causa das correntezas e cataratas, nenhum dos grandes rios era navegável a partir do oceano rumo ao interior – sendo o rio Congo o mais notório e também o mais central. Assim, os grandes centros culturais e políticos da África, desde Tombuctu

MAPA 1
Famílias de línguas africanas

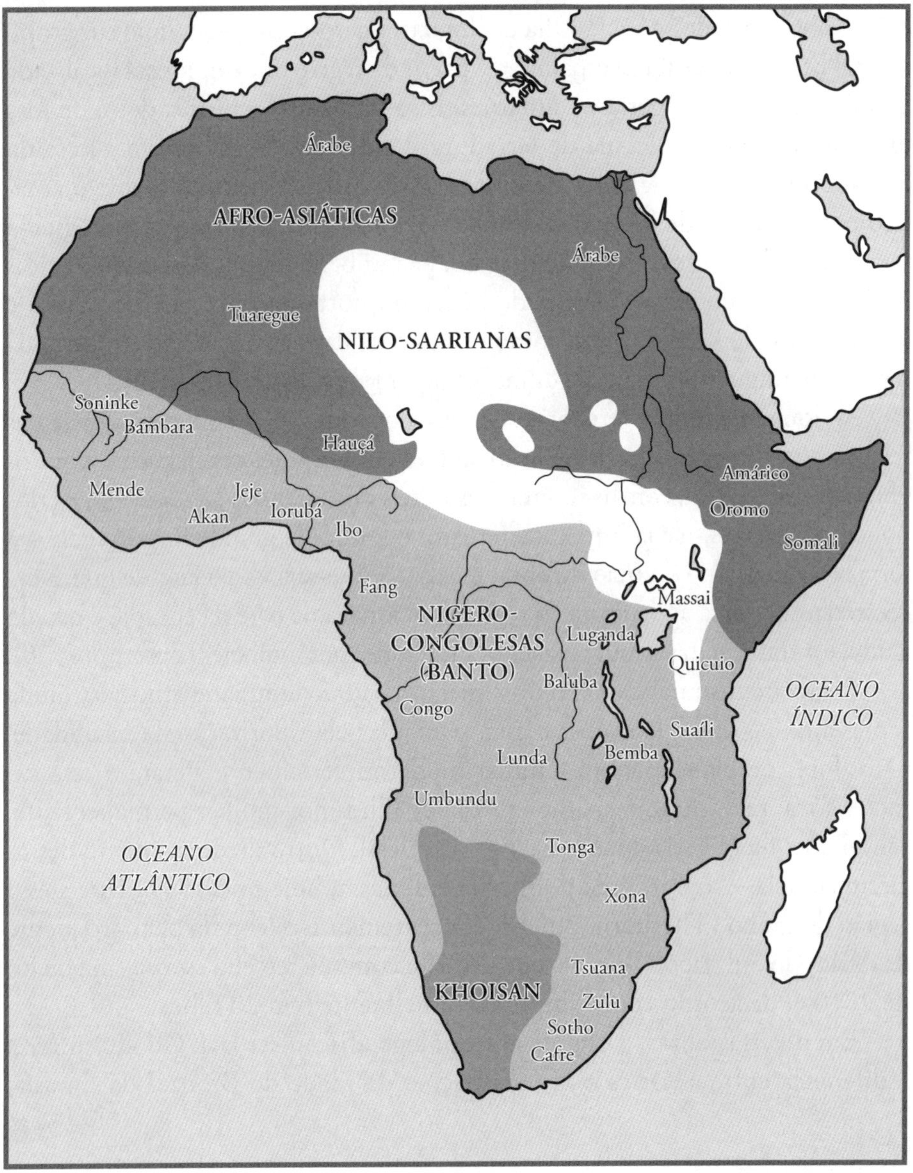

O MUNDO

e Djenné até o Grande Zimbábue, estavam localizados nas regiões de savana, ou então próximos da costa oeste, tais como Ifé e Benin.

De todo modo, vale salientar que, em meio a essa diversidade, há unidade linguística em toda a região que vai de Gâmbia e Senegal, na costa noroeste, até o Cabo, no sudeste – a família de línguas nigero-congolesas, cujo subgrupo central banto parece ter se espalhado a partir da região onde hoje está localizada a fronteira entre a Nigéria e Camarões. Essa unidade linguística deixa de fora uma vasta região em forma de ferradura, localizada a norte, oeste e leste do Saara, onde habitam falantes de línguas afro-asiáticas, como o árabe, o amárico e o somali, e de línguas berberes – e, antigamente, também do egípcio faraônico. Além disso, ao sul do deserto, há também comunidades linguísticas nilo-saarianas, como os falantes de hauçá no norte da Nigéria e de massai e luo no norte do Quênia, bem como os poucos falantes, na porção sudoeste da região, de línguas khoisans (Collins, 2006: 11 e ss; Iliffe, 2007: 11).

Ao longo de todo o território subsaariano, com sua imensa diversidade nas regiões não desérticas do norte e do sudoeste, com florestas tropicais, com os gramados de savana, com as montanhas férteis dos Grandes Lagos e com os rios pouco navegáveis, havia uma característica comum de grande importância – a terra era abundante e a mão de obra, escassa. Some-se a isso o fato de que, à exceção da Etiópia, a agricultura da região funcionava na base da enxada, e não do arado, e o trabalho na lavoura era feito, sobretudo, por mulheres (Boserup, 1970).

Essas circunstâncias deram origem a um padrão familiar distintivo e ainda representativo da região subsaariana, pautado pela valorização da fertilidade. Os valores de planejamento familiar moderno certamente afetaram essa característica, mas, mesmo assim, a média de filhos por mulher permanece alta, sendo que, na Nigéria, quatro é a norma oficial. Outro desdobramento dessas circunstâncias é a prática da poligamia em massa, hoje restrita somente a essa região do globo (Therborn, 2004)* e recentemente celebrada pelo presidente da África do Sul, Jacob Zuma – que se casou com sua terceira esposa em janeiro de 2010 e, de acordo com a imprensa, atualmente tem 20 filhos.

Em diversas obras, o grande antropólogo africanista Jack Goody enfatiza a diferença entre a África e as "civilizações da Idade do Bronze" da Eurásia,

---

* N. T.: Este livro foi publicado em português pela Editora Contexto em 2006 com o título: *Sexo e poder: a família no mundo (1900-2000)*.

bem como o modo através do qual essa civilização africana – não só menos mecânica, mas também estruturada em uma hierarquia menos rígida, menos estratificada – se manifesta, entre outros, na culinária e no fato de esses povos não utilizarem flores (Goody, 1993, 1998).

Até que ponto se pode falar de uma filosofia ou cosmologia banto compartilhada é um assunto que causa debates polêmicos – Mudimbe (1988) e Appiah (1992) oferecem um panorama e mais referências quanto ao tema; por isso, é melhor não tomar partido aqui. De todo modo, parece haver certos temas e crenças bastante difundidos, cujo impacto se vê no mundo contemporâneo. Existe, por exemplo, um universo espiritual rico e diverso, que abriga tanto espíritos do bem quanto do mal, e ao qual os seres humanos devem respeito e oferecem sacrifícios ritualistas. Existem os espíritos dos ancestrais e os espíritos da natureza. A literatura africana moderna converteu essas vozes em escrita – a forma mais eloquente talvez seja a de Ben Okri, por exemplo, em *The Famished Road* (1991). Mas os espíritos e suas ações estão presentes de forma muito mais tangível, como, por exemplo, nos diagnósticos médicos típicos, sempre em termos mágicos; na crença em bruxas, incluindo bruxas-mirins, na Nigéria; nas revoltas armadas que carregam amuletos para proteção; e, de vez em quando, nas interpretações espiritualistas do cristianismo, como é o caso, em Uganda, do espírito da "sacerdotisa" Alice Auma "Lakwena" (mensageira) e de seu sucessor, Joseph Kony, líder do "Exército da Resistência do Senhor".

Assim como "a Ásia", "a África" é uma invenção europeia, mas isso não nos impede de reconhecer o valor heurístico de se analisar a civilização africana subsaariana. Na África moderna, o cristianismo e o islamismo se tornaram as religiões principais. No entanto, ambas tiveram de ajustar-se aos persistentes padrões de família-sexo-gênero da região – o cristianismo à poligamia, e o islã à presença de mulheres nas esferas pública e econômica, por exemplo.

Do ponto de vista artístico, o uso ritualístico bastante difundido de máscaras e danças constitui um aspecto notável do continente. Não existe nenhum outro lugar no mundo onde se possa ver chefes tradicionais, políticos e membros do clero dançando em público – seja solo ou em grupos.

Após esse panorama das civilizações, vale lembrar que a intenção não foi esboçar a "Galeria dos Famosos" das grandes civilizações. Trata-se simplesmente da lista das maiores, no momento em que elas estão emergindo no século XXI. Comparados a elas, os maias ou qualquer outra civilização ameríndia ou do sudeste asiático, por exemplo, parecem menores – embora não necessariamente menos importantes.

As relações de família-sexo-gênero tiveram impacto profundo no desenvolvimento das civilizações e deixaram marcas reconhecíveis nelas até hoje. Durante minha extensa pesquisa de padrões familiares, constatei que, juntamente com os padrões pertencentes às cinco civilizações, há ainda mais dois sistemas familiares contemporâneos centrais, cujo caráter é híbrido e cuja formação se deve às últimas ondas de globalização e aos caminhos que levaram à modernidade. São eles o sistema do sudeste asiático e o sistema crioulo americano.

SISTEMAS DE FAMÍLIA-SEXO-GÊNERO

Todos nós não só somos herdeiros como também inevitavelmente participamos de algo que podemos chamar de "sistema de família-sexo-gênero", um sistema que permeia nossa linhagem, nossas relações familiares, nossas escolhas de parceiros e parceiras, nossas práticas sexuais e nossas relações sociais diante da problemática dos gêneros. Os cinco sistemas de família-sexo-gênero principais derivam diretamente das cinco grandes civilizações e constituem a característica mais marcante dessas civilizações, mais persistente ao longo dos séculos e até dos milênios. Trata-se, portanto, de um caso de herança civilizacional. O mundo contemporâneo conta ainda com mais dois sistemas centrais e híbridos, frutos das ondas de globalização – o sistema do sudeste asiático e o sistema crioulo americano, que serão analisados à parte. Uma das minhas principais descobertas ao longo da pesquisa dos sistemas familiares foi o fato de que todos esses sete sistemas permanecem operantes e independentes, ainda que por vezes com mutações (Therborn, 2004 – as seções que se seguem baseiam-se nessa obra).

Família confucionista leste-asiática

Do ponto de vista histórico, esse sistema familiar espalhou-se pela vasta região onde a civilização sínica floresceu – Japão, Coreia e Vietnã, assim como a China – e, é claro, contava com variantes regionais e nacionais. O patriarcado confucionista clássico sofreu modificações no Japão, foi suavizado no Vietnã e, no final do século XIX, havia sido adotado em sua forma mais ortodoxa na Coreia.

Nesse sistema, a relação pai e filho é a mais importante das cinco relações humanas, e a devoção filial, a virtude cardinal, à qual todas as outras normas familiares e sociais estão submetidas. O casamento é um contrato entre famílias, passível de dissolução mediante acordo mútuo ou por imposição do marido. Assim como em todos os lugares fora da Europa Ocidental, o casamento era, do ponto de vista histórico, virtualmente universal e, de certa forma, continua sendo, exceto em algumas grandes metrópoles, tais como Tóquio e Singapura. A bigamia era ilegal, mas as chamadas "concubinas" tinham o *status* familiar oficial de esposas de segunda classe, e seus filhos eram considerados legítimos. O sexo sempre foi visto como um prazer masculino moralmente legítimo. A junção patrilinear de famílias constituía o ideal chinês, enquanto o ideal japonês era que o primogênito vivesse na casa dos pais com sua esposa e filhos, enquanto os irmãos mais novos saíam de casa depois do casamento. Os ancestrais patrilineares mereciam veneração, fosse por meio dos tradicionais altares caseiros ou então de pequenos templos coletivos dedicados a uma linhagem específica – hábitos que vêm retornando em partes da China. Os túmulos de ancestrais são, até hoje, locais sagrados para as famílias, e o Festival de Qingming, dedicado em parte à limpeza desses túmulos, permanece um evento indispensável no calendário chinês atual.

O respeito e a obediência aos pais constituem a norma distintiva da família confucionista. As enormes transformações políticas e econômicas pelas quais essa região vem passando trouxeram mudanças e questionamentos quanto ao sistema confucionista de relações, mas não o aboliram. A atual política de um filho por família chinesa acabou, por exemplo, fortalecendo a posição ocupada pelo filho. Nessa sociedade, a idade e o gênero são fatores que têm forte impacto nas relações sociais; porém, não há regras específicas de segregação de mulheres.

A filosofia confucionista combina muito bem com um sistema político paternalista e uma autoridade organizacional paternalista, também no setor privado. Assim, é fácil ver sua infiltração na linguagem comunista, sobretudo no Vietnã do "tio" Ho Chi Minh (conhecido também, nos âmbitos mais formais, como o "tio-avô"), onde os principais aliados, a União Soviética e a China, eram conhecidos como "o irmão mais velho" e "a irmã mais velha", respectivamente (Marr, 1981: 132 em nota; Bayly, 2007: 187).

O MUNDO

Família hindu sul-asiática

Essa família é sul-asiática porque, de certa forma, acabou também influenciando povos não hindus, tais como os muçulmanos do subcontinente indiano. No entanto, suas normas distintivas são hinduístas. O casamento é uma obrigação sagrada que todos têm de cumprir e o ideal é aquele em que uma família patrilinear presenteia outra família também patrilinear com uma virgem. Historicamente, esse costume levou ao casamento de meninas que sequer haviam entrado na puberdade – em torno de 1900, a média de idade era 10 ou 11 anos. Viúvas hindus não podem casar novamente, por mais que sejam crianças virgens – embora a lei secular da Índia hoje permita isso. Por exigência das legislações coloniais, a idade média na altura do casamento subiu no século XX. Todavia, até hoje, nas áreas rurais do sul da Ásia, a metade das meninas acaba casando antes dos 18 anos. No norte da Índia, os casamentos costumavam e ainda costumam acontecer entre pessoas de aldeias diferentes, o que provoca o isolamento dessas jovens moças, para sempre segregadas de seus pais e amigos. Aliás, esse é um tema recorrente nas canções tristes da região.

Em princípio, o casamento é indissolúvel e, exceto em alguns grupos de brâmanes, monógamo. Ele costuma acontecer de acordo com regras endógamas de castas e exógamas de linhagem. O sistema de castas hereditárias teve grande impacto na dinâmica de interação social, também entre os cristãos e os muçulmanos, e permanece altamente importante, senão até onipotente, nos dias de hoje. Espera-se que a noiva pague um dote, sendo que seu valor e pagamento geralmente constituem o pomo da discórdia na família da noiva. Nas castas mais altas e conservadoras do hinduísmo, costuma-se praticar a *purdah*, ou regra de segregação de mulheres.

Do ponto de vista histórico, o ideal familiar, ainda vigente hoje, é a junção de famílias patrilineares, incluindo filhos casados, e o compartilhamento de propriedades. Esse hábito proporciona às crianças um enorme universo familiar que as abriga enquanto crescem. As meninas costumam ser negligenciadas, já que estão destinadas a deixar a casa da família de origem depois do casamento. Também do ponto de vista histórico, o laço familiar mais importante talvez seja aquele entre mãe e filho, sendo que as mães costumam arranjar os casamentos dos filhos.

Com relação aos gêneros, o sul asiático é permeado pela misoginia e o maltrato de mulheres, assunto ao qual retornaremos a seguir, por ocasião do estudo dos estágios da vida. Porém, assim como na antiga Europa, com suas rainhas poderosíssimas – Elizabeth I, Maria Teresa, Catarina II –, dinastias prevalecem ao gênero. Nas últimas três ou quatro décadas, o sul da Ásia testemunhou um aumento no número de líderes mulheres como em nenhuma outra região do planeta – temos os Bhutto no Paquistão, os Nehru-Gandhi na Índia, os Bandaranaike do Sri Lanka, além da filha e viúva à frente dos dois partidos rivais em Bangladesh. Do ponto de vista sexual, a região se tornou bastante recatada nos dias de hoje, como se vê claramente nos filmes assexuais de Bollywood e na repreensão, por parte da polícia, de casais sentados próximos ou de mãos dadas, como era costume em Délhi no início dos anos 2000 (refiro-me aqui a observações de primeira mão do meu colega da Antropologia, doutor Perveez Moody).

Família islâmica oeste-asiática / Família norte-africana

O islã, assim como o cristianismo, é uma religião mundial, espalhada através dos continentes. Porém, do lado de fora das terras que testemunharam as origens do islã, a instituição da família islâmica sofreu fortes influências de outras culturas e passou por processos de mudanças regionais no século XX.

Enquanto, por um lado, o casamento islâmico é um contrato e não um sacramento, por outro, todos os outros tipos de assuntos familiares, bem como todas as relações de interação entre os gêneros e as relações sexuais, são regidas, de forma ampla, por leis sagradas. O direito islâmico, que data de mais de mais de 1.200 ou 1.300 anos, é dividido em cinco escolas principais – divisão esta que, embora importante e pacífica, vem perdendo significância. Essas cinco escolas, sendo quatro sunitas e uma xiita, prevalecem em partes diferentes do mundo islâmico. Tais leis não só estipulam o princípio geral de superioridade masculina – de maneira semelhante à tradição paulina do cristianismo – como também o detalha por meio de uma série de regras específicas – tais como a entrega obrigatória da guarda dos filhos ao pai, a permissão da poliginia controlada, a dissolução do casamento por repúdio do marido e o privilégio patrilinear sobre os filhos. Porém, o direito islâmico também procura proteger as mulheres como indivíduos e regulamentar os direitos de herança das filhas – que costuma ser a metade do direito dos filhos. Muito antes de os direitos à propriedade privada e a capacidade legal de mulheres

O MUNDO

casadas serem reconhecidos na Europa cristã do século XIX, o direito islâmico já os reconhecia. A sexualidade em si não é vista como algo moralmente censurável, mas é considerada uma ameaça à ordem social e, por isso, é rigorosamente regulamentada por leis matrimoniais. Manter a virgindade feminina antes do casamento faz parte da honra familiar. As opções de não casar ou ter filhos fora do casamento não são consideradas legítimas.

As crianças são criadas em grandes lares de estrutura patriarcal que, antigamente – e, no interior, até hoje –, faziam parte de unidades ainda maiores de parentesco patrilinear, oriundas de clãs e tribos. Os primogênitos são celebrados por meio de um costume árabe de denominação, segundo o qual a mãe passa a ser conhecida como *Umm* (a mãe de...) e o nome da criança, como, por exemplo, Umm Kulthum, a cantora egípcia de grande sucesso em meados do século XX. Também o pai passa a ser chamado *Abu* (pai de...), embora esse fenômeno seja menos comum hoje em dia – mas ainda acontece. A geração de líderes palestinos de Yasser Arafat utilizava esse tipo de denominação como "nome de guerra", e esses nomes acabavam pegando – como é o caso de Abu Mazen, o atual presidente da Autoridade Nacional Palestina.

As famílias são muito unidas, e o casamento entre primos é comum. O casamento infantil (sem a subsequente consumação sexual) é permitido do ponto de vista religioso, ainda que se tenha tornado raro após viver um breve renascimento nos primeiros anos da revolução iraniana. O que também se tornou raro foi a poligamia, costume tradicionalmente restrito aos mais ricos e, hoje em dia, dependente do consentimento explícito legal da primeira esposa. A taxa de divórcios, que antes eram comuns e fáceis para o marido arranjar, diminuiu. A guarda de filhos de pais separados sempre é concedida ao pai, o que, nos casamentos interculturais modernos, é motivo de séria disputa. Já a custódia de crianças de até uma determinada idade pode ser concedida à mãe.

Família cristã europeia

Basicamente, esse sistema é mais cristão (com um empurrãozinho da monogamia germânica) do que greco-romano. Ele foi exportado às colônias europeias e aos povos convertidos ao cristianismo fora da Europa, embora normalmente sob formas diferentes – daí o seu nome composto, denotando a formação cristã na Europa. Suas características distintivas incluem a descendência bilateral – ou seja, a família da mãe é praticamente tão importante quanto a família do pai –, a liberdade de casamento consensual (incluindo a possibilidade legítima de não casar), a monogamia, a ausência de obrigações específicas com relação aos ancestrais, além da avaliação crítica e moral da sexualidade. O aspecto mais peculiar desse sistema europeu era sua noção de casamento, enraizada na era pré-cristã, mas consolidada pela Igreja – muito embora, na prática, ela fosse desrespeitada com frequência. Segundo essa noção, o casamento era uma questão de escolha, era o resultado do desejo de um homem e de uma mulher de passarem o resto da vida juntos, em regime monógamo. O conceito de casamento primordialmente como uma questão de escolha individual era exclusivo à Europa e foi propulsionado pela Igreja Católica e reafirmado no Conselho de Trento, na década de 1560, por ocasião da Contrarreforma. O individualismo matrimonial é, portanto, uma norma católica, não protestante.

O cristianismo sempre viu a sexualidade com maus olhos e, no que diz respeito aos filhos, sempre foi feita uma diferenciação de vital importância entre os matrimonialmente legítimos e os ilegítimos. No entanto, uma certa flexibilização dessa regra se fez necessária para que também filhos ilegítimos pudessem ser acolhidos, sobretudo aqueles de pais célebres. O princípio de afinidade familiar tanto com o lado paterno quanto com o lado materno levou a um equilíbrio maior entre os gêneros e a uma autonomia maior dos filhos. Não se esperava, por exemplo, que as meninas fossem "desaparecer" após o casamento. O casamento entre primos não era permitido entre os católicos, o que tornava o controle dos pais menos forte do que em países islâmicos.

Do ponto de vista histórico, porém, também na Europa a família era patriarcal, sendo normalmente encabeçada pelo pai e marido, ainda que seus poderes fossem mais limitados do que na Roma pré-cristã. Na Escandinávia, por exemplo, depois século XIX as pessoas ainda tinham um *patronymikon*, ou seja, um segundo nome que indicava filiação ao pai. Na Islândia e na Rússia, esse costume permanece vivo até hoje.

Dentro da Europa, existe uma divisão no eixo leste-oeste que remonta aos princípios da Idade Média, mil anos atrás ou mais. A linha imaginária vai de Trieste a São Petersburgo e tem suas origens nas fronteiras dos primeiros assentamentos germânicos. Simplificando bastante – e ignorando exceções significativas na Europa latina –, a linha separava a variante ocidental, cuja norma era a neolocalidade (ou seja, uma nova residência era estabelecida após o casamento), da variante oriental, cuja norma era a patrilocalidade (ou seja, o novo casal ia viver com os pais do noivo). Por isso, as crianças da Europa Ocidental costumavam crescer no seio de sua família nuclear. No lado oriental, casava-se jovem e praticamente todos casavam; no lado ocidental, a média de idade quando do casamento era alguns anos mais alta, e pelo menos 10% (frequentemente até mais) da população não casava. Essa divisão sobreviveu ao estabelecimento e à queda do comunismo.

Dentro da Europa Ocidental, havia uma importante divisão no eixo norte-sul que cortava a França central. Acima da linha imaginária, crianças e adolescentes (incluindo as oriundas de propriedades rurais) costumavam deixar a casa dos pais muito cedo, já no início da puberdade ou, mais tardar, ao deixarem a escola, e iam trabalhar como empregados em outras casas até que se casassem ou recebessem heranças. Abaixo da linha, os jovens costumavam permanecer na casa dos pais até o casamento. Essa divisão, atualmente mais óbvia entre a Espanha e a Itália, de um lado, e a Europa Central e o norte da Europa, de outro, ainda persiste.

Por causa da proletarização e urbanização em massa, o século XIX foi um período de ruptura para a família europeia. Entre um terço e a metade de todas as crianças nascidas nas maiores cidades – e também nas menores – do continente europeu vieram ao mundo fora do casamento. Dezenas de milhares de bebês foram deixados em orfanatos, onde o índice de mortalidade superava e muito os 50%. Porém, logo o sucesso da industrialização colocou os padrões familiares de volta nos trilhos. Desde o final do século XIX, existe a crescente preocupação como tema do abuso infantil. Nessa altura, as autoridades públicas passaram a ter o poder e o dever de intervir em lares problemáticos, a fim de proteger as crianças.

Conjunto subsaariano de sistemas familiares

O que temos aqui é, na verdade, um agrupamento de sistemas de família-sexo-gênero. Esses sistemas, entretanto, possuem uma unidade definida, a despeito da multiplicidade religiosa (incluindo o cristianismo e o islamismo) e da enorme diversidade étnica. Essa unidade revela-se na concepção peculiar de casamento, na poliginia, nas relações de parentesco, na valorização da fertilidade e na devoção aos ancestrais. Tanto a descendência patrilinear quanto a matrilinear estão presentes, esta última tipicamente na região da África Central. Na África, os laços matrimoniais costumam ser atados pela família do noivo, que paga um dote ou oferece serviços à família da noiva. Propriedades são passadas de uma geração à próxima, via de regra somente entre familiares do mesmo sexo. Ter filhas meninas é, portanto, uma fonte de riqueza para as famílias, ao contrário do que se vê no sul asiático.

Os africanos estimam a fertilidade acima de tudo, como o principal objetivo na vida e de forma mais abrangente, mais geral que a insistência confucionista em não interromper a linhagem familiar. Muito embora haja normas para regular a sexualidade legítima e ilegítima na África (como em tantos outros lugares), raramente se distingue entre filhos legítimos e ilegítimos. No mundo todo, a liberdade e as restrições sexuais variam de povo para povo, mas, na África inteira, o tema da sexualidade sofreu menos restrições do que em toda a Eurásia. A poliginia em massa, praticada inclusive em países predominantemente católicos, como Ruanda e Burundi, é um traço distintivo da família africana e provém do papel historicamente desempenhado pelas mulheres como trabalhadoras na lavoura. Os laços conjugais normalmente são fracos, sendo que, via de regra, marido e mulher (ou mulheres) possuem diferentes meios de sustento, seja a lavoura de subsistência ou o comércio de mulheres. A relação entre mãe e filhos faz parte de – e por vezes é ofuscada por – relações mais complexas de parentesco. Não é incomum que crianças africanas vão morar com parentes e se criem longe do pai ou da mãe. Além disso, o sistema familiar africano estima o processo de envelhecimento e prevê grande respeito aos mais velhos e aos respectivos ancestrais. Muita importância é dada, por exemplo, aos ritos de passagem coletivos para a idade adulta e ao sistema de direitos e solidariedade com base em grupos etários.

Muito embora seja permitido que meninas tenham aventuras sexuais na adolescência e até mesmo que arrumem parceiros ricos e muito mais velhos, e a despeito da independência econômica das mulheres casadas, o sistema africano de família-sexo-gênero permanece notavelmente machista, sobretudo na faixa de savana ao sul do Saara, com predominância muçulmana, ou nas regiões leste e sul da África, com suas diversas religiões – sendo, porém, o cristianismo a principal.

O mundo também testemunhou a emergência de dois sistemas familiares intersticiais híbridos de grande importância – o sistema sudeste-asiático e o sistema crioulo americano, como veremos a seguir.

Família sudeste-asiática (religiosamente plural)

Trata-se de um padrão de relações familiares que se estende por todo o território desde o Sri Lanka até as Filipinas, passando pela Birmânia, Tailândia, Laos, Camboja, sul do Vietnã, Malásia e Indonésia. Graças ao sossego budista e aos costumes flexíveis dos malásios, essa região apresenta normas mais brandas do que as dos outros grupos asiáticos. Tais normas incluem laços bilaterais de parentesco e uma série de possibilidades relativas ao casamento – incluindo a escolha do parceiro e, entre os malásios muçulmanos, o divórcio. Na década de 1950, os malásios muçulmanos bateram todos os recordes nas taxas de divórcio – na época, permitido também às mulheres. Quando os britânicos chegaram à Birmânia no século XIX, ficaram chocados com a informalidade do casamento, semelhante ao sistema de coabitação que temos hoje – afinal, os budistas não possuíam nenhum rito de casamento.

Embora historicamente as jovens malásias sempre tenham sofrido muita pressão para casar, as adolescentes do sudeste asiático recebem um tratamento muito melhor do que nos típicos patriarcados asiáticos. Essa região ainda possui os mesmos valores machistas do patriarcado asiático, mas de forma mais branda e flexível do que no oeste, sul e leste da Ásia. Atualmente, as Filipinas são mais católicas do que a Europa secular, mas apresentam mais tolerância entre os sexos do que no cristianismo europeu clássico.

Família crioula americana

Nas Américas – desde o sul dos EUA, descendo pela região do Caribe até o Rio de Janeiro, assim como nas regiões hispânicas agricultoras e mineradoras desde o México até o Paraguai –, desenvolveu-se um sistema familiar bifurcado, ou duplo, que podemos chamar de crioulo. O sistema tem suas raízes no histórico socioeconômico das lavouras, minas e latifúndios regidos por princípios típicos do patriarcado europeu cristão, com seus escravos africanos ou indígenas. O casamento não era permitido aos escravos, mas sua procriação era estimulada – inclusive entre escravas e homens brancos. A escassez de europeias e a ausência de tabus vinculados às relações sexuais interétnicas deram origem a uma população mestiça considerável na América Latina, ao mesmo tempo arrancada das comunidades indígenas e nunca de fato aceita pelos brancos.

Essa dualidade crioula resultante do processo de miscigenação incluía, de um lado, o sistema familiar da alta sociedade branca, rigidamente patriarcal e, em geral, com regras de segregação feminina – uma espécie de variante mais austera do modelo europeu – e, de outro lado, o sistema familiar informal negro, mulato, mestiço e indígena (desenraizado), de base ao mesmo tempo machista e centrado na figura da mãe, com seus pais fracos e ausentes. Especialmente no Caribe, relações sexuais informais se tornaram o padrão. Na Jamaica, nunca houve uma maioria de bebês nascidos de pais casados. Nesse sistema, as crianças costumavam ser criadas em torno das mães e das avós.

Historicamente, o patriarcado crioulo branco se misturou à cultura branca estadunidense padrão. A reconstrução do país após a guerra civil, somada à migração da população negra para o norte industrial, ajudou na estabilização dos padrões familiares afro-americanos que, anteriormente, haviam sido resultado direto da miséria e da exploração racial. No entanto, com a recente segregação em guetos e o relativo empobrecimento de muitos afro-americanos, o padrão crioulo negro está retornando aos EUA e permanece no Caribe, no Brasil e em áreas pobres da América indo-hispânica. Trata-se de um sistema de família-sexo-gênero caracterizado pelo domínio e por privilégios masculinos. Mesmo assim, não é um sistema patriarcal, já que nele a paternidade é marginalizada. O sistema também é marcado pela sexualidade à flor da pele e tem, como laço familiar mais forte, as relações femininas – avós, filhas e netas.

AS SEIS ONDAS DE GLOBALIZAÇÃO E SEUS SEDIMENTOS

Pouco importa nossa localização, quem foram nossos governantes no passado, quem somos, no que acreditamos, do que nos recordamos hoje – tudo isso sofreu o impacto de forças que ultrapassaram as barreiras territoriais, através das ondas

O MUNDO

históricas de globalização. Por onda histórica de globalização entende-se aqui a extensão, aceleração e/ou intensificação de importantes processos socais de alcance ou impacto pelo menos transcontinental – mas não necessariamente mundial. Além disso, essa extensão/aceleração/intensificação precisa estar delimitada no eixo temporal. Esses processos, práticas e crenças normalmente não surgem ou desaparecem abruptamente com as ondas de globalização – essas ondas crescem, avançam e se retraem, mas as águas permanecem. Para melhor compreender o mundo contemporâneo, é necessário analisar pelo menos seis dessas ondas.

É claro que se poderiam adicionar outras ondas a essa lista. Um dos principais candidatos seria a ascensão do Império Mongol na Eurásia, no século XIII. Mas outras ondas de globalização não tiveram um impacto tão duradouro sobre as camadas da história humana quanto essas seis, que veremos a seguir, tiveram. O Império Mongol – efêmero, mas de proporções extasiantes – teve como principal desdobramento histórico a abertura de portas à ascensão da Europa – graças à destruição de Bagdá, o então centro da civilização islâmica, e ao aquecimento das transferências tecnológicas vindas da China. Vale lembrar que essas vantagens vieram após o declínio do Império Mongol, devido ao qual a Europa acabou infestada por ratos portadores de peste bubônica, responsável pela morte de cerca de um terço de toda a população europeia no segundo terço do século XIV (McNeill, 1979: 158). Além disso, o fenômeno conhecido como *Völkerwande-rung*, ou migração de povos (começando pelo processo de imigração de nossos ancestrais da África), causou impacto permanente no processo de povoamento do planeta. Os processos migratórios antigos, porém, constituem movimentos bastante peculiares de povos e não propriamente extensões ou intensificações de processos sociais. Já os processos migratórios mais atuais, por outro lado, fazem parte de ondas econômicas, políticas e culturais.

Formação das religiões mundiais e delimitação das civilizações – séculos IV ao VIII d.C.

As grandes civilizações, já definidas anteriormente, atingiram proporções que foram muito além do domínio de um líder ou da bênção de um padre. Por isso elas são, de certa forma, a obra de uma primeira onda transcultural, transnacional. Porém, embora as civilizações possuam uma visão de mundo

|56|

comum e certos valores compartilhados, o termo "onda de globalização" refere-se aos processos de transformação espaçotemporais. Partindo de uma lógica heurística, as civilizações serão utilizadas aqui como ponto de partida para a análise sociogeológica – sendo que a extensão do núcleo de cada civilização dependerá diretamente dessa primeira onda histórica de globalização.

A primeira onda de globalização consistiu na expansão transcontinental de religiões, dando forma àquilo que atualmente, mil anos mais tarde, chamamos de "religiões mundiais". Em um período curtíssimo – cerca de 400 ou 500 anos –, os cernes territoriais de todas as religiões mundiais foram estabelecidos, permanecendo inalterados até hoje. É verdade que as fronteiras das civilizações contemporâneas foram expandidas, contraídas ou ofuscadas desde essa época, mas os cernes permanecem os mesmos. Esse período de difusão histórica parece ser mais interessante do que a chamada "era axial", que se refere à fundação concomitante, mas acidental, das grandes religiões. O termo foi desenvolvido pelo filósofo alemão Karl Jaspers e recentemente utilizado pelo brilhante sociólogo israelense Shmuel Eisenstadt (2006).

No final do século IV, o cristianismo havia se tornado a religião oficial do Império Romano e começou a se expandir de forma gradual, a partir dessa região-base, pelo resto da Europa. Antes disso, porém, ele se estabeleceu na Armênia e Geórgia, bem como na região onde hoje está situada a Etiópia. Mais ou menos na mesma altura em que o cristianismo conquistou o Império Romano, o budismo fez grandes progressos na China, chegando ao norte da Índia pela Rota da Seda e, de lá, se expandindo até a Coreia e o Japão. Um pouco mais tarde, no século VIII d.C., o budismo conquistou também o Tibete (Cousins, 1985: 320, 331). Dentro dos domínios da civilização sínica, entretanto, o budismo sempre permaneceu sujeito aos líderes políticos. Uma vez firmemente estabelecido no Sri Lanka, o budismo atravessou o oceano até os territórios das atuais Birmânia e Tailândia, e depois mais adiante, na direção sudeste, até o arquipélago malásio, em homenagem ao qual o fabuloso templo de Borobodur foi construído, em Java (Coedès, 1966, 1968).

Durante esse período, o budismo perdeu, de forma irreversível, sua base original indiana – à exceção de algumas conversões pós-independência dos chamados "intocáveis". O Sri Lanka, então, se tornou o centro internacional da religião, a partir de onde uma espécie reformada do budismo conquistou,

O MUNDO

mais tarde, grandes massas no sudeste asiático. Na Índia, o budismo perdeu lugar para a vasta e polimórfica constelação conhecida como hinduísmo – religião da qual o budismo é, originalmente, uma ramificação –, fato que levou à reafirmação da autoridade dos brâmanes e do sistema de castas.

O hinduísmo, que se espalhou na direção sudeste até o oeste da Indochina e as ilhas da Indonésia, também faz parte da primeira onda de globalização. Ainda que seu surgimento estivesse tradicionalmente vinculado ao budismo, fora da Índia o hinduísmo perdeu espaço como prática religiosa independente, apesar de ainda ser praticado em Bali, por exemplo. O hinduísmo parece ter sido, sobretudo, uma religião de cortes, ajudando a legitimar o conceito de realeza divina. A língua sagrada do hinduísmo, o sânscrito, também se tornou o principal idioma nas esferas literária e política das regiões sul e sudeste da Ásia (Pollock, 1998: 48 e ss). Ritos, épicos e tradições políticas hinduístas estavam presentes na vida javanesa até boa parte da era nacionalista (Anderson, 1996) e permanecem até hoje nas práticas da corte real tailandesa (Peleggi, 2007). O nome oficial dos reis da presente dinastia Chakri da Tailândia é Rama (o atual rei e chefe de estado chama-se Rama IX), referência ao deus hindu e herói do épico *Ramaiana*.

Já o islamismo foi a mais veloz das religiões. Suas jornadas costumavam acontecer à noite, sobre o lombo do cavalo ou do camelo, através dos grandes desertos, entre os oásis e as faixas de terra fértil espalhadas pelos sete mil quilômetros que separam o Marrocos do vale de Fergana, hoje no Uzbequistão. Cem anos após a morte de Maomé, em 632 d.C., líderes islâmicos governavam um enorme território, desde a Espanha, passando por todo o norte da África, pelo Egito, pela Palestina, pela Arábia – onde hoje fica o Iraque e para onde o centro político foi deslocado, indo de Meca para Bagdá via Damasco – e pelo Irã, até o vale do Indo, que atualmente abriga o Paquistão, e até Bucara e Tashkent, na Ásia Central. No princípio, essa expansão se deveu às vitórias dos beduínos árabes, que derrotaram vastos impérios sedentários – tais como Bizâncio e a Pérsia sassânida –, já esgotados por causa das recentes e violentas guerras entre si. Porém, esses beduínos não eram meros guerreiros, prontos a assimilar as culturas por eles conquistadas, pertencentes aos ricos povos sedentários. Eles acreditavam em uma nova religião e se consideravam vitoriosos mensageiros de Deus, de modo que sua jornada de expansão territorial logo adquiriu caráter religioso (Kennedy, 2007; Lapidus, 2002: 30 e ss). Comerciantes e missioná-

POR QUE SOMOS QUEM SOMOS?

rios navegantes levaram o islá à costa leste da África e, no século IX, chegaram à chinesa Guangzhou ou Cantão (Welch, 1985: 127 e ss; ver também Barnes, 2008; Fernández-Armesto, 2009: cap. 9).

O estabelecimento daquilo que hoje denominamos religiões mundiais também implicou o desaparecimento de outras religiões – sobretudo o politeísmo greco-romano, incluindo todos os seus cultos imperiais tardios e, de forma mais gradual, também o zoroastrismo dualista persa. Essas eram as religiões oficiais de dois dos três grandes impérios eurasiáticos às vésperas da onda de globalização.

Essa primeira onda de globalização propagou muito mais do que religiões. Ela também teve impacto permanente sobre os territórios das principais civilizações. Foi justamente nesse período que a dominante civilização do leste asiático se tornou sínica – mais que simplesmente chinesa –, fato que, no norte do Vietnã e em partes da Coreia acarretou tanto um forte movimento de importação cultural quanto a preservação da singularidade da civilização sob o domínio imperial chinês – e, no caso do Vietnã, o processo durou um milênio inteiro (Huard e Durand, 1954: 47 e ss; Eckert et al., 1990: cap. 4). Os ideogramas e o cânone literário chineses clássicos passaram a constituir a alta cultura da Coreia, do Japão e do norte do Vietnã. O reinado Silla, na Coreia, fundou uma universidade confucionista em 682. As duas primeiras capitais do Japão unificado, Nara e Heian (ou Kyoto), foram construídas com base na cidade chinesa de Chagan, hoje Xian (Coaldrake, 1996: cap. 3-4).

O sânscrito, a língua sagrada do norte da Índia, tornou-se o idioma da política e da literatura também do sul dravidiano do país, indicando uma expansão semicontinental da civilização índu, a milhares de quilômetros do rio Indo. Nas palavras do grande especialista em sânscrito de Chicago, Sheldon Pollock, "de repente, a partir de cerca do século IV, começaram a surgir, com frequência crescente, inscrições em sânscrito em lugares hoje chamados Birmânia, Tailândia, Camboja, Laos, Vietnã, Malásia e Indonésia" (Pollock, 2006: 123; cf. Pollock, 1996). A escrita indiana ofereceu a base do que mais tarde se tornariam os alfabetos khmer, tailandês, laosiano e birmanês.

Ao conquistar o persa e o turcomano, o alfabeto árabe forneceu uma escrita comum a toda a civilização do oeste asiático que, por sua vez, jamais poderia se tornar uma escrita ecumênica, como o chinês, justamente por ser alfabética. Foi nessa altura que, no oeste da Ásia e no norte da África, países como o Iraque,

O MUNDO

MAPA 2
Conquistas árabe-muçulmanas, 632-750 d.C.

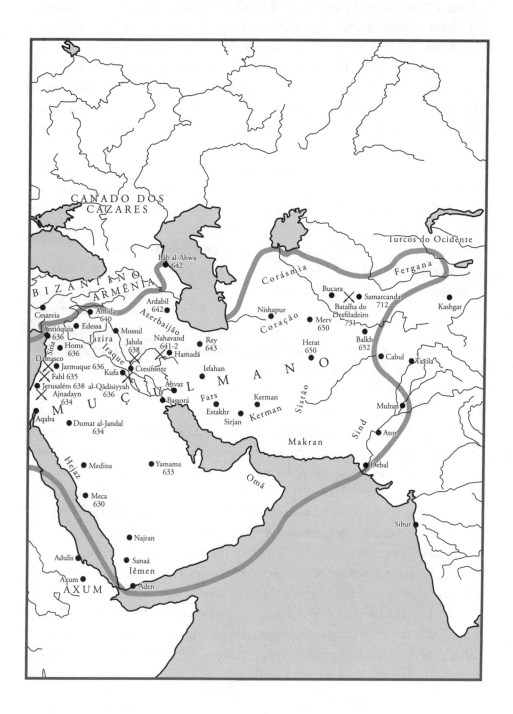

a Síria, a Palestina, o Egito e a atual Líbia, a Tunísia, a Argélia e o Marrocos se tornaram países árabes. Até então, o Iraque fazia parte do Império Persa, cujas línguas eram o persa e o aramaico. A Síria, a Palestina e o norte da África pertenciam ao Império Bizantino-Romano, que tinha o grego como língua da alta cultura. Praticamente não se falava árabe. A maior parte da população do Magrebe era berbere, uma sociedade tribal cuja língua não pertencia ao ramo semítico (Kennedy, 2007: cap. 2-4, 6). A língua e a alta cultura persa sobreviveram, só que no alfabeto árabe.

Na Europa, foi nessa altura que uma seita pós-judaica do oeste asiático vestiu o manto de depositária e herdeira legítima do esplendor cultural da Grécia e de Roma, dando origem à peculiar civilização europeia. Essa civilização reunia a cultura "pagã" e a secular sob o domínio do monoteísmo de salvação, e utilizava o latim e, em Bizâncio, o grego, como línguas da Igreja.

A primeira metade do primeiro milênio também deixou suas marcas na civilização africana, embora provavelmente só no que diz respeito a delimitações externas (não se sabe muito sobre esse assunto). A maior parte da África não foi atingida por essa primeira onda, que parece só ter alcançado sua costa. Muito antes da Era Comum, o norte da África já formava parte do universo africano mediterrânico e não continental. A conquista islâmica fragilizou os laços mediterrânicos, mas deixou o grande divisor, o Saara, para travessias que aconteceriam mais tarde – embora mesmo essas travessias nunca tenham sido consideráveis, por razões naturais. O triunfo do cristianismo na atual Etiópia contribuiu ou fez parte da delimitação de uma nova fronteira africana, ao norte da qual foram adotadas a agricultura do arado e a urbe tipicamente eurasiáticas. Essa região estava ligada aos coptas do Egito por meio do corredor núbio. Pode-se afirmar que a primeira onda de globalização consolidou a especificidade – resultante do isolamento – da África Subsaariana. E, obviamente, as Américas não foram afetadas.

Após essa expansão enorme, as transformações religiosas atenuaram-se, e diversas línguas religiosas transculturais, tais como o sânscrito, o páli (budista), o grego e o latim, começaram a dar lugar às línguas vernáculas (Pollock, 1998: 50 e ss). O cerne territorial de todas as religiões mundiais havia sido estabelecido, assim como as principais fronteiras das grandes civilizações. Dentro delas, culturas distintivas abrangendo línguas, crenças, normas familiares, regimes de governo, rituais e tipos de arquitetura floresciam. Nessa altura, a onda regrediu.

POR QUE SOMOS QUEM SOMOS?

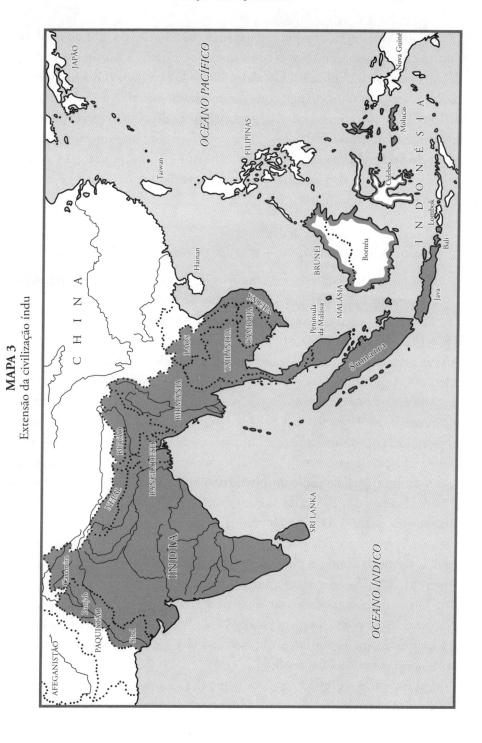

MAPA 3
Extensão da civilização índu

O MUNDO

De todo modo, é claro que o mapa atual das religiões do mundo não havia sido traçado por inteiro. Nos séculos que se seguiram, a Rússia e o norte da Europa foram cristianizados. Cavaleiros armados levaram o islã ao norte da Índia, e caravanas transaarianas começaram a implementá-lo no Sahel, fazendo de Tombuctu um centro cultural importante. Além disso, mercadores marítimos levaram o islamismo à Indonésia. Uma nova forma de budismo se espalhou a partir do Sri Lanka e se instalou na Indochina. As Américas só foram afetadas pela segunda onda de globalização, e boa parte das regiões central e oeste da África, somente pela quarta onda.

Colonialismo europeu – século XVI ao início do século XVII

Essa onda de globalização foi a primeira de fato mundial, literalmente global. Com a conquista das Américas – um mundo até então desconhecido nos outros continentes –, a circum-navegação do planeta, pela expedição de Magalhães em 1519-1522, estava concluída, e impérios espalhados por dois oceanos, o Pacífico e o Atlântico, foram estabelecidos – conectando, por exemplo, as Filipinas à Espanha via o México. O legado mais visível deixado por essa onda é, naturalmente, a europeização das Américas, tanto em termos linguísticos – espanhol, português, inglês, francês e até holandês (no Suriname e nas Antilhas Holandesas, onde, porém, o papiamentu, língua crioula e predominantemente hispânica, vem ganhando cada vez mais terreno) – e religiosos (cristianismo), bem como em termos do cânone civilizacional. Esse legado também inclui o planejamento urbano tipicamente europeu, em lugares da América Latina e da América do Norte (tais como Manhattan, Filadélfia e Québec). Atualmente, quase já não há mais falantes de espanhol nas Filipinas – língua que, mais tarde, foi substituída pelo inglês americano –, mas eles mantiveram uma fé católica fervorosa como sua principal religião, além do sistema oligárquico típico da América Latina. Vestígios do colonialismo dessa época são menos evidentes na África e na Ásia, embora sejam visíveis nos fortes para o tráfico negreiro na atual Gana, bem como nas igrejas portuguesas em Goa e Macau. Recentemente, esse legado cultural foi reafirmado em Timor Leste, que, após a independência, proclamou a língua portuguesa como seu idioma oficial.

As Américas enriqueceram o cardápio dos europeus e dos africanos – dos asiáticos menos, embora algumas influências sejam patentes, como, por exemplo, algumas sementes que foram levadas ao sudeste asiático. Do Novo Mundo vieram as batatas, o milho, a mandioca, os tomates, os frutos da pimenta, os amendoins, os abacaxis, os abacates etc., isso sem falar das plantações europeias de açúcar, tabaco e café na região (cf. Kiple, 2007: cap. 14).

A conquista das Américas pelos europeus colocou as potências europeias na vanguarda, à frente dos rivais asiáticos em potencial, primeiramente por serem uma inesgotável fonte de prata – a moeda da época – e, na sequência, graças às lavouras de açúcar, café, algodão e outras, mantidas com trabalho escravo negro – uma fonte de lucros sem igual. Muito mais tarde, no século XX, quando a Europa cansou-se de governar e promover guerras pelo mundo todo, os EUA orgulhosamente assumiriam o cetro da civilização europeia como um país "ocidental" e a "nação indispensável" (de acordo com o discurso da secretária de Estado de Bill Clinton, Madeleine Albright).

Essa onda de globalização testemunhou os princípios do domínio militar europeu nos oceanos. Os chineses abriram mão de projetos marítimos na década de 1430, e a marinha otomana foi aniquilada no Mediterrâneo, na Batalha de Lepanto, em 1572. O comércio marítimo no oceano Índico, pelos arquipélagos do Pacífico oeste, permanecia sob o comando local – árabes, bugis, chineses, entre outros. O colonialismo europeu ainda perduraria por muito tempo, mas sua expansão estagnaria também por um bom tempo. Com a sangrenta Guerra dos Trinta Anos (1618-1648), o velho continente foi, então, esgotado. Nessa altura, a onda regrediu.

Um dos aspectos centrais do colonialismo europeu que emergiu nesse período e continuou ganhando força foi o tráfico negreiro, que implicava a captura e o transporte transatlântico de escravos africanos até as diversas lavouras, como as de açúcar, nas Américas. Na primeira fase do tráfico negreiro, estima-se que um milhão e meio de escravos tenham sido transportados às Américas. Em 1900, cerca de 11 milhões haviam sido traficados ao todo, sendo que o século XVIII foi período de pico, com seis milhões de escravos (Collins, 2006: 137; cf. Blackburn, 1997).

A guerra mundial franco-britânica e a ascensão de uma superpotência europeia

Ainda que quase nunca designada nesses termos, a guerra franco-britânica foi a primeira guerra mundial da história da humanidade – Guerra Mundial

O MUNDO

Zero. O fato de que os dois antagonistas eram potências europeias indica que, em meados do século XVIII, a supremacia militar definitivamente pertencia à Europa, muito embora a hegemonia cultural e econômica ainda estivesse a mais ou menos um século de distância. Essa guerra teve frontes na América do Norte, no norte da África e no oeste da Ásia, na Índia e, é claro, na Europa. Desdobramentos dela incluem a ocupação do Cabo sul-africano e de Java, além de expedições navais rivais no Pacífico e em torno da Austrália.

Trata-se, na verdade, de uma série de guerras (inclusive a Revolução Francesa, a partir de 1792), cada uma delas com suas próprias razões imediatistas. Ela foi, basicamente, uma disputa entre as duas potências imperiais da época pela hegemonia europeia e global. Nesse sentido, esse conflito foi muito semelhante à Primeira Guerra Mundial do século XX. Apesar de as batalhas decisivas terem tido lugar na Europa, em Trafalgar, Leipzig e Waterloo, os principais teatros de operação dessa guerra estavam localizados na Índia e na América do Norte. E, em nenhum desses lugares, a derrota francesa ulterior poderia ter sido prevista – os franceses estavam muito bem posicionados na América do Norte, na região costeira a leste, desde Québec até Nova Orleans, e contavam com as forças aliadas locais em ambos os lugares.

As vitórias britânicas sobre a França no Canadá e na Índia representaram vitórias permanentes da língua inglesa e do direito inglês, embora em Louisiana e Québec ainda haja vestígios do direito e das práticas administrativas francesas. Também graças a essas vitórias foram estabelecidas as bases para o desenvolvimento do críquete sul-asiático. A independência dos EUA – com o auxílio dos franceses – certamente representou um revés para os britânicos; por outro lado, ela esgotou os franceses que, incapazes de retirar São Domingos das mãos das forças revolucionárias haitianas, acabaram por não sair ganhando com ela, pelo contrário. Os franceses acabaram vendendo, a preço de banana, uma porção enorme da região centro-oeste da América do Norte – desde a fronteira do Canadá até o golfo do México – e, mais tarde, acabaram admitindo que, na realidade, havia sido a França inimiga colonial dos britânicos e não a França partidária da independência dos EUA que havia estabelecido uma "relação especial" com o então gigante norte-americano emergente. A anexação da Holanda por Napoleão gerou fortes represálias britânicas contra os holandeses, naquela altura completamente impotentes, o que acabou abrindo as portas da África do Sul

| 66 |

e do Ceilão (o atual Sri Lanka) aos britânicos e levando à fundação de Singapura. Ainda que a maior parte dos britânicos tenha deixado essas regiões, a língua inglesa, bem como a preferência, típica das classes média e alta, por uma educação inglesa, persiste.

No entanto, a Guerra Mundial Zero teve outro desdobramento de peso – a ascensão do Império Britânico como primeira superpotência mundial; em outras palavras, uma potência mundial de domínios suprarregionais, independentemente da perda de 13 de suas colônias na América do Norte. Pode-se até alegar que o sol nunca parou de brilhar no Império Espanhol, desde Madri até o México e as Filipinas, mas os espanhóis, em suas jornadas marítimas, tiveram pouquíssimo impacto sobre os mings, os mogóis, os safávidas e os otomanos. Já os britânicos os pilhavam constantemente, em uma espécie de banditismo naval. A corrida pelo posto de potência mundial era, nessa altura, definitivamente europeia, e a vitória dos britânicos sobre os franceses, sobre a revolução pós-napoleônica e sobre o *Ancien Régime*, decidiu o desfecho da corrida.

Se, por um lado, a ascensão de uma potência mundial é evidente nessa onda de globalização, por outro lado, a guerra franco-britânica não foi responsável pela criação da separação entre mundo desenvolvido e mundo subdesenvolvido. Em 1750, o salário real de um trabalhador rural chinês ou japonês era pelo menos equivalente, ou provavelmente até mais alto, do que o de um trabalhador inglês – que, por sua vez, era quase o dobro do salário de um trabalhador rural do norte da Itália. Os salários em lavouras indianas estavam começando a ficar atrás dos salários ingleses, mas trabalhadores qualificados em Agra recebiam, na década de 1750, salários mais altos do que os da maioria dos europeus – 50% do que um trabalhador vienense recebia e o mesmo que um em Oxford, mas não tanto quanto trabalhadores em Londres ou Amsterdã (Allen, 2005: tabelas 5.2, 5.5). Em 1793, o último dos grandes imperadores chineses, Qianlong, enviou de volta um embaixador britânico em visita ao país com a seguinte carta, endereçada ao rei Jorge III: "Jamais apreciamos artigos engenhosos, tampouco temos a menor necessidade de suas manufaturas" (Spence, 1990: 120).

Em 1820, mais da metade dos produtos do mundo todo ainda era produzida na Ásia, ao passo que na Europa, somente cerca de um quarto (Maddison, 2001: 263). A Índia dos mogóis estava se desintegrando politicamente e perdendo espaço na economia mundial, mas a China havia tido um século XVIII excelente, tanto do ponto de vista político quanto econômico. A economia do arquipélago do sudeste asiático estava crescendo, impulsionada sobretudo pela crescente presença econômica chinesa. A movimentação – em vez da estagnação – cultural parece ter sido o fator que caracterizou tanto o nordeste quanto o sudeste asiático no século XVIII (Reid, 1997). A Pérsia dos safávidas estava em declínio, e os otomanos foram forçados a recuar da Europa; ainda assim, os contornos do cenário mundial não haviam sido traçados de forma definitiva.

Imperialismo generalizado e separação entre mundo desenvolvido e subdesenvolvido – 1830 a 1918

O tráfico de drogas, como ele passaria a ser denominado mais tarde, foi um dos recursos utilizados pelos europeus para ascender no cenário mundial – recurso graças ao qual a última potência mundial pré-moderna não pertencente à Europa foi aniquilada. As guerras promovidas pelos britânicos na década de 1840 para forçar a China a importar ópio da Índia, então sob o domínio britânico, destruíram o Império Chinês e acabaram com sua hegemonia na região do leste asiático. Até mesmo antes disso, o controle, no mercado de ópio, de trabalhadores que emigraram da China havia se tornado uma artimanha essencial no domínio colonial do sudeste asiático (Trocki, 1997: 98-9). Nos parâmetros atuais, seria como se a China começasse uma guerra para forçar os EUA a abrirem seu mercado a fábricas de cocaína chinesas localizadas da América Latina.

O sistema de cobrança de juros e de reintegração de posse também constituiu um recurso importante. Foi ele quem fez o Império Otomano e suas dependências autônomas caírem por terra. Em 1869, o dei de Tunis teve de declarar falência, assim como o sultão otomano, em 1875, e o quediva do Egito, em 1876. Então, as superpotências europeias, lideradas pelo Reino Unido e pela França, assumiram o controle das finanças estatais deles – ora, não havia FMI na época. "A maior ameaça à independência do Oriente Médio não eram os exércitos europeus, mas sim seus bancos", concluiria, mais tarde, um historiador de Oxford (Rogan, 2009: 105). Esses regimes ameaçados procuraram, então, modernizar-se, o que pode sair caro, sobretudo se os investimentos em infraestrutura estiverem atrelados a projetos ostentosos de palácios e cidades, cujo objetivo era construir uma imagem para essas cidades. Os antigos sistemas de impostos não tinham estrutura para enfrentar todas essas demandas novas e súbitas, mas os empréstimos – fáceis, mas de condições nem um pouco generosas – estavam ao alcance da mão. Isto é, até que a bolha estourou.

Igualmente crucial foi o armamento de ponta – navios a vapor blindados contra a China e, no caso da França, contra a região oeste do Sahel, além de rifles automáticos e metralhadoras contra a África em geral. Essas guerras coloniais foram bastante semelhantes, do ponto de vista da desproporção hedionda de recursos bélicos, às invasões estadunidenses no Iraque e no Afeganistão do século XXI, ou à guerra de Israel contra Gaza em 2009 que, frequentemente, ultrapassou a razão de mortalidade de cem para um (cf. Curtin, 2000: cap. 2). É verdade que, naquela altura, o mercado de armas era uma realidade diferente da de hoje e, em uma única ocasião, um líder africano até conseguiu derrotar o invasor europeu. Em 1896, o imperador Menelik, da Etiópia, celebrou uma vitória decisiva contra os italianos em Adwa, garantindo a independência do país até 1936, quando os italianos, sob o regime fascista, lançaram o contra-ataque. Quando as armas não davam conta do recado, as autoridades coloniais conseguiam arrebanhar ímpeto político doméstico suficiente para subjugar os nativos recalcitrantes com tropas militares ainda maiores, como foi o caso dos estadunidenses nas Filipinas ou dos franceses no Marrocos.

Obviamente, não se trata aqui de uma explicação para o desenvolvimento da região do Atlântico Norte e do subdesenvolvimento do restante, ou boa parte do restante, do mundo. Trata-se apenas de um resumo dos mecanismos essenciais de mudança de poder. Não é uma tentativa de explicar as bases do desequilíbrio de forças, tão crucial nos momentos de confronto, relacionadas, é claro, à onda de capitalismo industrial oriunda do Atlântico Norte. A fraqueza abre portas à crueldade, ao passo que a força impõe respeito. O objetivo aqui é explicar o presente, não o passado.

Essa onda de globalização, que iniciou com a invasão francesa na Argélia em 1830 e com as Guerras do Ópio entre britânicos e chineses na década de 1840, e terminou com a hecatombe da Primeira Guerra Mundial, é a mais complexa de todas (cf. Bayly, 2004; Darwin, 2007; Hobsbawm, 1987; Pomeranz, 2000). Foi essa a onda responsável pela divisão do mundo do século XX em países desenvolvidos e subdesenvolvidos, e foi também ao longo dela que a Europa ultrapassou a Ásia, pela primeira vez, em termos de produto interno. A fatia asiática do produto

O MUNDO

mundial recuou de 56%, em 1820, a 36%, em 1870, retraindo ainda mais entre 1913 e 1950, de 22% a 16%. Em 1960, o salário de um trabalhador indiano sem qualificações era proporcionalmente mais baixo do que em 1595 – 20% a 25% mais baixo (Allen, 2005: 121). Entre 1870 e 1913, a Europa foi responsável por pouco menos da metade do PIB mundial – de 45% a 47%. Em 1913, a porção alemã do PIB mundial era duas vezes maior do que a da América Latina e três vezes maior do que a da África inteira (Maddison, 2001: 263). O universalismo oriundo do Iluminismo de Leibniz, Voltaire, Kant, Raynal ou Herder (este último com o princípio de que a cultura equivale à diversidade) cedeu ao particularismo e ao racismo europeu, mais tarde sob o disfarce do evolucionismo social de Darwin (cf. Kiernan, 1969).

Essa onda de globalização pode ser dividida em pelo menos quatro fases. A primeira foi caracterizada por uma nova onda de conquistas – sustentadas pelo poder industrial e pelo armamento de ponta, incluindo navios a vapor blindados com artilharia pesada, além de metralhadoras Gatling e Maxim – generalizadas, desde a Europa até o Japão e os EUA. A presença de navios de guerra estadunidenses na baía de Edo em 1853 forçou o Japão a se modernizar; o Japão, por sua vez, entendeu a ideia de modernização como uma espécie de chamado vocacional ao imperialismo, e tratou de lançar um ataque (bem-sucedido, por sinal) contra a China em 1895 e de anexar Taiwan e depois a Coreia, em 1919. Foi dada a largada para a "disputa pela África", da qual as potências europeias participaram, mais tarde dividindo todo o continente entre si na Conferência de Berlim de 1884. Em 1898, os EUA atacaram as colônias espanholas que restavam na América e na Ásia, anexando Porto Rico, colonizando as Filipinas e estabelecendo um protetorado em Cuba.

A segunda fase refere-se à revolução nos meios de comunicação e de transporte mundiais que teve lugar na segunda metade do século XIX. Na área das telecomunicações, foram inventados o telégrafo e o telefone, além de cabos telefônicos e telegráficos transoceânicos. Nos transportes, foram lançados os primeiros navios a vapor que faziam a travessia do Atlântico Norte, levando à Europa grãos baratos vindos dos EUA, além de – graças também a nova tecnologia de congelamento – carne ovina neozelandesa e carne bovina argentina.

Como consequência disso – terceira fase –, o comércio internacional e os investimentos internacionais foram fortemente impulsionados, ambos protegidos

| 70 |

por potências imperiais e facilitados pela existência do ouro como moeda internacional padrão. Assim, o capitalismo internacional também foi impulsionado. A partir de 1820, o comércio internacional explodiu, desacelerando um pouco, mais ainda permanecendo aquecido, a partir de 1870 (Maddison, 2007: 81). Depois da anulação das Corn Laws (ou Leis do Milho)* no Reino Unido em 1846, o livre-comércio passou a representar o modelo mundial – embora, mais tarde, esse sistema tenha sido alterado pelo protecionismo agricultor do continente europeu.

Por fim, essa onda de globalização contou ainda com uma quarta fase, caracterizada por movimentos migratórios sem precedentes, possibilitados pela revolução nos transportes e promovidos por diversos países das Américas, bem como por donos de lavouras e oficiais do gabinete de assuntos coloniais britânicos, espalhados desde Trinidad até Malaca e Fiji (Potts, 1990: cap. 3-5). Grandes massas de jovens europeus, chineses, japoneses e indianos pobres e aventureiros resolveram tentaram a sorte. Porém, logo os leste-asiáticos foram barrados e expulsos da Austrália e da América do Norte.

O principal legado permanente que essa onda de globalização nos deixou foi a atual divisão do mundo em países desenvolvidos e subdesenvolvidos. Com o crescimento da China, Índia e boa parte da Ásia após a Segunda Guerra Mundial, essa estrutura perdeu vigor e está, atualmente, sendo colocada à prova por conta da recente ascensão da China e da Índia – embora esteja longe de ser erradicada. Parte desse legado também inclui o movimento anticolonial do século XX; entretanto, a despeito de suas vitórias no processo de descolonização do mundo, os efeitos do colonialismo ainda são visíveis no Grupo dos 77 da ONU.**

Em segundo lugar, essa onda de globalização foi responsável pela estrutura atual da África, ou seja, suas fronteiras nacionais atuais – aceitas pela União Africana, a despeito da sua inadequação flagrante, pelo menos de acordo com

---

* N. T.: As Leis do Milho foram introduzidas no Reino Unido pelo Ato de Importação de 1815 com o objetivo de fomentar a produção agrícola britânica e impedir a importação de grãos a preços mais competitivos. Como consequência delas, os preços dos grãos e, naturalmente, também do pão, o principal alimento da classe trabalhadora britânica, atingiram níveis exorbitantes, provocando uma série de protestos por todo o país. Finalmente, no ano de 1846, um novo Ato de Importação revogou as Leis do Milho.

** N. T.: O Grupo dos 77 da ONU, estabelecido em 1964, reunia 77 países em desenvolvimento, entre os quais o Brasil. Hoje o grupo conta com 132 países, embora seu nome tenha sido mantido por razões históricas. Seu objetivo é ajudar países em desenvolvimento a melhor articular e promover seus interesses econômicos, a fim de estimular seu desenvolvimento. A maior parte dos países do hemisfério sul faz parte do grupo – toda a América Latina, África e boa parte da Ásia.

O MUNDO

padrões europeus, no que diz respeito a aspectos linguísticos e étnicos. Ela também fornecceu à África as culturas e línguas consideradas cultas da região, tais como o inglês, na Nigéria e no Zimbábue, e o francês, no Congo e no Senegal. Aliás, como a educação superior é escassa na região, algumas mudanças póscoloniais são possíveis – como a recente adesão à Comunidade Britânica das Nações de Ruanda, atualmente liderado pelos tutsis, que, por sua vez, cresceram no anglófono Uganda. O cristianismo, levado por missionários, tornou-se uma das grandes forças africanas modernas, fazendo parte da educação de muitos de seus futuros líderes, incluindo, recentemente, figuras bastante controversas, tais como Robert Mugabe do Zimbábue.

A onda, então, chegou ao fim com o entrevero entre as potências imperiais que culminou com a mais sangrenta guerra vista até então, a Primeira Guerra Mundial. O que se seguiu foi uma maré baixa, marcada por movimentos econômicos nacionalistas que frearam a globalização. Do ponto de vista do comércio, do investimento direto e dos movimentos migratórios, essa maré baixa permaneceu predominante até o finalzinho do século xx.

Política globalizada – 1919, 1941, 1947-1989

Enquanto do ponto de vista econômico a "desglobalização" estava na onda, um novo tipo de política global estava surgindo. Presságios dela já podiam ser sentidos em 1919, quando o Comintern, ou Internacional Comunista, foi fundado e, na sequência, o Pacto Anticomintern foi firmado entre a Alemanha, a Itália e o Japão, em 1936 – cuja ordem em pauta era o imperialismo globalizado. Ainda que o Comintern nunca tenha, como havia aspirado, se tornado o alto-comando revolucionário internacional, ele foi responsável pela inserção de um modelo europeu de política revolucionária na China e no Vietnã, onde sofreu mutações e levou a célebres revoluções asiáticas. Em 1941, o pacto entre Alemanha, Itália e Japão materializou-se no ataque japonês a Pearl Harbor, no Havaí dos EUA, e na subsequente declaração de guerra dos italianos e alemães contra os EUA. Nessa altura, eles já estavam em guerra com a União Soviética. Tivemos assim, então, a Segunda Guerra *Mundial*, com seus três teatros de operação centrais – na Europa, no Pacífico e na China –, sendo que estes dois últimos vieram na sequência da guerra intraeuropeia de 1939 a 1941. O desfecho foi a aniquilação das três potências anticomintern. Mas, no fim das contas – e das alianças táticas temporárias, lembrando que o Reino Unido e os EUA não eram em nada menos anticomunistas do que esses países –, uma nova política globalizada emergiu de maneira bastante uniforme.

Essa nova onda política jogou os dois principais vencedores da Segunda Guerra Mundial um contra o outro – os EUA e a URSS, o "império da liberdade" *versus* o "império da justiça", como coloca o historiador norueguês O. A. Westad (2005). Tratava-se de um tipo inovador de política global que associava mecanismos antigos de clientelismo e política centrada no poder, de um lado, com aglomerações globais de partidos políticos e movimentos sociais, impulsionados pelo compromisso ideológico e pela dedicação intensa, de outro. Aliás, é possível encontrar aqui paralelos com a fase das guerras franco-britânicas após 1789, sobretudo com a década de 1790.

Foi um período de emancipação da África e da Ásia do colonialismo europeu, bem como de emergência de novos Estados-nações, refletida na atual estrutura da ONU. Em alguns episódios, os europeus recuaram com um pouco de estilo, como foi o caso dos britânicos na Índia; em outros, só bateram em retirada após exterminarem os rebeldes locais, como foi, novamente, o caso dos britânicos, dessa vez em Malaca. Na África, tanto os britânicos quanto os franceses foram forçados a negociar e proceder de forma ardilosa, mas sempre com o objetivo de cair fora. Houve derrotas coloniais espetaculares, como, por exemplo, dos franceses em Dien-bien-phu, no Vietná e, uma década mais tarde, na Argélia; dos americanos, que assumiram o cetro francês no Vietná e sofreram uma derrota humilhante; dos britânicos e dos franceses em Suez, forçados a recuar pelos estadunidenses. As potências menores, como a Bélgica, a Holanda, Portugal e a Espanha, ou foram completamente aniquiladas, ou então afugentadas – como foi o caso dos belgas e dos espanhóis.

A era pós-1945 ficou conhecida como Guerra Fria, já que as disputas só aconteceram no que então se consideravam áreas marginais, sempre envolvendo representantes de um lado ou do outro. O ponto central era Berlim, naquele momento dividida em duas partes. O ato final – pós-1945 – da Revolução Chinesa foi, em grande medida, considerado um incidente interno até a vitória comunista, quando a pergunta "quem perdeu a China?" (ou seja, "quem entregou a China a eles?") se tornou alvo de debates polêmicos nos EUA. Mas

O MUNDO

o fato é que a Guerra Fria teve suas batalhas locais, e elas foram sangrentas – sobretudo no Vietnã e na Coreia, mas também na África e na América Central. Ela chegou ao fim graças à renúncia, por parte da União Soviética, de ambições globais, em 1989, e à sua implosão e desaparecimento ulteriores, em 1991.

A política globalizada de meados do século XX deixou para trás grandes divisões entre Estados-nações, além de suas esperanças políticas mais efêmeras e seus experimentos ideológicos. As derrotas desastrosas do Japão e da Alemanha deram origem a movimentos pacifistas e pós-nacionalistas fortes e duradouros, que por sua vez continuaram impedindo, por um longo período de tempo, que até o político mais pró-EUA se envolvesse em guerras americanas. Para os franceses e alemães, a Segunda Guerra Mundial foi a terceira guerra devastadora em menos de um século, o que acabou por estimular o desejo de integração europeia para evitar um quarto conflito.

Na Europa, a Segunda Guerra Mundial terminou com o continente dividido entre as tropas americanas e soviéticas, com a reconstrução capitalista no oeste e a imposição do comunismo no leste. O resultado disso, que até hoje se percebe na União Europeia, é o fato de, após a queda do comunismo, os anticomunistas do Leste Europeu terem os EUA em alta conta, diferentemente dos europeus do oeste. O sofrimento causado aos países do leste – resultado do pacto de não agressão de 1939-1941 firmado pela União Soviética e pela Alemanha – levou a um ressentimento contra a Rússia entre os bálticos e os poloneses. O massacre em Katyn em 1940, quando milhares de oficiais poloneses foram mortos pelos soviéticos, é tido como um momento de vital importância para a história polonesa contemporânea. Em seu recente filme dedicado ao massacre, Andrzej Wajda demonstrou ser, mais uma vez, o grande poeta nacional da Polônia pós-comunismo. Ao assumir a responsabilidade da União Soviética, décadas mais tarde, em 2010, por esse crime stalinista hediondo, a Rússia deu um passo importante na reconciliação pós-ideológica com a Polônia.

O oeste asiático e o mundo árabe foram permanentemente traumatizados pelo estabelecimento do Estado judeu na Palestina, espécie de compensação póstuma pelo genocídio europeu do povo judeu. O novo Estado já esteve em guerra contra seus vizinhos repetidas vezes desde então – em 1948, 1956, 1967, 1973, 1982, 2006 e 2009. Graças à aliança entre os israelenses e os EUA, bem como ao alinhamento israelense com os principais interesses ocidentais no que concerne ao petróleo, esse conflito local tomou proporções globais.

|74|

Após a Segunda Guerra, o questionamento e o medo do comunismo no leste asiático, tanto no norte quanto no sul, tiveram consequências importantes para além da vitória comunista na China e no norte do Vietnã. Eles causaram reformas radicais realizadas por governos conservadores no Japão, na Coreia do Sul e em Taiwan, ao passo que a derrota de guerrilhas comunistas desde as Filipinas até a Tailândia consolidou uma política de direita autoritária na região. A alimentação da máquina de guerra enorme dos EUA na Coreia e no Vietnã acabou por abrir o mercado estadunidense e estimular o desenvolvimento econômico.

Muito embora o sul da Ásia tenha ficado de fora da zona de guerra, ele teve seus próprios eventos traumáticos – a divisão da Índia após a independência e os subsequentes massacres comunitários e disputas territoriais. Entretanto, a longa estagnação econômica da época do domínio britânico deu lugar ao crescimento, e a Índia comandada por Nehru assumiu a dianteira do mundo descolonizado.

O processo de descolonização pós-guerra legou ao mundo a separação entre nações colonizadoras e nações colonizadas, estas últimas representadas, por exemplo, na famosa Conferência de Bandung, na Indonésia, em 1955. Vestígios dessa demarcação ainda podem ser reconhecidos, por exemplo, através do Movimento dos Países não Alinhados (cujos membros são, em sua maioria, ex-colônias), ou do Grupo dos 77 da ONU (na verdade com 132 países). O próprio processo de descolonização interdependente deu origem, na região africana subsaariana, a um tipo notável de pan-africanismo pós-colonial.

Globalização autoconsciente e sua polissemia – 1990 a...?

Foi justamente essa sexta e última onda que deu à globalização seu nome, partindo de uma explosão conceitual da década de 1980 (Chanda, 2007: 245 e ss; Osterhammel e Peterson, 2005). Esse foi o período em que a dimensão do tempo foi implodida na dimensão do espaço – quando uma nova possibilidade de futuro se transformou em um espaço estendido, "globalizado". Ele foi marcado pelo colapso da União Soviética, pela virada capitalista na China e pela sequência das derrotas, no final da década de 1970 e início da década de 1980, do movimento trabalhista na Europa Ocidental, dos revolucionários latino-americanos e do socialismo africano.

O MUNDO

Utopias de emancipação e perspectivas de transformação haviam sido ofuscadas no mundo todo. Nesse contexto, a "globalização" surgiu como única possibilidade de futuro nos horizontes globais. Puramente enquanto conceito espacial, ela foi representada pela ida do homem ao espaço. A globalização sempre havia tido seus críticos distópicos de esquerda; todavia, enquanto visão de mundo ela fazia parte de um vigoroso conceito de modernidade e modernização de direita, conhecido universalmente como "neoliberalismo" e politicamente encabeçado pelo governo britânico de Thatcher. Devido às trajetórias peculiares dos debates intelectuais da moda, essa crescente manifestação nova do modernismo jamais foi atacada pelos pós-modernistas dos anos 1980 e 1990 (ver, por exemplo, Anderson, 1998; Bauman, 1992; Lyotard, 1984; Rosenau, 1992; Seidmann, 1994).

O eixo espacial é bidimensional, é plano, é superfície; não carrega nos ombros o peso da substância, da profundidade, do conflito e da contradição, ou, em outras palavras, da dialética. É por isso que a globalização atraiu para si, tão facilmente, tanto críticas quanto adulação – ora, o espaço é desprovido de conteúdo substancial. O novo objetivo, sempre crucial a qualquer tipo de modernismo, já não é mais o "progresso" e certamente não inclui projetos esquerdistas de "emancipação". A ideia de progresso implica a melhoria de algo, ou seja, denota dimensões de substância. Já a globalização significa a extensão do impacto e/ou das conexões de algo. O progresso implica um movimento para a frente, ao passo que a globalização é simplesmente extensão, sem uma direção específica. Ambos os conceitos, porém, referem-se a uma força inelutável que transcende a dimensão da ação individual; referem-se a algo racional que se maneja, e não que se rejeita.

Na década de 1990, *globalização* era a palavra do momento e, de forma inconsciente, retratava bem aquela mistura peculiar de mudança rápida e, ao mesmo tempo, constância que havia marcado as últimas décadas do século XX e os primeiros anos do século XXI. O mundo estava mudando – e depressa –, mas não do ponto de vista estrutural ou cultural. Pelo contrário, os eventos entre 1989 e 1991 consolidaram a estrutura e a cultura política do planeta – ou seja, a estrutura e cultura do triunfante capitalismo. Porém, o ritmo do capitalismo global e, em termos mais gerais, da cultura global, estava se intensificando, e aqueles que não estivessem dispostos a nadar com a maré afundariam feito pedras. À exceção da agricultura dos países ricos, todas as outras atividades econômicas estavam, ou em breve estariam, imersas em competição global. Os

POR QUE SOMOS QUEM SOMOS?

malandros do mundo financeiro encheram os bolsos com enormes fortunas ao criarem suas próprias economias surreais que cresciam e superavam as verdadeiras – até hoje conhecidas pelo termo "economia real". Novas mídias eletrônicas envolveram o mundo todo em uma onda de comunicação instantânea.

A percepção predominante dessa sexta onda de globalização referia-se ao seu caráter único e sem precedentes, bem como à sua característica central de extensão dos mercados, de abertura dos movimentos de capital e do intercâmbio, tanto de mercadorias quanto de serviços. Globalização significava competição global. Do ponto de vista social, havia também o reconhecimento da crescente conectividade global através dos meios de comunicação e da migração cultural. Em retrospecto, no entanto, uma nova imagem parece estar emergindo, ainda que apenas de maneira provisória.

Essa visão dilatada de globalização como algo sem precedentes é a-histórica e vem sendo cada vez mais deixada para trás, muito embora as ondas de globalização apresentadas aqui estejam longe de fazerem parte do consenso geral. O desenvolvimento do capitalismo tem sido visto menos em termos da extensão espacial e mais como a relocação estrutural da lucratividade, saindo da indústria e dos serviços e passando às finanças. Os desenvolvimentos no setor das telecomunicações estão cada vez mais em primeiro plano. Por fim, o ponto mais importante é a crescente consciência de que a onda de globalização que estamos vivendo hoje representa muito mais uma mudança global nas forças gravitacionais, ou no centro de equilíbrio, do que uma extensão global. Olhando para trás, a partir de 2010, a globalização não parece ter representando tanto a extensão do capitalismo estadunidense, mas sim sua delimitação condicionada pelo crescimento da China e da Índia.

Essa última e mais familiar onda de globalização é caracterizada por duas correntes centrais. A primeira refere-se à revolução no setor das telecomunicações, centrada na internet como meio de comunicação universalmente acessível e como meio de autocomunicação global em massa. Suas origens datam da década de 1980, mas ela só ganhou ímpeto nos anos 1990 (Berners-Lee,1999) e, em 2007, quase um quarto da população mundial estava plugado nela (Tryhorn, 2009). A televisão via satélite e os canais digitais também transformaram a paisagem midiática global.

A segunda corrente tem a ver com o sistema financeiro capitalista. Desde meados da década de 1980, as finanças do planeta podem ser vistas como um grande cassino eletrônico mundial, no qual montantes colossais e fictícios fazem parte de transações baseadas em previsões sobre as taxas de câmbio e conjecturas quanto ao futuro – os chamados derivativos. Nos últimos tempos, o principal negociador de derivativos no mundo todo tem sido o banco francês Société Générale. Em janeiro de 2008, por conta do caso do corretor júnior que causou ao seu banco perdas no valor de 4,9 bilhões de euros, o mundo aqui fora teve uma breve ideia dos riscos envolvidos nessas mesas do cassino financeiro. Suas apostas pendentes totais, realizadas no nome do banco, atingiam a soma de 50 bilhões de euros – mais ou menos o PIB total do Vietnã (*Financial Times*, 28/1/2008). Ao que tudo indica, a intenção desse corretor não era nem de roubar, nem de prejudicar o banco, mas sim de mostrar suas habilidades aos seus superiores. Não é de se admirar que estávamos às portas de uma crise financeira.

A ideologia neoliberal, nutrida, na década de 1970, pela crise do keynesianismo pós-guerra, bem como pela vitória capitalista na Guerra Fria, contribuiu com os movimentos de capital livre e de livre-comércio. Na década de 1960, o racismo foi deslegitimado, e novas opções de transporte foram inseridas no mercado, oferecendo, nas décadas de 1980 e 1990, a migração como válvula de escape para a polarização do planeta. Atualmente, a proporção da população mundial que nasceu em um país e foi viver em outro é a mesma de um século atrás.

Pelo menos em termos comerciais, em termos dos fluxos de capital globais e da fé no capitalismo financeiro, pode-se afirmar que 2008 testemunhou o início do fim dessa última e mais recente onda de globalização. O comércio internacional recuou significativamente em 2008, assim como os fluxos de capital internacionais (IMF, 2009). As consequências disso a longo prazo ainda estão longe de poderem ser antecipadas. Os editores da revista semanal estadunidense *Newsweek* e o diretor do Fórum Econômico Mundial já estavam, porém, convencidos, na virada de 2009 para 2010, que esses eventos não teriam muita importância (*Newsweek*, 2010).

Porém, por mais que a crise de 2008-2009 acabe por representar nada mais do que uma mera gota no oceano global, o significado dessa onda de globalização está começando a mudar, tomando direções não antes vistas no discurso da globalização dos anos 1990. Ela já não mais se refere, exclusiva ou predominantemente, a uma extensão dos mercados, à conexão virtual em redes ou à compressão do eixo espaçotemporal. Trata-se agora, acima de tudo, de uma notável mudança global das forças gravitacionais econômicas e políticas (nesta ordem) da Euro-América de volta à Ásia, leste e sul. Em 2007, a China tornou-se a terceira economia mundial e, em 2009, o maior exportador e o maior mercado de automóveis do mundo (*International Herald Tribune*, 11/1/2010, p. 13). Em 2010, a China tomou o lugar do Japão como segunda economia mundial. Nas cúpulas sobre a crise global, em 2008 e 2009, o grupo G8 – formado pelas maiores economias ocidentais, além da Rússia e do Japão – foi considerado fraco demais para ditar as regras do jogo e, assim, o G20 foi formado, incluindo a China, a Índia e o Brasil, bem como outros países fora do Atlântico Norte. O pouco resultado que se obteve na Conferência das Nações Unidas sobre as Mudanças Climáticas de 2009, em Copenhague, foi produto das turbulentas negociações entre os EUA e a China, assistidas pelo Brasil, pela Índia e pela África do Sul.

CAMINHOS RUMO À MODERNIDADE E SEU LEGADO

Hoje somos todos "modernos". Só que nos tornamos modernos de maneiras muito diferentes, e esses caminhos distintos rumo à modernidade deram origem a mais uma camada de nossa constituição cultural. *Modernus* e *modernitas* são termos do latim medieval que significam "presente", tanto como adjetivo quanto como substantivo. Costumavam ser utilizados para estabelecer contraste com "antigo" e "Antiguidade", a era greco-romana clássica da civilização europeia. Como tal, o conceito desenvolveu-se primeiro enquanto categoria estética empregada em juízos de valor – o que é melhor, o antigo ou o moderno? (Gumbrecht, 1978; Graevenitz, 1999).

No discurso anglófono das Ciências Sociais, o termo "modernidade" era pouco utilizado até ser contestado pelo pós-modernismo dos anos 1980. Sua utilidade parece residir na designação de uma *orientação cultural* – e não de um tipo específico de instituição social – que vira as costas às conquistas e regras do passado e aceita o novo presente, com o intuito de construir um futuro inovador e com os pés no chão. Nesse sentido, a perspectiva moderna implica uma concepção linear, e não cíclica, do tempo; uma sensação de movimento

O MUNDO

adiante, uma espécie de "flecha do tempo", ao invés de o declínio de uma era de ouro. A modernidade é, portanto, uma época, uma sociedade, uma cultura e uma política, nas quais prevalece uma noção de tempo voltada ao futuro. Trata-se de um conceito iluminador na busca de momentos decisivos em meio às transformações culturais e sociais. Enquanto orientação temporal, seu significado é claramente empírico e, enquanto conceito geral, pode ser aplicado à política e à economia, assim como à arte e à cognição.

Quando, onde e como o modernismo se tornou hegemônico? Ele pode desaparecer? Ele já aconteceu outras vezes ao longo da nossa história? Como tudo que é humano, também a hegemonia do modernismo pode muito bem desaparecer – aliás, recentemente houve uma tentativa pós-modernista de fazer justamente isso. Ela não foi bem-sucedida, mas nos deixou a consciência com relação à modernidade, bem como o debate em torno dela. Da forma como esse conceito é aplicado aqui, é possível que outras modernidades tenham existido e desaparecido no passado. Porém, a pergunta sobre se a história da humanidade pode ser lida dessa forma é material para outro livro. Neste livro, comecemos pela questão de *como* o modernismo se tornou uma orientação hegemônica em diversas partes do mundo. O foco central aqui, mais uma vez, não é tanto o processo histórico, mas sim seu impacto permanente nos dias de hoje.

A forma mais fácil de estudar a ascensão de orientações modernistas é empiricamente, levando determinadas práticas em conta, tais como a cognição, a arte, a economia e a política. Não há motivo algum para se esperar que mudanças nesses setores sejam sincrônicas. Aliás, deve-se esperar justamente o contrário. Na Europa Ocidental, a modernidade científica viveu seu primeiro grande avanço na primeira metade do século XVII, com os trabalhos de Francis Bacon e Descartes que, por sua vez, romperam com a autoridade clássica de Aristóteles. Esses ideais foram logo institucionalizados na Sociedade Real Britânica e na Academia Francesa de Ciência. Embora o desenvolvimento cognitivo moderno tenha sido impulsionado pelo descobrimento do Novo Mundo, desconhecido na Antiguidade, alegar que essas descobertas foram decisivas parece uma "americanice" injustificada. O avanço se deu, sobretudo, na Física e na Filosofia, e não na Antropologia e na Botânica.

A França do final do século XVII testemunhou a grande batalha estética, chamada "Disputa entre os clássicos e os modernos" (*Querelle des Anciens et*

| 80 |

des Modernes), que teve lugar principalmente no campo da literatura. Foram os modernos que venceram a batalha; entretanto, esse período "moderno" de Luís XIV seria mais tarde conhecido como a *"âge classique"*, ou era clássica, e o modernismo literário só emergiria quase dois séculos depois, com Charles Baudelaire. Foi somente em meados do século XVIII que se estabeleceu um conceito evolucionário dos meios de sobrevivência, e que a ascensão de uma nova economia pós-agrária "comercial" foi anunciada pelo Iluminismo escocês, na obra *Origins of the Distinction of Ranks*, de John Millar, bem como em *Wealth of Nations* (*Riqueza das nações*), de Adam Smith.

No século XVIII, a Teoria Política ainda era bastante voltada ao passado. Os termos "reforma(r)" e "revolução" ainda se referiam a um passado glorioso de pureza e liberdade – como, por exemplo, a Revolução Gloriosa, na Inglaterra em 1688. Isso fazia sentido de certa forma, dado o significado do prefixo "re-" de "voltar para trás". Além desse sentido, a palavra "revolução" também tinha a ver com a ideia de movimento cíclico, como na obra de Copérnico *De Revolutionibus planetorum*, dedicada aos movimentos dos planetas, ou então como no verbete principal do termo *"révolution"* na *Encyclopédie* francesa – obra clássica do conhecimento iluminista –, no qual o tema central é a revolução de rodas em relógios. Foi a Revolução Francesa que acabou com esse sentido do prefixo "re" nas palavras "revolução" e "reforma", transformando-as em termos indispensáveis ao futuro da humanidade. Logo após a Revolução Francesa, as campanhas a favor da reforma parlamentarista no Reino Unido demonstraram que o termo "reforma" de fato havia perdido sua conotação anterior (Therborn, 1989; cf. Kosellek, 2002: cap. 10).

Pode-se dizer, portanto, que avanços no sentido da modernidade podem ser feitos em diferentes momentos e em diferentes campos da mesma área cultural. Porém, do ponto de vista da hegemonia social do termo e do entendimento da formação sociogeológica do mundo contemporâneo, o que parece crucial é a vitória de uma concepção de política voltada para o futuro, como concentração das forças coletivas de uma sociedade.

A ruptura da política moderna com o passado assumiu formas e ocorreu em momentos diferentes em partes distintas do globo. Em um trabalho empírico acerca da história do direito ao voto (Therborn, 1992), todavia, começou a ficar claro que todas essas diferenças podem ser resumidas e agrupadas em quatro caminhos rumo à modernidade, definidos por meio das linhas de conflito contra e a favor do novo. Esses caminhos podem ser descritos em termos analíticos gerais, e sua aplicação serve não só para agrupar países, mas também para definir categorias – sendo que um mesmo país pode pertencer a duas ou mais categorias.

As perguntas que se colocam agora são, então, as seguintes. Como foi gerada essa nova cultura política voltada ao futuro? Internamente, em uma determinada sociedade, ou externamente; imposta ou importada de fora? Quais eram as forças que representavam o novo? Um novo estrato dentro da sociedade em questão, uma força externa ou parte da elite interna tradicional? Onde estavam localizadas as forças fundamentais e os principais antagonistas da modernidade, da autoridade tradicional, da submissão e da barbárie?

Os quatro caminhos principais rumo à modernidade oferecem as respostas a essas perguntas. Eles não são apenas histórias do passado, mas fazem parte da formação geológica da sociedade contemporânea.

Caminho europeu interno

A Revolução Francesa, em 1789, e os anos que se seguiram anunciaram o rompimento político representado pela modernidade na Europa – ainda que, em um primeiro momento, essa ideia inicial tenha sido derrotada pela aliança contrarrevolucionária em Waterloo, o que por fim resultou na breve restauração da monarquia e na formação do abrangente pacto entre grandes potências europeias continentais, a chamada Santa Aliança. Como mencionado anteriormente, foi a Revolução Francesa que nos legou os significados modernos das palavras revolução e reforma. A despeito de sua derrota temporária, ela também constituiu uma vitória crucial para o princípio de legitimação política – a nação, o povo –, princípio que também havia emergido no parlamentarismo britânico, embora de forma mais gradual. De acordo com meu grande colega da Teoria Política, John Dunn, "foi somente depois de 1789 que se começou a falar da democratização das sociedades" (2005: 17).

A Revolução não foi de modo algum um desdobramento puramente europeu, puramente interno. Ela estava inserida no contexto da guerra mundial franco-britânica, a terceira onda de globalização, com seus efeitos desastrosos sobre as finanças do governo francês que, por sua vez, culminaram com a sequência de

POR QUE SOMOS QUEM SOMOS?

eventos que levaram à Revolução. Por outro lado, ela foi também um conflito absolutamente interno à Europa, que acabou por jogar as forças revolucionárias francesas contra as forças de reação. As forças revolucionárias receberam ajuda de seus poderosos equivalentes em outros países europeus, ao passo que as forças de reação procuraram formar alianças com seus próprios amigos europeus.

A nova política europeia foi retomada após a derrota da Revolução de 1789-1999, primeiramente, a partir da Revolução (francesa) de Julho de 1830, ainda em linhas sinuosas e, em 1917-1919, devido à queda dos impérios dos Romanov, Habsburgo e Hohenzollern, com força total. Ao longo de todo esse período, o conflito central em torno da autoridade política permaneceu dentro das fronteiras europeias – as façanhas coloniais, afinal, nada tinham a ver com esse debate. A intervenção dos EUA na Primeira Guerra Mundial certamente teve um grande impacto sobre o resultado da guerra, mas os desdobramentos do período pós-guerra foram decididos na Áustria e na Alemanha. Em toda a Europa, conceitos modernos tiveram de batalhar por entre conflitos internos, sem apoio ou modelos de fora, contra forças domésticas, pertencentes às sociedades tradicionais locais. Por conta de seu caráter violento, esse caminho europeu foi caracterizado pela revolução e pela guerra civil.

Fora da Europa, modelos, ameaças e forças externas sempre desempenharam um papel fundamental, quer de forma negativa ou positiva. Não se pode de fato reduzir a história da modernidade à história cultural. A história da modernidade também é a história do poder mundial. As proezas científicas e industriais, por exemplo, da Sociedade Real do século XVII, ou da Sociedade Lunar de Birmingham do século XVIII, não foram meramente difundidas por todo o planeta. Elas passaram a constituir o padrão europeu, que se espalhou pelo restante do globo com a ajuda de argumentos muito mais tangíveis – a artilharia naval e as metralhadoras Gatling.

Caminho do Novo Mundo e seus oponentes

Entre os colonizadores europeus, ideais e modelos de uma nova sociedade foram inspirados no Iluminismo, e, especificamente na América do Norte, também foram inspirados na filosofia política de 1688 e na crítica radical, por parte dos britânicos, da monarquia hanoveriana britânica do século XVIII. Por mais que tenham sido inspiradas na Europa e apoiadas pela Europa – afinal, os franceses ajudaram na independência estadunidense e, mais tarde, abriram oportunidades na América hispânica ao derrotarem a monarquia francesa –, as forças de modernidade eram americanas, produtos da sociedade transplantada dos colonizadores. Eles não meramente importaram o Iluminismo europeu ou a força de oposição do protestantismo britânico – eles também fizeram suas próprias contribuições.

A independência dos EUA constituiu o momento definidor da modernidade política estadunidense, pois foi o momento em que sua política própria foi desenvolvida. E muito embora a noção de "revolução" tenha permanecido dos EUA até a Argentina, e muito embora o poderio metropolitano tivesse apoio considerável (nos EUA, México e principalmente no Peru), a independência dos EUA não foi uma revolução ou guerra civil à moda europeia. Ela foi o resultado de guerras de secessão. Os oponentes da modernidade colonial – os inimigos da modernidade – estavam do lado de fora da sociedade colonial. Eram os governadores metropolitanos corruptos e retrógrados em quem os fiéis à colônia se fiavam, os nativos bárbaros e selvagens, além dos toscos escravos. Dentro da sociedade colonial, praticamente não havia autoridades contra a modernidade. Em geral, a Igreja Católica da América Latina sabiamente não apoiou o poderio colonial, e os EUA eram formados, sobretudo, por protestantes. A modernidade no Novo Mundo foi uma modernidade de colonos e de senhores de escravos – sem nos esquecermos dos não modernos que estavam por perto, os oprimidos (os nativos, os escravos e os ex-escravos). A autoridade tradicional era constituída pela metrópole colonial e por seus representantes governamentais vindos do exterior.

O Novo Mundo de assentamentos além-mar também apresenta algumas subvariantes notáveis – mas não será possível entrar aqui em muitos detalhes. Uma delas desenvolveu-se nos territórios que, antes do processo de descolonização após a Segunda Guerra Mundial, eram conhecidos como os "domínios brancos", incluindo os Estados – pouco a pouco independentes, mas ainda bastante leais imperialmente – da Austrália, Canadá, Nova Zelândia e África do Sul, que por sinal lutaram, voluntariamente (apesar de não sem oposição interna), ao lado dos britânicos tanto na Primeira quanto na Segunda Guerra Mundial. Exemplos claríssimos dessa lealdade – e da pobreza intelectual da Teoria da Escolha e da Utilidade* – são a principal festividade da nação australiana, o Dia do ANZAC (em português, Corpo de Exército Australiano e Neozelandês), além dos monumentos que prestam homenagem ao ANZAC pelos sacrifícios australianos em nome do império em Galípoli – localizado em outro continente, a mais de dois oceanos de distância – durante a Primeira Guerra Mundial. No entanto, a despeito de toda essa lealdade imperial, os domínios brancos embarcaram em sua própria jornada colonial rumo à modernidade, de forma diferente da de seus colonizadores.

Israel constitui mais uma – pequena – subvariante, mas de vasta repercussão internacional. Assim como a África do Sul branca, Israel tem de se confrontar com um antagonista, os palestinos, que por sua vez foram fortalecidos, tanto cultural quanto socialmente, pela constante violência dos colonos e pela constante humilhação a que foram submetidos.

Por fim, Singapura merece nossa atenção por ser o único Novo Mundo não europeu – é sobretudo chinês, em uma espécie de mistura étnico-cultural interasiática. A cidade foi uma criação colonial; porém, não havia ninguém lá a ser colonizado, e a colônia não foi construída graças à escravidão ou à servidão por dívida ou crime. Os colonos desse Novo Mundo prestam homenagem aos seus conquistadores, independentemente de não serem de fato uma ex-colônia. A classe executiva da Singapore Airlines, por exemplo, chama-se classe Raffles (em homenagem ao fundador imperial da cidade). Nenhum executivo da Air India teria a brilhante ideia de batizar sua classe executiva em homenagem a, digamos, Curzon (o governador-geral da Índia na virada do século XX).

Caminho do trauma colonial: identificação e revolta contra o agressor

O colonialismo de países modernos – tais como o dos europeus dos séculos XVIII e XIX – acarretou a imposição da modernidade às colônias de fora para

---

* N. T.: Na Microeconomia, a escolha, por parte do consumidor, de obter um determinado bem em detrimento de outro por conta da utilidade que ele proporciona constitui o principal postulado da Teoria da Escolha e da Utilidade. Além da questão da utilidade, a escolha do consumidor também é pautada por restrições orçamentárias.

dentro, após as autoridades tradicionais nativas terem sido derrotadas. Nas regiões coloniais, a modernidade brotou diretamente – e literalmente – dos canos das armas. O modernismo colonial estava com frequência confinado à administração colonial direta, ao processo de extração e exportação de produtos e às cidades coloniais construídas à parte – nos casos ideais, separadas das cidades ou distritos dos nativos pela distância padrão da capacidade de voo de um mosquito (de 3 a 500 metros – devo essa informação a uma exposição bastante completa, embora um pouco defensiva, sobre o Congo sob o domínio belga, no Museu Real Africano, na Bélgica). As esporádicas intervenções contra práticas do sistema de família-sexo-gênero local, consideradas repugnantes pelos europeus cristãos – tais como a imolação de viúvas na Índia, casamentos infantis e poligamia –, raramente tinham efeito. Por outro lado, uma vez que as autoridades tradicionais locais haviam sido derrotadas ou subjugadas, o poderio colonial costumava dar-lhes apoio e utilizá-las em seu favor, como cães de guarda dos rebanhos de colonizados. As fronteiras étnicas e as normas tradicionais foram endurecidas por meio dos procedimentos de classificação e codificação (ver, por exemplo, Mamdani, 1996: 50 e ss).

Enquanto, por um lado, o colonialismo europeu moderno teve pouco impacto modernista sobre as massas de populações colonizadas e sobre seus estilos de vida, por outro lado, ele abriu novas oportunidades para uma pequena minoria. A construção e a operação de portos, rodovias e estradas de ferro, a mineração, as lavouras e o pouco de manufatura que havia eram todos fontes de emprego e de novas relações sociais coletivas para a então pequena, mas bem delimitada, classe operária emergente. Lavouras lucrativas fizeram emergir a classe dos fazendeiros e senhores colonizados. Os exércitos imperiais careciam de soldados nativos e recrutaram inúmeros homens na Índia e em todo o território colonial, em ambas as guerras mundiais. Por fim, o fator politicamente mais importante foi o estabelecimento de uma nova elite colonizada graças às instituições modernas de educação (apesar de estritamente limitadas) e à abertura da Igreja nas colônias, que por sua vez carecia de auxílio clerical local.

Esse processo ocorreu de forma mais sistemática e bem-sucedida na Índia britânica, conforme os objetivos traçados por T. B. Macaulay, criador do sistema destinado a produzir "uma classe de indianos na cor e no sangue, mas ingleses nos gostos, nas opiniões, na moral e no intelecto [...] que possam atuar

POR QUE SOMOS QUEM SOMOS?

como intérpretes entre nós e os milhões que governamos" (Keay, 2000: 431). O sistema funcionou maravilhosamente bem até o início da década de 1940, quando o Partido do Congresso Nacional Indiano começou sua campanha "Deixem a Índia!". E, depois da independência, os beneficiários permaneceram orgulhosos de sua educação conforme o sistema de Macaulay – "Os benefícios proporcionados [para a modernização da Índia] por esse sistema de educação [...] merecem nossa mais alta estima", escreveria mais tarde, em 1960, um célebre legislador, servidor público e diplomata (Panikkar, 1960: 22-3).

A nova classe trabalhadora criou associações modernas, sindicatos e organizações de apoio mútuo, além de uma nova linha de ação moderna, com greves e protestos. Já os fazendeiros eram adeptos de um conservadorismo nacional moderado. Os soldados eram, em geral, absolutamente leais aos seus senhores coloniais (o motim de 1857, na Índia, foi uma rara exceção), embora, sobretudo após as experiências reveladoras da Primeira Guerra Mundial, eles tenham passado a constituir grupos de oposição à discriminação colonial. Entretanto, foi essa pequeníssima elite de instruídos, os *évolués* (ou evoluídos), como diriam os colonos franceses, que viraram sua educação política moderna – acerca de nações, povos e direitos – contra seus senhores, dando origem ao nacionalismo anticolonialista. Patrice Lumumba, o primeiro a assumir (ainda que por pouco tempo) o cargo de primeiro-ministro do Congo, foi um exemplo emblemático disso. Esse é o caminho rumo à modernidade através da *rebelião anticolonial*. Na Birmânia da década de 1930, os nacionalistas, orgulhosos, passaram a referir-se a si próprios como *thakin*, ou "mestres" (Callahan, 2009: 36).

A primeira revolução anticolonial a obter sucesso foi a rebelião de escravos de São Domingos, em 1791. A população colonizada original havia sido erradicada, deixando para trás nada mais do que o nome que deram à ilha, Haiti, aos escravos importados de fora. Esses escravos, por sua vez, conseguiram derrubar seus senhores na sequência do tumulto gerado pela Revolução Francesa. A São Domingos sob o domínio francês apresentava uma formação relativamente única dentre as colônias escravagistas, composta por uma classe substancial de negros livres e de mulatos proprietários de terras. A recusa, por parte da metrópole colonial, dos novos direitos políticos trazidos pela Revolução aos mulatos e aos negros livres foi o estopim da rebelião. Surpreendentemente, o Haiti sobreviveu à grande investida dos franceses, em 1802, a fim de retomar o controle sobre a ilha e reinstaurar a escravidão. Por mais que os haitianos fossem guerreiros corajosos, calejados pelos campos de batalha das lutas interimperiais que haviam tido lugar na própria ilha, entre franceses e espanhóis, seu aliado crucial foi o *Aedes aegypti*, mosquito transmissor da febre amarela, doença que matou a maior parte das tropas francesas.

Essa primeira pós-colônia foi aleijada já por traumas de nascimento. Seu primeiro líder, o talentoso Toussaint L'Ouverture – ex-proprietário rural mediano e, mais tarde, comandante do primeiro exército colonial inicialmente espanhol e, depois, francês –, foi capturado pelos franceses e jogado em um porão frio na cordilheira de Jura, onde foi abandonado à morte. A longa década de guerras acabou gerando uma elite militar brutalizada, fatalmente dividida entre mulatos e negros. O novo país herdou uma ex-cultura escravagista, no seio da qual qualquer iniciativa de trabalho para além dos níveis de subsistência era vista como estratagema de opressão. Os "jacobinos negros" não deixaram para trás um legado construtivo; porém, na atual era de globalização, há o reconhecimento gradual e crescente de que nós, os *Nachgeborene* (ou seja, que nasceram depois), devemos respeito a eles por terem sido pioneiros. A história do Haiti oferece uma bela prévia dos desafios a serem enfrentados pela modernidade pós-colonial. (A obra clássica nessa área é James, 1938/1989; para um excelente panorama por um historiador contemporâneo, ver Blackburn, 1988: 190 e ss, cap. VI; para o aspecto epidemiológico dessa história toda, ver a análise perspicaz de McNeill, 2010: 236 e ss).

O modernismo anticolonial dos colonizados – perspectiva também adotada na América Latina do final do século XX, através da qual o crioulismo colonial foi rejeitado – estava a um passo do radicalismo. Os modernos colonizados, a geração de Nehru, Sukarno, Ho Chin Minh e Nkrumah, provavelmente foram os que vivenciaram as contradições da modernidade liberal europeia de forma mais intensa. Por um lado, esses colonizados haviam se identificado com o agressor moderno e com o poder colonial – afinal, aprenderam suas línguas, sua cultura e seus conceitos políticos de nação/povo, de direito e de autodeterminação. Por outro lado, eles vivenciaram a recusa dos direitos e da autodeterminação de seus próprios povos – a face arrogante e o punho de ferro do imperialismo liberal. O radicalismo socialista, tanto comunista quanto não comunista, permeou todo o nacionalismo anticolonial após a Segunda Guerra Mundial.

Caminho da modernização reacionista: abertura e fechamento

Nesse quarto caminho central rumo à modernização, o caminho reacionista, a modernidade foi importada por parte de uma elite interna, que se sentia sob forte ameaça estrangeira, e imposta na população de cima para baixo, ainda de acordo com orientações tradicionais. Nesse cenário, a modernidade se desenvolveu como uma espécie de reação antecipada. O objetivo desse processo modernista era aumentar a capacidade da população de defender o Estado de então. No início, o processo adquiriu contornos exclusivamente militares – a compra de armas modernas, o desenvolvimento de tecnologia bélica e a organização militar. Porém, nos casos em que esse processo de modernização teve impacto mais duradouro, o objetivo foi estendido a melhorias nos setores da tecnologia econômica, da educação, do transporte, da saúde pública e das instituições políticas em geral. A meta primeira era atingir uma forma nova e mais forte de coesão social, considerada crucial diante da ameaça imposta pela força arrebatadora das potências imperialistas (ver Therborn, 1992; Curtin, 2000: cap. 8-10).

Sem a mudança do *Ancien Régime* em si, e sem um empurrãozinho por parte do contexto geopolítico, as chances de sucesso dessas transformações realizadas de cima para baixo teriam sido mínimas, sobretudo naquela época de rivalidade belicosa entre imperialismos (cf. Reid, 1997). Os Impérios Otomano e Qing fracassaram, assim como a monarquia Joseon na Coreia. As monarquias do Sião (atual Tailândia) e, principalmente, Abissínia (atual Etiópia) não conseguiram ir muito longe. Somente o projeto japonês obteve sucesso, pois já teve início em um nível geral de desenvolvimento econômico e educacional significativamente mais elevado e também se beneficiou da sua proximidade com a vizinha China, historicamente sempre mais rica em recursos, porém mais fraca naquela altura. O Japão também foi favorecido pela falta tanto de atenção dada às típicas intrigas da corte, promovidas e enraizadas em suas facções conservadoras – uma praga comum a todas as monarquias em declínio –, quanto de um clero poderoso, fonte vital de reação nos países muçulmanos. A chamada Restauração Meiji da monarquia japonesa não implicou a atribuição de poderes ao imperador e sua corte, mas sim levou ao estabelecimento de um círculo moderno, produto do rearranjo da aristocracia e da pequena nobreza.

O MUNDO

Embora, atualmente, somente o Japão e a Tailândia sejam exemplos contínuos da modernização reacionista por excelência – ou seja, da modernização trazida pela reação antecipada –, o legado dos pioneiros japoneses – cuja vitória naval sobre os russos em 1904 empolgou os patriotas asiáticos e africanos desde a Coreia até o Egito, onde o então principal intelectual nacionalista, Mustafá Kemal, publicou um livro sobre essa vitória, chamado *The Rising Sun* (Hourani, 1983: 205; ver também Aydin, 2007: 78 e ss) – se difundiu muito além disso. A mesma estratégia foi adotada pelo rei do Afeganistão nos anos 1920, assim como pelos imperadores Menelik e Haile Selassie da Etiópia. As atuais monarquias da Arábia Saudita e do golfo Pérsico pertencem ao mesmo grupo, embora sua imensa fortuna lhes tenha permitido preservar muito mais das instituições nativas pré-modernas. A geopolítica negociável do petróleo significa que a reação antecipada dessas nações tem sido direcionada tanto contra o radicalismo doméstico quanto contra ameaças estrangeiras, pelo menos na mesma proporção. A modernização japonesa imposta de cima para baixo inspirou a emergência, após a Segunda Guerra Mundial, de programas de desenvolvimento nacional no leste asiático, começando pela Coreia e Taiwan – processo facilitado pelo caráter inclusivo do colonialismo japonês. Mais tarde, o processo foi emulado em Singapura, na Malásia e em outros lugares, sempre caracterizado pelo desenvolvimentismo modernista consistente e focado, aliado à valorização da coesão nacional.

Antes desses programas de desenvolvimento nacional contemporâneos, iniciativas estatais de transformação social de cima para baixo haviam sido tomadas, de maneira vigorosa e cruel, por Mustafá Kemal da Turquia e pelos bolcheviques da Rússia, sobretudo através do projeto de Josef Stalin de "socialismo em um só país". Tanto Stalin quanto Kemal Atatürk tentaram estabelecer Estados fortes e modernos em um ambiente marcado por intervenções militares estrangeiras, arruinando o velho Estado imperial e ameaçando, de forma letal, os regimes subsequentes. Porque essas transformações foram instauradas por regimes revolucionários novos, seus efeitos foram diferentes do esperado – elas atravancaram o tecido social ao invés de transformá-lo e restringi-lo e, ao mesmo tempo, acabaram reproduzindo, sem querer, as crenças e práticas pré-modernas da base rural. Os comunistas afegãos, outra minoria modernista radical, tentaram tomar um caminho semelhante na década de 1980. Acabaram aniquilados por uma coalizão formidável formada por inimigos, forças reacionárias patriarcais e tribais domésticas, além de por uma vasta aliança contrarrevolucionária composta por guerreiros islâmicos internacionais, armamento americano, dinheiro saudita e serviço secreto paquistanês, contra os quais o apoio soviético oferecido aos afegãos se revelou, no fim das contas, contraproducente.

Caminhos híbridos: principalmente China e Rússia

Como já mencionado anteriormente, os caminhos rumo à modernidade podem ser considerados categorias abstratas, o que significa que diferentes países podem ter tomado dois ou mais desses caminhos. Nesse sentido, o mundo contemporâneo possui dois híbridos principais, a Rússia e a China, países nos quais aconteceram as principais revoluções do século XX (ver Anderson, 2010). Análises mais minuciosas certamente descobririam outros, incluindo porções consideráveis do território árabe outrora sob o domínio otomano – o Egito em particular, parte de um processo de modernização reacionista malsucedido, mais colonizado do que a China do final da dinastia Qing, mas nunca completamente colonizado como a Argélia. A Malásia é outro exemplo de nação cujo caminho rumo à modernidade é híbrido, com suas características distintivas. Os sultanados malásios nunca foram completamente colonizados, e a Malásia independente precisa ser compreendida sobre um pano de fundo misto – de um lado, a condição de ex-semicolônia, da qual advém sua multietnicidade, e, de outro, a modernização reacionista, da qual advém sua autocracia. De fato, o principal monumento da Kuala Lumpur independente não é dedicado à independência e à luta contra o colonialismo, mas sim à vitória da "emergência", ou seja, a derrota britânica da insurgência comunista após a Segunda Guerra Mundial. No início, a África do Sul era semelhante às colônias americanas, mas, no fim, acabou se tornando um empreendimento colonial fracassado. Uma parte importante da Índia pré-independência era composta por principados "protegidos" e supervisionados pelo Império Britânico. Porém, pelo menos da perspectiva global de alguém de fora, esses principados parecem ter deixado um impacto negligenciável na Índia pós-colonial – exceto na Caxemira, onde intricados conflitos se seguiram à independência.

A Rússia é uma potência europeia, e sua Revolução de 1917 teve muito em comum com a trajetória modernista europeia da Revolução Francesa de 1789 – referência, por sinal, que não saiu das mentes dos revolucionários de 1917, tanto na revolução de fevereiro quanto na de outubro. A Revolução Bolchevique foi uma insurgência, essencialmente europeia, da classe operária industrial urbana, organizada e convocada por um partido oriundo do movimento trabalhista internacional europeu.

Lenin e os outros bolcheviques, todavia, tinham plena consciência do fato de que eles e seus seguidores constituíam apenas uma minoria no país essencialmente rural e agrário. A sua leitura modernista do desenvolvimento histórico deu-lhes, no entanto, o direito, na visão deles, de iniciar uma transformação social profunda de cima para baixo. Um dos primeiros exemplos disso foi o viés radicalmente antipatriarcal da seção do direito familiar da Constituição de 1918. Originalmente, Lenin via a Revolução Russa como o possível estopim de uma revolução mundial que estava prestes a estourar, sobretudo na Alemanha, o cerne do movimento trabalhista europeu. As coisas não aconteceram dessa forma e, a partir do final da década de 1920, a União Soviética, liderada por Stalin, embarcou em uma jornada de transformações econômicas cruéis e violentas, instauradas de cima para baixo.

A Rússia era europeia, mas fazia parte de uma região retrógrada da Europa que não compartilhava da Antiguidade clássica europeia e que havia permanecido subjugada ao longo da Idade Média, sob o domínio mongol. A modernização reacionista de cima para baixo já havia começado em torno da virada do século XVIII, ao longo do reinado do czar Pedro I, alcunhado Pedro, o Grande. No entanto, a despeito dos avanços obtidos, a Rússia nunca conseguiu alcançar a Europa Ocidental. Concretizada na era absolutista pan-europeia, a modernização reacionária russa jamais atingiu uma fase de consolidação constitucional. Derrotas militares devastadoras em 1905 e 1916-1917 abriram as portas, então, à revolução.

Mais e mais, o stalinismo alinhou-se à história czarista do país – incluindo desde deportações à Sibéria até a reivindicação de territórios imperiais perdidos, tais como a região báltica e a atual Moldávia –, considerando a Segunda Guerra Mundial a "grande guerra patriótica", repetindo a "guerra patriótica" de 1812, contra Napoleão. A mistura, de um lado, do modernismo comunista brutal e, de outro, do *grandeur* imperial czarista foi extirpada depois de Stalin. Porém, uma nova mistura parece estar surgindo nos últimos tempos, no governo Putin, de modernismo capitalista importado com pseudoczarismo imperial. Pode-se observar essa nova mistura escancarada na pompa majestosa do Kremlin, na nova estátua enorme de Pedro, o Grande, em Moscou, e no retorno da Igreja Ortodoxa aos rituais e às cerimônias do Estado. Em suma, a modernidade russa foi impulsionada por modelos importados impostos de cima para baixo, bem como pela evolução e revolução internas.

A China representa um caso mais complexo de hibridismo moderno. Seu processo de modernização abrange tanto aspectos de modernidade reacionária quanto a identificação e revolta contra os agressores coloniais e a importação – aqui de grande relevância – da política europeia de classes. O fato de que sua sabedoria e esplendor milenares não mais poderiam conter a invasão cada vez mais pronunciada do mundo lá fora tornou-se – lenta, parcial e gradualmente – claro a alguns de seus governantes e intelectuais, principalmente após os britânicos os forçarem a abrir o país ao tráfico de drogas, nas duas Guerras do Ópio das décadas de 1840 e 1850. Sua imensa criatividade científica e tecnológica dos séculos anteriores ao XVI d.C. não foi reavivada; por isso, foi preciso importar novos modelos de fora. Tentativas de modernização reacionária no final da dinastia Qing foram impedidas tanto por intrigas infiltradas na corte e propagadas pela imperatriz Dowager Cixi quanto por intervenções imperialistas violentas, pelos britânicos, alemães, japoneses e franceses. A República bem que tentou, a partir de 1911, mas não foi muito longe por conta de sua profunda divisão interna e da interferência de potências estrangeiras.

O hibridismo do caminho rumo à modernidade que a China tomou no século XX provém, sobretudo, de dois fatores – o *status* nacional ambíguo do país e a natureza de sua importação política mais bem-sucedida. A partir das últimas décadas da dinastia Qing do século XIX e ao longo da República, a China não constituía nem um país independente e soberano, nem uma colônia – quer dizer, na verdade, ela era ambos ao mesmo tempo. Havia um Estado chinês, desprovido de um vice-rei ou governador-geral que o controlasse. Todavia, potências estrangeiras mantinham o controle sobre diversos portos, sendo o de Shanghai o mais importante, e detinham inúmeros direitos extraterritoriais sobre o país – ambos resultados dos Tratados Desiguais.* Uma das principais fontes de renda pública do país, a alfândega, era mantida sob o controle de

---

* N. T.: O termo "Tratados Desiguais" refere-se a uma série de tratados firmados nos séculos XIX e XX entre a China e as antigas potências imperialistas – sobretudo o Reino Unido, os Estados Unidos da América, a Alemanha, a França, a Rússia e o Japão. O primeiro desses tratados, firmado em 1842, pode ser considerado um desdobramento da primeira Guerra do Ópio, nos anos 1830. Por meio deles, a China foi forçada a ceder portos e direitos extraterritoriais a esses países, sendo a cessão de Hong Kong ao Reino Unido e de Macau a Portugal exemplos desses direitos extraterritoriais. A vigência de boa parte desses tratados foi abolida até o final da Segunda Guerra Mundial, muito embora alguns, dentre os quais Hong Kong talvez seja o exemplo mais célebre, tenham permanecido ao longo de todo o século XX.

MAPA 4
Caminhos rumo à modernidade

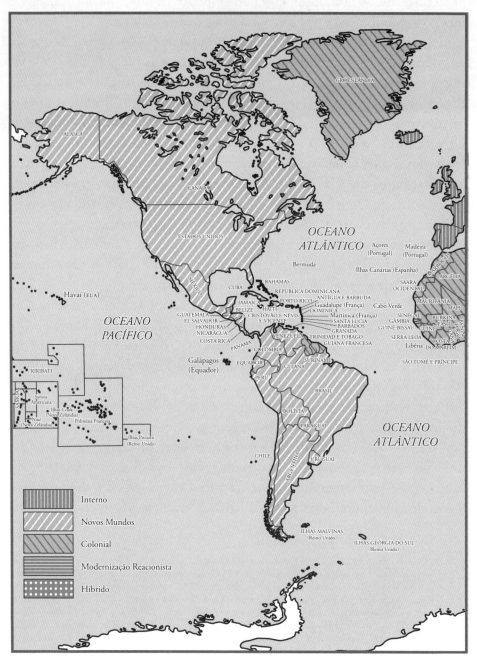

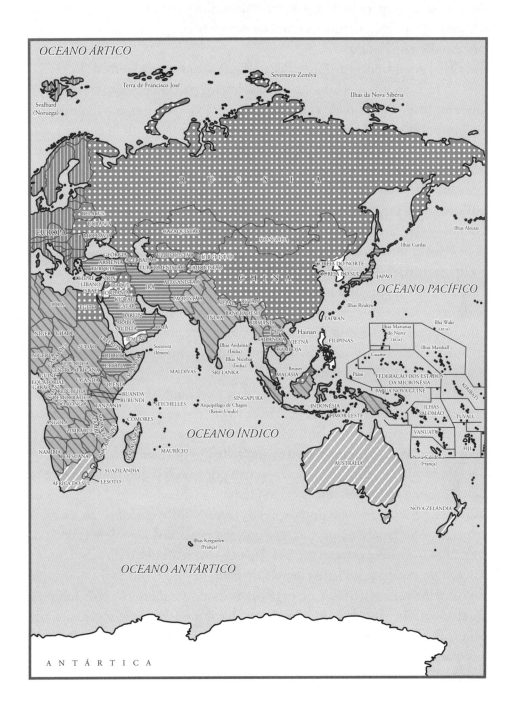

O MUNDO

um consórcio imperialista estrangeiro. Além disso, como era de se esperar de um país de fato colonizado, os estudantes e intelectuais da China modernista iam estudar em Tóquio.

O nacionalismo anti-imperialista, diante de uma longa série de humilhações no cenário internacional, criou o primeiro partido político moderno, o Guomindang, e promoveu enormes manifestações modernas na China. De vital importância foi o Movimento de Quatro de Maio (1919) contra a disposição pós-Primeira Guerra Mundial que entregava a colônia da derrotada Alemanha, Tsingtao, ao Japão. Foi desse nacionalismo anticolonialista que emergiu o modernismo intelectual iconoclasta, bem como o radicalismo político, que, juntos, aliaram o governo do Partido Nacionalista Chinês (o Guomindang) à União Soviética no início da década de 1920. Outro desdobramento direto do Movimento de Quatro de Maio foi a fundação, em 1920, do Partido Comunista Chinês. Por outro lado, a China nunca foi de fato colonizada porque a ideologia das potências coloniais praticamente não se infiltrou no país – à exceção de alguns círculos arrojados em Xangai ou dos poucos pupilos de missionários americanos –, e também porque o poderio colonial nunca de fato assumiu o controle do país, mitigando ou assimilando o movimento anti-imperialista.

Essa estrada colonial/anticolonial foi de vital importância à modernidade chinesa, mas não foi a única, como aconteceu, por exemplo, com a Índia ou a Nigéria. O império milenar havia sucumbido à revolução interna de 1911, após a rebelião de Taiping, levante enorme (e ulteriormente contido) de meados do século XIX. Em Xangai e em outros portos sob o domínio estrangeiro emergiu uma classe trabalhadora moderna. No Movimento de Quatro de Maio, essa classe tomou as proporções de força política nacional, com a greve tripla dos estudantes, comerciantes e operários contra o Japão e o Tratado de Versalhes – que era claramente pró-Japão. A virada radical dos chineses na direção do exemplo soviético depois de maio de 1919, aliada à importação de conselheiros soviéticos e de organizadores do Comintern, possibilitou a fundação de um partido comunista forte e levou a um processo revolucionário retardado. Sob a liderança de Mao, os comunistas chineses obtiveram êxito porque transformaram o partido dos trabalhadores tipicamente europeu e a política de classes em um partido dedicado à luta da classe rural; obtiveram êxito também – e principalmente – porque promoveram o casamento dessa política de classes com um tipo de nacionalismo anti-imperialista e, acima de tudo, antijaponês (ver o brilhante estudo comparativo de classes, modernidade e revolução em São Petersburgo e Xangai de S. A. Smith, 2008). Sob Chiang Kai-shek, o partido Guomindang perdeu suas credenciais nacionalistas por conta de sua fraqueza, tanto política quanto militar, perante os japoneses, e emergiu como defensor de um latifundismo e de um capitalismo cada vez mais defeituoso e corrupto.

Uma vez no poder, o modernismo comunista chinês engendrou um imenso ataque (e predominantemente impopular) contra o patriarcado mais complexo que o mundo já viu, forneceu educação e saúde pública às massas e, ao mesmo tempo, tentou construir uma economia socialista. O maoísmo continuou a reproduzir essas raízes híbridas. Mao era um revolucionário social e, durante a Revolução Cultural chinesa, vandalizou boa parte de suas próprias instituições de poder. Era também forte admirador da civilização chinesa imperial clássica – seu acordo de 1972 com o presidente dos EUA, Nixon, foi uma tacada de mestre da diplomacia imperial modernizada. Atualmente, ele é lembrado e venerado, sobretudo – e, até certo ponto, muito mais do que Lenin e Stalin na Rússia –, pelo terceiro papel que desempenhou no país – o de unificador e liberador anticolonial nacional. As "Quatro Modernizações" promovidas por seus sucessores representaram um eco tardio, mas poderoso, da modernização reacionista.

CONSEQUÊNCIAS DOS CAMINHOS RUMO À MODERNIDADE E SEU LEGADO

Por meio de seus assentamentos coloniais, de seu domínio colonial e de sua ameaça colonial, a Europa deixou suas marcas em todo o mundo moderno (cf. Bayly, 2004; Curtin, 2000). Porém, não se pode entender o planeta somente da perspectiva do extremo oeste da Eurásia. No mundo todo, conceitos gerados na Europa, tais como governo representativo e nação, adquiriram novos significados e novas lógicas em lugares diferentes. Elementos fundamentais nos estudos sociais, como, por exemplo, religião e classe social, possuem significados muito diversos em partes diferentes do mundo capitalista moderno. Os caminhos rumo à modernidade nos legaram consequências duradouras – embora não perpétuas ou imutáveis.

Pelo menos quatro dessas consequências ou efeitos duradouros podem ser identificados. O primeiro refere-se ao conceito de nação e sua relação com língua e cultura. O segundo, a noções de governo e direitos políticos, além de à cultura, aos comportamentos, ao discurso, às divisões e às organizações políticas. O terceiro efeito tem a ver com as consequências da modernidade para a religião, a principal manifestação da cultura pré-moderna. Por fim, há ainda os efeitos nas relações sociais e nas noções de autoridade, deferência, desigualdade e identidade coletiva. Veremos, a seguir, algumas das formas concretas dessas consequências.

As diferentes nações modernas

Graças ao seu casamento com o Estado, a nação é a mais importante fonte de identidade coletiva dos dias de hoje. Ela só é ultrapassada por outras fontes de identidade em raras ocasiões, entre minorias – e não nos esqueçamos de que existe sempre a questão das escolhas individuais. O islã, por exemplo, representa hoje a única identidade religiosa que, em determinados meios minoritários de alguma relevância, é capaz de superar a identidade nacional e, mesmo nessas ocasiões, ela tende a vir misturada com um internacionalismo anti-imperialista (cf. Haynes, 1998; Roy, 2004: 65 e ss). No entanto, em situações de polarização, como no caso do surgimento de Bangladesh a partir do leste do Paquistão, somente uma pequena minoria de muçulmanos aderiu à submissão religiosa supranacional (Khondker, 2006). Ocasionalmente também, há grupos – minúsculos, mas corajosos – dedicados à causa dos direitos humanos que batem de frente com suas próprias nações – no mundo de hoje de forma mais impressionante (e ineficaz) em Israel.

A nação e o Estado-nação são invenções europeias que, do mesmo modo que o sistema de governo representativo, se espalharam pelo mundo todo. Porém, o conceito de nação adquiriu significados diferentes e foi utilizado por razões diferentes, gerando consequências também diferentes. O ponto aqui não são as definições acadêmicas de nação nem os debates historiográficos (um breve panorama introdutório das controvérsias em torno dos conceitos de nação e nacionalismo, com contribuições de algumas das figuras centrais desse debate, é oferecido em Ichijo e Uzelac, 2005). No presente trabalho, o termo "nação" é simplesmente um construto político, em nome do qual se reivindica o direito a alguma forma de reconhecimento e autogoverno – mas de modo algum necessariamente o de um Estado soberano.

De uma perspectiva global, há dois aspectos do conceito europeu de nação que chamam a atenção. O primeiro é o seu atrelamento à história popular e territorial – diferente do latifúndio com poder de principado. O outro se refere à sua carga cultural pesada e distintiva, com a linguagem oral em seu cerne. A dimensão política da nação – crucial à noção de "cidadão inglês nascido livre" – foi desenvolvida, sobretudo, no seio da corrente republicana da Revolução Francesa, como nação explicitamente aberta aos não nativos. Todavia, após a Revolução ter aceitado todos os seus simpatizantes, o domínio da língua francesa passou a ser pré-requisito a todos os cidadãos franceses, dando origem a um programa de larga escala de transformação de "camponeses em franceses", como a bela obra de Eugene Weber o denomina (1979). A criação de línguas nacionais, ou seja, o processo de padronização entre diversos dialetos e de codificação gramatical e ortográfica, tornou-se a principal tarefa de intelectuais do século XIX de pequenas nações europeias, dos Bálcãs até a Noruega. Nesse processo, línguas minoritárias foram, sempre que possível, empurradas para fora da cultura nacional dessas nações.

Os assentamentos coloniais das Américas tiveram de criar novas nações, que, é claro, foram inspiradas, mitológica e emblematicamente, em exemplos históricos. No caso dos EUA, esse recurso histórico simbólico teve o antigo republicanismo europeu como exemplo e, na América hispânica, foram as experiências católicas e a alta cultura pré-Colombo, ou seja, as civilizações inca e asteca. Essas novas nações, no entanto, não possuíam uma história territorial étnico-cultural e compartilhavam sua língua com a metrópole colonial.

O fator mais distintivo do Mundo Novo era, porém, sua noção de nação como uma espécie de clube, no qual se admitiam e para o qual até se recrutavam membros desejáveis. A imigração direcionada, oriunda da

Europa, foi um fator crucial na formação dessas novas nações. "Governar é povoar", disse um célebre político argentino de meados do século XIX, Juan Bautista Alberdi (Chanda, 2007: 165). Sobretudo no discurso da América Latina, tanto brasileiro quanto, por exemplo, argentino, esse recrutamento de novos membros para o clube era explicitamente denominado "branqueamento" ou "civilização" da nação (Zea, 1965: 65 e ss, 103 e ss; cf. Amnino e Guerra, 2003). Por um bom tempo, somente os de ascendência estrangeira, os descendentes de europeus, eram considerados de fato cidadãos das novas nações das Américas e da Austrália.

As nações colonizadas constituem, assim, uma terceira variante. Não havia territórios históricos, povos históricos singulares, mas sim fronteiras coloniais. Líderes nacionalistas africanos decidiram aceitá-las todas, por mais arbitrárias e fragmentadoras – do ponto de vista cultural – que fossem, uma de suas poucas decisões sábias. Já Ali Jinnah não aceitou essas fronteiras coloniais, e a Índia britânica, cuja área era maior do que em qualquer estágio da Índia pré-colonial, foi dividida em Índia – Nehru recusou-se a chamá-la Hindustão –, Paquistão e Bangladesh, após massacres, perseguição e guerras de secessão.

Pode-se afirmar que a língua colonial é o legado mais ostentoso deixado pelo caminho colonial rumo à modernidade, trazendo à tona relações hierárquicas bastante complexas de nação e cultura. O resultado dessa problemática são as nações multilíngues – a Nigéria, por exemplo, possui 400-500 línguas, de acordo com diferentes estudos (Simpson, 2008: 172); a Índia, pelo menos 122, conforme um senso linguístico realizado recentemente (Mitchell, 2009: 7). As únicas exceções se desenvolveram em áreas onde já havia intercâmbio linguístico no período pré-colonial, como no arquipélago indonésio, onde o malaio acabou emergindo como língua franca – língua que, em meados do século XX, foi rebatizada pelos nacionalistas de *Bahasa Indonesia* (ver Anderson, 2006: 132 e ss). Outra exceção é o leste da África, na Tanzânia e no Quênia, por exemplo, onde o suaíle, língua banto desenvolvida fora do intercâmbio árabe, foi adotada – embora com menos sucesso do que o exemplo malásio – como idioma nacional, juntamente com o inglês e outras línguas vernáculas (Githiora, 2008; Topan, 2008).

Por que somos quem somos?

A visão europeia de que nações são definidas por suas línguas não se aplicava às ex-colônias – visão comum aos alemães e franceses, ainda que por razões distintas. E sempre que se tentou aplicar essa visão às novas nações, os resultados foram desastrosos – como no caso do Paquistão, onde, em 1952, teve início a amarga disputa entre o leste, em que a maioria falava bengali, e o oeste, cujos líderes queriam promover o urdu como língua nacional, e onde a versão híbrida do urdu mogol também não era a língua predominante (Rahman, 2000).

O nacionalismo intenso, enquanto tipo decisivo de política moderna de massas, constitui um dos elementos legados pelo anticolonialismo. Os contornos do nacionalismo variam de acordo com os caminhos que levaram à independência do país em questão, mas é raro que ele apresente grandes divisões sistemáticas internas. Outro elemento é a forte cisão da cultura pós-colonial entre a elite e as massas. A cultura da elite normalmente opera no idioma do antigo colonizador, que, por sinal, a maior parte da população não entende. Na capital, a divisão colonial tende a ser reproduzida, com a elite pós-colonial dominando os edifícios públicos e as mansões privadas dos antigos colonizadores. A tendência é que as práticas administrativas coloniais sejam mantidas, embora sejam frequentemente subvertidas pela corrupção e/ou pela falta de recursos estatais.

As autoridades e os rituais tradicionais tendem a permanecer, sendo influenciados tanto pela sua institucionalização colonial quanto por suas credenciais nacionais. E, apesar de os líderes tradicionais locais terem sido utilizados como instrumento de domínio colonial indireto, eles foram também incorporados pelo nacionalismo anticolonial moderno. Por exemplo, o programa, de 1948, do radical Partido Popular da Convenção de Gana exigia, como seu primeiro objetivo, "a independência para o povo de Gana e seus *odikros* [líderes locais tradicionais]" (Poe, 2003: 96). Além disso, o nacionalismo malásio moderno, conforme narra o Museu Nacional Tunku Abdul Rahman em Kuala Lumpur, teve início após a Segunda Guerra Mundial como forma de protesto contra os planos britânicos de reduzirem os poderes dos líderes locais tradicionais e de instituírem um sistema unificado de cidadania colonial, comum aos povos malaios, chineses e tâmeis. Indo na contramão dessa tendência, todavia, a Índia independente livrou-se das autoridades tradicionais de seus principados.

A grande diversidade linguística na maior parte das nações pós-coloniais significou a permanência e difusão do idioma dos antigos senhores coloniais

| 101 |

O MUNDO

como língua oficial ou oficiosa da política e dos negócios. Basicamente, a nação pós-colonial é um produto colonial, o que costuma levar à reprodução, dentro da nação, da separação entre colonizador e colonizado.

As nações que tomaram o caminho da modernização reacionista constituíam, no início, uma espécie de domínio pré-moderno, definido por decretos de seus príncipes, imperadores, reis ou sultões. Era dessa forma que os exitosos modernizadores do Japão de Meiji viam as coisas, assim como os menos exitosos do Sião (a atual Tailândia) e da Abissínia (a atual Etiópia), e os modernizadores da Coreia de Joseon, da China de Qing e do Império Otomano – nenhum dos quais conseguiu ir muito longe. Tratava-se de um poderio oriundo de seu legado histórico, sinônimo da dinastia no poder que, muitas vezes – embora não no Japão – dava seu próprio nome ao nome do domínio. Sua tarefa moderna, nesse sentido, não era a emancipação nacional, mas sim a construção de uma nação a partir desse domínio. No Japão, esse processo foi significativamente facilitado tanto pela grande homogeneidade étnica da população, quanto pela ausência de conflitos religiosos. A medida mais importante para a reunificação foi a abolição dos domínios feudais dos daimiôs e a devolução de seus territórios "ao imperador". Os modernizadores da Era Meiji edificaram a nação japonesa moderna em torno da figura do imperador, quase como uma espécie de símbolo misterioso, cujo *status* – e não cujo poder – foi sendo cada vez mais exaltado ao longo do processo de modernização, até atingir seu ápice na década de 1930 e na Guerra do Pacífico. O pilar da cultura nacional, o imperador, sobreviveu à "rendição incondicional" em 1945. Sua permanência foi a última e única condição imposta pelos japoneses que os estadunidenses finalmente aceitaram.

No Japão e na Tailândia do século XXI, o monarca é um ícone sublime, em comparação ao qual até a deferência e o protocolo monárquico britânicos parecem mera reverência cívica. O grande modernizador do Sião, o rei Chulalongkorn, ou Rama V, tornou-se até mesmo figura de devoção religiosa, como se nota, por exemplo, em sua escultura equestre em Bangkok.

A língua e a cultura nacionais não eram temas centrais, mas simplesmente partes do domínio – embora o *status* da cultura da civilização sínica tenha sofrido com as derrotas recorrentes da China. Nos impérios multinacionais e multiculturais, como o dos otomanos, por exemplo, não havia um idioma nacional que pudesse ser promovido.

| 102 |

Representações do governo representativo

As perguntas europeias em torno do sistema de governo representativo moderno eram as seguintes: O governo deve representar o povo, ou governar é um direito divino de reis? Quem tem o direito de representar o povo? Quantos direitos políticos devem ser cedidos ao povo e seus representantes?

Demorou bastante tempo até que essas perguntas fossem, finalmente, respondidas, a despeito da inclusão da democracia e de outras formas de governo deliberativo na venerada Antiguidade europeia, a despeito do conceito legal romano de *representatio*, que se espalhou desde o setor de negócios até a política, e também a despeito da tradição medieval de governo representativo, com seus dois cargos mais altos – o de papa e o de imperador – sendo preenchidos por meio de eleições. Na verdade, 350 anos se passaram entre a Guerra Civil Inglesa dos anos 1640, de um lado, e, de outro, o sufrágio universal na Suíça em 1971, a democratização da península ibérica em meados da década de 1970 e a aceitação tardia, por parte dos comunistas, do mecanismo das eleições competitivas no final dos anos 1980. Até mesmo os princípios de eleição popular e "democracia" – termo que abre para diferentes interpretações – levaram um bom tempo para se tornarem a tendência dominante na Europa – eleições populares, somente após o fim da Primeira Guerra Mundial, e democracia, após a derrota do fascismo em 1945.

Por que foi necessário tanto tempo – e tantas revoluções – é uma história complexa demais para ser resumida aqui. Porém, subjacente a esse processo estava o simples fato de que o estabelecimento do sistema moderno de governo representativo na Europa teria efeitos na estrutura socioeconômica interna fundamental da sociedade, em torno da qual diversos interesses conflitantes estavam muito bem articulados – tanto os velhos interesses, oriundos da tradição europeia medieval, quanto os novos, provenientes de uma sociedade formada por uma classe industrial em rápido crescimento. A partir desse caminho europeu, sistemas políticos com claras divergências sociais e ideologias complexas foram desenvolvidos, todos produtos de conflitos internos fundamentais e das motivações por trás de ambos os polos opostos.

Autoridades tradicionais, que, por fim, perderam a batalha contra a modernidade, foram enfraquecidas ou completamente extintas. Nos dias atuais, os monarcas não passam de símbolos e figuras públicas acessíveis – a aristocracia tradicional, por

O MUNDO

exemplo, ou desapareceu, ou, como é o caso do Reino Unido, foi mantida apenas sob a forma dos títulos reais, embora alguns proprietários de terras urbanas extremamente ricos tenham permanecido, como, por exemplo, o duque de Westminster.

É claro que os desdobramentos políticos e ideológicos desse tradicionalismo ainda são visíveis – na estrutura dos partidos políticos, distribuída entre esquerda e direita e com suas óbvias raízes no sistema de classes sociais; e nas organizações e instituições econômicas estruturadas no sistema de classes sociais –, por exemplo, nos sindicatos, nas associações de empregadores e nos órgãos públicos vinculados a esses sindicatos e associações. Além disso, no âmbito da história – por sinal muito atual – dos "ismos" e programas ideológicos, quase todos os "ismos" – incluindo o legitimismo, o anarquismo e o comunismo – são criações europeias. A única exceção é o fundamentalismo, que é uma invenção estadunidense para denominar, originalmente, variantes do cristianismo praticadas no cinturão bíblico do sul do país.

No Novo Mundo das Américas, os direitos do povo e a representação popular foram reivindicados nas guerras de independência. Nesse cenário, as questões fundamentais eram as seguintes. Quem é o povo? Como se devem implementar direitos políticos?

Os escravos, ex-escravos e indígenas faziam parte do povo, cujos direitos estavam sendo audaciosamente proclamados nas cultivadas declarações de independência e nas novas constituições? Não, claro que não. A secessão concedida pelos conquistadores e colonizadores deu origem a uma cultura política marcada por um grande abismo – um abismo, aliás, sem igual – entre a retórica política e a prática política. A retórica era universalista – liberdade, domínio popular, direitos dos homens, igualdade entre os homens. Já a prática, particularista – sexista (o que, por um bom tempo, constituiu um particularismo universal), fundamentalmente racista e institucionalmente manipulativa. Ninguém conseguiu expressar esse abismo hediondo na cultura política estadunidense melhor do que George Washington, o herói nacional dos EUA. Durante a guerra de independência, Washington, após ter ouvido que o último governador britânico havia prometido liberdade aos escravos que apoiassem os britânicos, descreveu-o como "traidor-mor dos direitos da humanidade" (Schama, 2006: 18). Apesar da derrota do sul escravagista na guerra civil estadunidense, o sufrágio universal racial não foi estabelecido nos EUA até 1968-1970, quase dois séculos após a independência.

Os latino-americanos eram, em geral, menos fervorosamente racistas do que os estadunidenses, mas a escravidão permaneceu, por exemplo, no Brasil,

| 104 |

POR QUE SOMOS QUEM SOMOS?

por mais tempo do que nos EUA (até 1888), e a exclusão dos analfabetos do direito ao voto persistiu no Chile, no Equador e no Peru até os anos 1970 e, no Brasil, até 1989. O Partido Trabalhista Australiano abertamente promovia o *slogan* "Vamos manter a Austrália branca!" até a década de 1970.

Essa cultura política dúbia assumiu várias formas. Uma delas – de modo algum exclusiva às Américas, mas cujo papel nas Américas foi único por ter causado grandes disputas – foi a manipulação de eleições. Por causa disso, a revolução mais longa, sangrenta e profunda, do ponto de vista social, do hemisfério foi a Revolução Mexicana de 1910, que teve início com o *slogan* modesto "Sufrágio efetivo, não reeleição" (de presidentes). Além disso, o marco da democracia argentina veio com a Lei Sáenz Peña (o então presidente argentino) de 1912, que introduziu o princípio do voto secreto. O sul dos EUA, com seu partido único, não dispunha de leis oficiais que privassem os negros de direitos políticos; no entanto, lançava mão de subterfúgios e práticas ardilosas para garantir justamente isso.

Nos novos mundos das Américas, o pensamento moderno tornou-se a tendência convencional hegemônica, em primeiro lugar, com a independência – sendo que somente o clericalismo católico o contestou de fato, na Colômbia e em outras partes da América Latina. A independência costuma deixar para trás poucas divisões internas, sobretudo se seus adversários deixarem o país junto com sua chegada – como foi o caso dos que migraram dos EUA ao Canadá e do Peru à Espanha –, ou então se seu apoio for conquistado ao longo da luta pela independência – como no México. Não costuma restar nada, ou quase nada, da ideologia e da política tradicionalista. Nesse cenário, o liberalismo – tomado aqui no sentido amplo, como defesa da liberdade individual, do direito à propriedade privada e da liberdade religiosa ou, em outras palavras, da liberdade, enfim, além do compromisso com a ciência e o progresso (a razão) – teve um impacto intelectual consideravelmente mais forte do que na Europa. Por causa da quase ausência de divergências ideológicas, o pensamento e a política marxista foram, em alguns casos, facilmente incorporados nas correntes políticas dominantes, como nos exemplos do liberalismo estadunidense do *New Deal*, do populismo crioulo de Cuba, Guatemala e Argentina nos anos 1940, ou do radicalismo e da democracia cristã de esquerda no Chile dos anos 1960 e 1970. Ou então o marxismo misturou-se naturalmente aos movimentos cristãos de esquerda, como, por exemplo, no Partido dos Trabalhadores (PT) brasileiro e na coalizão por trás da eleição presidencial de Lula.

| 105 |

O MUNDO

Durante a colonização, a questão central em torno do sistema de governo representativo era o desejo de representação, por parte dos colonizados, no governo de seu país. Pouco a pouco, os britânicos e franceses cederam (exceto na Argélia), diferentemente dos portugueses e dos colonizadores da África do Sul e da Rodésia. Nestes últimos, a independência foi resultado ou da guerra, ou de lutas e sanções internacionais procrastinadas. Mas, nos outros casos, ela foi produto de negociações constitucionais. A independência não foi uma vitória direta da democracia – ela foi rejeitada em referendos, por exemplo, em toda a África francesa, à exceção da Guiné, em 1958 –, mas sim um acordo, negociado pela elite política que, por sua vez, havia ascendido ao poder por meio de processos eleitorais (com diversos arranjos de eleitorado) e que, portanto, era a representante legítima do povo colonizado.

Nas áreas de colonização, a questão do governo representativo estava centrada nos direitos dos colonizados de representarem sua terra; pouco tinha a ver com os direitos e as relações do povo perante seus representantes no governo.

Na política pós-colonial, o sistema de representação política popular tem sido sutil e indireto, frequentemente ofuscado pelo poder executivo. Até mesmo uma democracia extremamente resiliente como a indiana possui, em seu centro, uma dinastia – a dinastia Nehru-Gandhi, à frente do dominante Partido do Congresso Nacional indiano. As diferenças entre os partidos têm suas origens, sobretudo, na heterogeneidade étnica, religiosa e linguística pré-moderna da nação em questão, e não tanto no sistema de classes sociais.

Os líderes mais perspicazes de países que passaram pela modernização reacionária – tais como Meiji, no Japão, ou os jovens otomanos de Istambul – logo perceberam que as fortes e intimidantes potências imperiais possuíam governos representativos constitucionais, fato que foi interpretado como elemento crucial ao seu poder e coesão. Assim, no quarto caminho rumo à modernidade, os direitos políticos populares e o governo representativo emergiram como resposta à pergunta: "como se pode fortalecer a coesão nacional?".

Em 1881, governo japonês anunciou seu plano de aprovar uma Constituição até 1889 e de realizar eleições (com um número bastante limitado de eleitores) em 1890 – metas que cumpriu pontualmente. O direito à representação no governo foi instituído de cima para baixo, com o objetivo de "satisfazer a população e possibilitar sua participação ativa na administração pública, a fim de atingir a meta de modernização e de alcançar a soberania nacional completa" (Mason, 1969: 24). A democracia, porém, só se seguiu na década de 1940, após a derrota e o desastre nacional. Já na Turquia, nem mesmo o desastre nacional foi suficiente. Na sequência do declínio do Império Otomano, uma modernização muito mais vigorosa e potente foi instituída, também de cima para baixo, por Kemal Atatürk – incluindo forte participação política, mas não a democracia.

A modernização reacionista imposta de cima para baixo não deixou portas abertas para oposição. Por definição, a modernização reacionista é a instrumentalização de uma nação – da política, da ciência e do progresso – com o objetivo de preservar o regime sob ameaças imperialistas externas – reais ou imaginárias. Porque a liberdade, a igualdade e a fraternidade eram, do ponto de vista das tendências dominantes, apenas um mecanismo de fortalecimento do regime, as contradições sociais intrínsecas decorrentes delas foram, desde o princípio, mantidas fora da vista, sempre à margem. Isso não impediu, é claro, que correntes radicais se infiltrassem, junto com ideias modernas em geral, no Japão, no Sião, na Turquia e no mundo árabe não colonizado e que, mais tarde, forças liberais de oposição se infiltrassem na União Soviética. Lá, porém, encontraram um terreno menos fértil – além de vigilância repressiva – em comparação com a Europa ou as Américas.

O intuito central da modernização reacionista era justamente preservar a autoridade tradicional sob novas condições. O que se seguiu a esse caminho rumo à modernidade – mais ou menos bem-sucedido em diferentes partes do globo – foi uma mistura profundamente entrelaçada de modernidade e tradição; de hierarquia, de deferência e da importância da comunidade; de orgulho da tradição originária e curiosidade modernista pela inovação. O pequeno, mas bem difundido, nacionalismo conservador abalou as estruturas das divisões político-ideológicas mais fracas e/ou voláteis. O respeito por classes mais altas e pelos mais velhos permanece importante nas sociedades japonesa e tailandesa.

A SINA MODERNA DAS RELIGIÕES

Em todo lugar, a religião é uma instituição antiga e pré-moderna. As regras e os ritos sagrados estavam no cerne da maioria das sociedades pré-modernas, inclusive – e muito claramente – na Europa. Porém, na virada da era política moderna, a religião passou a desempenhar papéis bastante distintos.

O MUNDO

Nos conflitos internos na Europa, as já estabelecidas Igrejas cristãs – a Protestante, assim como a Católica e a Ortodoxa – estavam perdendo a batalha contra a modernidade. A tendência foi estabelecida pela Guerra Civil Inglesa e pela Revolução Francesa, muito embora o início da Revolução tivesse contado com membros do baixo clero em suas primeiras linhas de frente – tais como o abade Siéyès e o abade Grégoire. No século XIX, o centro do antimodernismo europeu residia na figura do papa. O protestantismo trouxe consigo a divisão entre a alta Igreja conservadora e sua oposição, que com frequência era relativamente progressista e que serviu de base ao liberalismo anglo-saxão e germânico (Porter, 2000: cap. 5). Diferentemente deles, o liberalismo da Europa latina e da América Latina pendia para o lado do secularismo anticlerical. Surgiu, também, o fundamentalismo reacionário protestante, mais bem representado pelos antirrevolucionários calvinistas holandeses, que começaram como inimigos da Revolução Francesa e permaneceram assim em todas as revoluções subsequentes, incluindo a revolução anticolonial no subcontinente indiano.

Essa postura antimodernista custou caro às Igrejas europeias; não é à toa que a Europa é hoje a parte mais secularizada do globo. Entretanto, houve exceções, por exemplo, nas católicas Croácia, Irlanda, Lituânia, Polônia e Eslováquia, nos ortodoxos Bálcãs e na protestante Irlanda do Norte, onde a Igreja se tornou a principal porta-voz da nação contra potências estrangeiras – frequentemente modernizadoras.

Nas Américas, os oposicionistas que formaram a Igreja Protestante acreditavam estar não só construindo um novo mundo na Nova Inglaterra, uma "cidade sobre uma montanha", como também acreditavam estar na dianteira da jornada rumo ao céu. Não havia uma alta Igreja estabelecida e associada ao domínio britânico. Os EUA são hoje o centro mundial da religiosidade. Eles foram os pioneiros na fusão do cristianismo com o capitalismo – evidente nas "teologias do sucesso", bem como na transmissão televisiva da promoção tanto pastoral pessoal quanto de produtos associados à devoção religiosa. Os EUA são também o lar de um fundamentalismo violento, sem igual no mundo cristão atual, mas semelhante ao islamismo militante contemporâneo. Cavaleiros americanos embarcam em cruzadas contemporâneas a clínicas de aborto, principalmente, e atacam médicos que lá trabalham – o que, em algumas ocasiões, já resultou em assassinato.

| 108 |

Na América hispânica, o nacionalismo geralmente tinha padres à sua frente, tais como Hidalgo e Morelos no México, e recebia suas ordens diretamente deles (Brading, 1998: 43 e ss; Demélas, 2003: 353 e ss). Os nacionalistas mexicanos lutaram sob a bandeira da Virgem de Guadalupe, que fez sua primeira aparição em 1531. Na segunda metade do século XVIII, a Igreja havia sofrido abusos de Bourbons espanhóis e, portanto, estava longe de ser um porto seguro ao poderio real espanhol. O Iluminismo havia influenciado parte do clero que, além disso, geralmente se identificava mais com os indígenas do que com os espanhóis – como também foi o caso nas missões jesuíticas do Paraguai. Embora mais tarde o anticlericalismo europeu tenha atingido a região, a religiosidade permanece, até hoje, um aspecto central da vida social latino-americana.

A fé em Deus permanece constantemente mais forte nos EUA do que na Europa – mais no EUA do que na Irlanda (isso sem falar no Reino Unido), mais entre os brasileiros do que entre os portugueses, mais entre os descendentes da nova Espanha do que entre os da velha Espanha, mais entre os argentinos do que entre os italianos e os espanhóis, mais entre os canadenses do que entre os franceses e britânicos (Inglehart et al., 2004: perguntas F, principalmente F036; cf. resultados semelhantes em Höllinger e Haller, 2009: tabela 14.1; Rossi e Rossi, 2009).

Nos países colonizados, as religiões missionárias – o cristianismo muito mais do que o islamismo – atuaram como portadoras da modernidade, sobretudo em termos de educação e assistência médica modernas. Principalmente na África, muitos dos líderes anticolonialistas haviam recebido educação em escolas missionárias. Por outro lado, religiões organizadas e codificadas localmente, tais como o budismo, o hinduísmo e o islã, se beneficiaram da promoção nacionalista. As religiões menos organizadas da África aproveitaram muito do respeito nacionalista por líderes e costumes tradicionais. Sociedades coloniais e ex-coloniais jamais foram secularizadas. As ex-colônias modernas de hoje estão entre os países mais religiosos do planeta.

No leste asiático pré-moderno, a religião sempre esteve claramente subordinada a líderes seculares, bem como a uma tradição ética oficial mundana – doutrina que se pode resumir sob o termo "confucionismo". Essa subordinação à política secular não sofreu alterações com a modernização reacionista. Do ponto de vista dos padrões euro-americanos de crença e prática religiosa, atualmente o leste asiático pode ser considerado relativamente secular, mas ele não é secularizado. Seu universo não é nem um pouco "desencantado" em termos weberianos, mas sim repleto de forças mágicas a serem trabalhadas – da mesma forma que nas ex-colônias. Ao visitar um templo budista em Tóquio, por exemplo, um colega japonês fez uma oferenda para o sucesso de sua filha em um exame.

Na modernização reacionista do leste asiático, a religião jamais foi contestada. A religiosidade regional, aliás, foi mais fortalecida do que enfraquecida. Os modernizadores do Japão impulsionaram o xintoísmo como religião oficial, a monarquia tailandesa manteve seus rituais de legitimação hindu-budistas e os missionários estrangeiros conseguiram implantar um cristianismo minoritário, até mesmo no Japão e na China, mas com mais sucesso na Coreia (protestantes) e no Vietnã (católicos).

No Império Otomano, ao contrário, o clero muçulmano constituía um baluarte de reação, superado apenas após a aniquilação do império, a ascensão de Mustafá Kemal Paxá (que, mais tarde, se autodenominaria o Pai dos Turcos, Atatürk) e a criação de um Estado secular turco de cima para baixo, com uma religiosidade branda, porém bem difundida entre a população. Enquanto as monarquias tailandesa e etíope estabeleceram, com sucesso, o budismo e o cristianismo, respectivamente, como religiões reais, o xá modernizador do Irã no período após a Segunda Guerra Mundial foi, finalmente, derrubado por uma revolução islâmica.

Sob as mais diversas condições contemporâneas, as religiões ainda têm grande impacto nos estilos de vida modernos. Porém, já não são mais preponderantes. Há mais habitantes na China – 1 bilhão e 320 milhões – do que muçulmanos de todos os tipos no mundo todo – cerca de 1 bilhão e 270 milhões. Há quase a mesma quantidade de católicos no mundo e habitantes na Índia – 1 bilhão e 130 milhões e 1 bilhão e 123 milhões, respectivamente (dados do Vaticano retirados de *International Herald Tribune*, 31/3/2009: p. 3; populações do mundo retiradas de World Bank, 2009: tabela 1). O cristianismo (incluindo todas as suas variantes) é a religião de um terço da humanidade; o islamismo, de um quinto; e o hinduísmo, de 14% ou 15%. O terço restante é composto pelos chineses e japoneses – secularizados e plurirreligiosos –, seguidos pelos budistas do sudeste da Ásia (cerca de 6%), pelas religiões africanas e, por fim, pelas pequenas minorias, tais como o siquismo, o jainismo e judaísmo.

POR QUE SOMOS QUEM SOMOS?

MARÉ DE OPORTUNIDADES

A modernidade abriu as portas para novas possibilidades de futuro ao questionar as desigualdades hereditárias – mas em que direção e até que ponto são questões cujas respostas variam. Na Europa, o impulso moderno concentrou-se nos privilégios hereditários da aristocracia e do alto clero, bem como na estratificação da sociedade em geral. Este último aspecto deu origem, de forma gradual e irregular, à classe industrial. A Revolução Francesa substituiu os direitos e privilégios de certos estratos da sociedade pelo sistema de cidadania única, e a redistribuição de terras outrora pertencentes a esses estratos afetou a distribuição de renda e das riquezas no país. O termo "classe", seguido do termo "posição cultural", emergiu como conceito central nas análises sociais da Europa depois da Revolução Francesa – resultado da nova desigualdade interna de fundo econômico nas sociedades nacionais (Wallech, 1992). Em termos gerais, a distribuição de renda na Europa Ocidental parece ter permanecido relativamente estável por séculos, até a Primeira Guerra Mundial, a partir da qual um nivelamento econômico significativo se desenvolveu até as décadas finais do século XX. Todavia, o capitalismo industrial acabou contribuindo com as desigualdades econômicas, como Marx havia previsto – no Reino Unido, na segunda metade do século XVIII; na Prússia e Alemanha, na segunda metade do século XIX; e, na França, desde a Monarquia de Julho até a Terceira República (Lindert, 2000; Morrisson, 2000).

No entanto, a partir da dialética do capitalismo industrial, surgiu também, mais tarde, uma força de igualdade – senão até de socialismo, como Marx havia visionado. A Europa é a região menos desigual do mundo – principalmente a Europa a leste das ilhas britânicas, a oeste da Polônia e ao norte dos Alpes (de acordo com o Luxemburg Income Study, www.lisproject.org/key-figures).

Nas Américas, a igualdade entre os homens era considerada "autoevidente", como está disposto na Declaração da Independência dos Estados Unidos. A pergunta central que emergiu, então, foi "quem tem direito à igualdade?", e a resposta não era em nada menos evidente – os brancos. Os EUA brancos dos séculos XVIII e XIX eram claramente menos desiguais do que países europeus comparáveis, graças à ausência de uma aristocracia e à distribuição de renda e de riquezas mais uniforme do que no Reino Unido. Na década de 1830, o

O MUNDO

aristocrata liberal francês Alexis de Tocqueville ficou tão abismado com esse fato que decidiu ir ver com seus próprios olhos o "desenvolvimento gradual" da igualdade como "obra miraculosa" – fenômeno que, para ele, vinha se desenvolvendo desde o século XI também na França (Tocqueville, 1835/1961: 41). Mas essa igualdade branca coexistia com a escravidão negra, e a separação racial permanece visível até hoje nos guetos urbanos. Além disso, a igualdade branca que tanto importava aos Pais Fundadores dos EUA se referia à "vida, liberdade e à busca pela felicidade", não incluindo, portanto, a economia. Tratava-se de um conceito existencial e social. O conceito de "classe" – exceto a "classe média", que parece incluir todo mundo menos os etnicamente pobres e a elite – sempre teve dificuldades em se estabelecer em sociedades pautadas pelo individualismo do colonizador, pela imigração étnica e pela problemática racial.

A independência da América hispânica contou ainda com grandiosas declarações de igualdade cívica que também quase nunca foram respeitadas. A América Latina sempre foi mais hierárquica que a América anglófona – e hierárquica em termos raciais, desde Québec até La Plata –, e não dicotomizada. Em 1811, o ilustre teórico alemão Alexander von Humboldt ficou chocado com a enorme desigualdade na distribuição de renda na Nova Espanha (que em breve viraria o México), contrastando-a com a significativamente menos desigual Lima (Humboldt, 1822/1966: 83 e ss). A América hispânica era, sobretudo, uma terra de conquistadores, e não de colonizadores e imigrantes. Ela constitui hoje uma das partes mais desiguais do planeta – produto das hierarquias sociais latinas combinadas com os legados de servidão indígena extensiva e da escravidão negra, cenário que foi, em tempos recentes, agravado ainda mais pela "informalização" dos mercados de trabalho pós-industriais e neoliberais. De todo modo, até o neoliberalismo dar sua tacada final no fim do século XX, os dois países latino-americanos mais influenciados pelas imigrações em massa do século XIX, a Argentina e o Uruguai, eram claramente menos desiguais do que o resto da região.

Nos países colonizados, a busca pela igualdade era, em primeiro lugar, a busca pela igualdade com os colonizadores. Esse fato abriu caminho para a divisão social pós-colonial entre a maior parte da população, os pobres, de um lado, e a nova elite política, de outro. O sistema de classes permaneceu restrito a pequenos grupos modernos, tais como os estivadores, os operários das estra-

| 112 |

das de ferro, os mineradores e os trabalhadores rurais – e também aos poucos operários industriais. Muitos dos países da região subsaariana são hoje tão desiguais quanto partes da América Latina – por causa da descoberta pós-colonial de petróleo ou outros produtos minerais, o que gerou uma população urbana marginalizada ainda maior, empurrada para as grandes favelas. O equivalente africano da divisão racial das Américas é a divisão étnica – que obedece aos contornos da estrutura colonial e/ou à formação étnica dos seus governantes.

É verdade que a divisão sociocultural entre o povo e a elite é uma característica pós-colonial típica; entretanto, a política nacional pode muito bem fazer uma grande diferença. Na Índia, foram tomadas, depois da independência, medidas importantes para acabar com a desigualdade – sendo que as principais referem-se à reforma agrária e ao amplo programa de ação afirmativa para as castas mais baixas, dando-lhes acesso especial à educação e ao funcionalismo público. Uma classe trabalhadora industrial organizada começou a emergir, centrada na indústria têxtil de Mumbai. Essa classe, no entanto, constituiu uma pequena minoria na economia pós-colonial predominantemente não industrial, sendo, então, quase erradicada na década de 1980.

Do ponto de vista das elites da modernização reacionária, o conceito de igualdade se referia, sobretudo, à igualdade entre nações modernas. E foi justamente esse conceito de igualdade que nações como a China, o Japão e o Império Otomano jogaram contra as potências imperiais europeias e os EUA, por ocasião dos tratados humilhantes e desiguais impostos por essas potências – por meio dos quais elas obtiveram concessões comerciais e portuárias especiais, além de jurisdições extraterritoriais nos primeiros países. Na Conferência de Paz de Paris, de 1919, o Japão propôs uma cláusula de "igualdade racial" na aliança então chamada Liga das Nações – uma cláusula, portanto, de igualdade entre as nações independentemente de questões raciais. Porém, os domínios brancos, sendo a Austrália o mais vociferante, opuseram-se a ela, e o presidente dos EUA, Wilson, deu um jeito de retirá-la por completo da agenda (Shimazu, 1998).

Porém, o fato de hoje o Japão e outros dois países do nordeste asiático, a Coreia do Sul e Taiwan – ambos produtos de programas de desenvolvimento nacional que mais se inspiraram no Japão –, constituírem a região menos economicamente desigual do planeta depois da Europa também é produto da busca pela coesão nacional e da noção de *noblesse oblige*, ambas características da moder-

O MUNDO

nização reacionista. Antes disso, a Restauração Meiji havia abolido os privilégios hereditários dos guerreiros samurais, não para atender às exigências do povo, mas sim como parte de um amplo programa de eficiência e coesão modernas. Depois da Segunda Guerra Mundial, o medo do comunismo levou à reforma agrária. Embora a Coreia do Sul, após sua democratização tardia, possua alguns sindicatos bastante fortes, não se pode explicar a distribuição de renda uniforme do nordeste asiático por meio das relações internas de força entre as classes.

O *status* existencial é outro assunto – os processos de modernização reacionista essencialmente conservadores tinham como objetivo a preservação das hierarquias pré-modernas, da etiqueta e da deferência, e de fato conseguiram preservá-las. Enquanto, por um lado, o sistema de classes e os conflitos entre as classes desempenharam um papel muito pequeno em ambas as regiões, o atual padrão de desigualdade do nordeste asiático é o oposto do padrão dos EUA, por exemplo; é desigualdade de *status* e não na distribuição de renda.

O sistema patriarcal e os direitos das mulheres não conseguiram se impor como temas centrais logo no início da importante abertura trazida pela modernidade política. Assim, o tema da igualdade entre os gêneros percorreu trajetórias próprias, que por sua vez podem ser associadas aos principais caminhos históricos rumo à modernidade (Therborn, 2004). Mas isso é outro assunto. As mulheres desempenharam papel fundamental no início da Revolução Francesa, sobretudo em Paris, e algumas das revolucionárias mais corajosas tentaram levar a causa dos direitos humanos um pouco além dos "direitos dos homens". Essas mulheres, todavia, nunca conseguiram galgar espaço suficiente entre os líderes, todos homens. A Revolução chegou ao fim com a afirmação de um patriarcado secularizado no Código Civil Napoleônico de 1804, com sua famigerada cláusula que estipulava o marido como "*chef de famille*", mantida na França até 1970.

No século XIX, os primeiros movimentos feministas mais potentes foram iniciados nos EUA e em outros países brancos colonizados, tais como a Nova Zelândia e a Austrália, com o apoio do cristianismo protestante. Eles se beneficiaram do então predominante liberalismo modernista, assim como da solidariedade étnica dos velhos colonizadores. O primeiro grande avanço nos direitos políticos femininos aconteceu no Novo Mundo – na Oceania e no EUA a oeste do Mississipi (ver Therborn, 1992).

|114|

A primeira legislação matrimonial igualitária surgiu, porém, no norte da Europa, logo após a Primeira Guerra Mundial, produto das vastas reformas centro-esquerdistas na Escandinávia e de uma revolução radical minoritária na Rússia (Therborn, 2004). O conceito de família, no entanto, nunca foi eliminado com a modernidade. Na Europa e nas Américas, ele acabou sendo inclusive fortalecido graças ao sucesso da Revolução Industrial. Em outras partes do mundo, as condições sempre foram mais favoráveis. Quando os sociólogos de hoje pedem a pessoas no mundo todo para descreverem quem são, a partir de uma lista com dez possibilidades, a maioria escolhe "família ou estado civil". Profissões vêm em segundo lugar, gênero e nacionalidade vêm quase juntos, em terceiro e quarto lugares. O *status* familiar é o elemento mais frequentemente mencionado como a mais importante identidade também nos individualistas países brancos anglófonos e escandinavos (Müller e Haller, 2009: 182). Entretanto, o *status* familiar possui significados diferentes em sistemas de família-sexo-gênero distintos, e esses significados também vêm sendo passados de geração em geração.

Dinâmica mundial: a evolução humana e seus impulsos

O chão em que pisamos hoje – os úteros sociais dos quais viemos – é responsável por nosso *background*, nossa identidade, nosso ponto de partida. Porém, ele não proporciona forças de movimento – tampouco barreiras ao movimento, seja qual for a direção. Por isso, o tema que precisamos abordar agora é a dinâmica da sociedade humana. O que a impulsiona? Quais são os aspectos desses impulsos hoje?

A abordagem menos arbitrária e mais promissora ao tema da transformação social e da dinâmica mundial tem, como ponto de partida, tanto a evolução dos seres vivos quanto as características da humanidade nessa dinâmica de evolução dos seres. Não se trata aqui de Sociobiologia, mas sim de um ponto de partida da Teoria Social (cf. Runciman, 2009). Em termos tanto da interdependência quanto da interação com o meio ambiente, a evolução social humana compartilha uma mesma estrutura básica com populações animais – ou seja, o meio de vida e o desenvolvimento populacional. Compartilhamos também a luta existencial pelo reconhecimento, pelo *status* e pelo acesso sexual com boa parte dos animais de reprodução sexuada, sobretudo com os primatas. Duas outras forças são, no entanto, exclusivas aos seres humanos e, juntas com as outras três, proporcionam ao homem as dimensões únicas de tempo e espaço, de História e Sociologia (e variação social). São elas a cultura e a política. Cultura significa a transmissão de conhecimento por meio da linguagem e de símbolos; política é a organização coletiva de poder a fim de atingir um objetivo.

A evolução da humanidade é, portanto, um processo fortuito e aberto, impelido, primordialmente, pelos cinco impulsos a seguir: (i) o meio de vida, (ii) a demografia ecológica, (iii) a atribuição de reconhecimento, *status* e respeito, (iv) as culturas de aprendizado, comunicação e valores, e (v) a política (violenta ou pacífica) de organização coletiva. Embora sejam interdependentes e interajam uns com os outros, e embora estejam em relações assimétricas de influência, esses impulsos são irredutíveis uns aos outros. Suas raízes remontam a diferentes aspectos da condição humana e também de todos os seres vivos e animais em geral. Cada um desses impulsos é condicionado pelo seu próprio conjunto, historicamente variável, de restrições, de fontes de inércia, de novos conhecimentos e de tendências à inovação, todos permeados pelo amplo espectro das capacidades humanas.

Os processos dinâmicos da evolução humana são de três tipos básicos. O primeiro refere-se às interações entre os seres humanos e a natureza. O segundo, à competição e às práticas de imposição ou seleção restritas a um campo – por exemplo, o campo da tecnologia e dos meios de produção, de fertilidade/mortalidade, de *status* e inclusão/exclusão, de sistema e poder políticos ou de culturas de conhecimento e valores. Por fim, o terceiro tem a ver com práticas de imposição e seleção na interação entre esses campos, tais como mudanças no meio de vida ou na cultura por meio da força política militar. Este último tipo só é sustentável graças a processos econômicos (no caso das práticas de imposição) e culturais (no caso das práticas de seleção) recorrentes. A escolha, por exemplo, da economia socialista no ápice do poder e prestígio soviéticos por diversos países africanos logo se demonstrou insustentável, do mesmo modo que o projeto estadunidense de impor a democracia capitalista liberal no Iraque em sua invasão de 2003.

A dinâmica ou meio de vida (i) – ou, em termos marxistas, o meio de produção – possui duas fontes fundamentais intrínsecas. A primeira advém de experiências de aprendizado vitais na luta para ganhar a vida, além da capacidade cultural de passar esse aprendizado aos filhos e vizinhos. Essa primeira fonte inclui também incentivos negativos e barreiras sociais ao aprendizado ou à transmissão de novos conhecimentos. Essas barreiras são visíveis, por exemplo, em longos

DINÂMICA MUNDIAL

períodos históricos nos quais os meios de vida permaneceram inalterados, ou também na distribuição irregular de técnicas no mundo todo. A segunda fonte dos meios de vida é o intercâmbio e comércio intercultural, um fenômeno bastante antigo presente em quase todos os meios de produção. Adam Smith chamava-o "a propensão a intercambiar, permutar e trocar" – tipo de explicação não muito apreciada por sociólogos, mas, que eu saiba, até hoje não há outra melhor. A teoria marxista da dinâmica de forças e relações de produção – equilibrada e desequilibrada pela inter-relação de forças – foi elaborada somente com vistas ao capitalismo, assunto ao qual retornaremos a seguir. Deixando as forças internas de lado, deve-se considerar ainda o meio ambiente, que pode sofrer alterações por motivos próprios – tais como a chegada ou partida de uma era glacial – ou por ações humanas negativas – como o desmatamento e a emissão de gases poluentes – e positivas – como a irrigação e a fertilização.

A relação entre o tamanho da população (e, nos dias de hoje, cada vez mais a distribuição etária) e o meio ambiente (ii) é a segunda força fundamental que impulsiona a história da humanidade. Áreas de alta densidade demográfica costumam dar origem a diferentes tipos de sociedade quando comparadas às de baixa densidade demográfica – e a tendência é que elas entrem em conflito umas com as outras, assim como as populações sedentárias e as nômades. Períodos prósperos podem produzir sociedades insustentáveis que, mais tarde, acabarão forçadas ao declínio – seja pela escassez absoluta de alimentos, pelo infanticídio, pela falta de casamentos (método preferido da Europa Ocidental) ou pela migração. O declínio populacional endógeno drástico, como o que aconteceu no Caribe no início do século XVI ou no Havaí no início do século XIX, pode levar ao colapso de uma sociedade inteira.

Por causa da política e da cultura, as lutas humanas por reconhecimento e *status* (iii) vão muito além da luta pelo macho ou pela fêmea mais atraente. Graças a eles, existem os exércitos, impérios, partidos políticos, protestos e edifícios monumentais, desde as pirâmides egípcias até, por exemplo, o circuito interno de televisão de Pequim. Além disso, sociedades são organizadas em torno de hierarquias simbólicas de ordens, castas, estratos, classes, elites e todo o resto.

Culturas (iv) podem, por definição, se reproduzir em amplos espaços e períodos de tempo. Como vimos anteriormente, duas das mais importantes civilizações atuais, a índu e a sínica, datam de mais de 2.500 anos, e uma terceira, a europeia, possui raízes igualmente antigas. Essas culturas podem olhar para trás e simplesmente se reinventar através de "renascimentos" (Goody, 2010). Além disso, elas possuem um potencial dinâmico inerente, manifestado por sua capacidade tanto de acumular conhecimento e experiência quanto de persuasão através da comunicação. W. G. Runciman (2009) propôs uma distinção bastante útil entre meios de persuasão, coerção e produção. Além de armazenar e transmitir conhecimento, as culturas também proporcionam uma fonte de identidade mais vasta do que a família e o ambiente; proporcionam regras de conduta sob a forma de valores e normas.

Em quinto e último lugar, temos a política (v). A partir da perspectiva da dinâmica social humana, o aspecto mais indispensável da política é a organização propositada de poder a fim de atingir uma determinada meta. É essa força que dá origem a reinados, países e igrejas, bem como à resistência a eles. A política possui sua lógica própria, irredutível aos valores culturais ou aos interesses das classes; é uma arte singular, de mobilização, estratégias, alianças, táticas, acordos, legitimação, implementação, resistência, repressão, negociação e concessão. A política nesses termos está em quase todo lugar, exceto em burocracias hierárquicas rigorosas e restritas – tais como exércitos, jurisdições e corporações. Ela pode ser encontrada em clubes esportivos, paróquias ou comunidades muçulmanas, movimentos trabalhistas e diretorias de corporações, além de politburos, parlamentos e fóruns sociais extraparlamentares.

O argumento aqui é, portanto, que a humanidade é impelida por estes cinco impulsos: os meios de vida, a ecologia populacional, as lutas existenciais por reconhecimento e respeito, o aprendizado e as orientações culturais e, finalmente, a política de poder coletivo. A dinâmica específica à sociedade humana provém de combinações desses impulsos, que, por sua vez, tornam possível a evolução social – ou seja, a história. A capacidade humana tanto de acumular e transmitir cultura quanto de se organizar coletivamente através da política nos permite desenvolver nossos meios de vida ou produção, com o objetivo de superar muitas – mas de modo algum todas – restrições impostas pelo meio ambiente, bem como a fim de desenvolver diversas formas de reconhecimento e respeito – e também de negação deles.

O papel que esses cinco impulsos desempenharam na formação da base geológica de todas as camadas de nossas culturas históricas é um tema que já foi abordado anteriormente, mas sem muitos detalhes. A questão central que se coloca agora é a seguinte: como anda essa dinâmica dos cinco impulsos nos dias de hoje? A resposta será dada a partir de dois ângulos. Primeiro, lançaremos um olhar panorâmico sobre o estado atual das nossas cinco variáveis. Na sequência, analisaremos seus canais de operação em vigor no cenário global hoje. Feito isso, poderemos então dividir a "globalização" em uma série de processos globais distintivos, a partir da qual extrairemos, de forma analítica, processos subglobais. O objetivo será chegar a formulações significativas e empiricamente comprováveis acerca do peso relativo de forças globais e nacionais (e subglobais) em nossas vidas hoje.

MEIOS DE VIDA: OS ALTOS E BAIXOS DO CAPITALISMO – E O RESTO

O fato de que os meios de vida humanos evoluíram historicamente foi teorizado, pela primeira vez, pelo Iluminismo escocês – e essa teorização foi retomada e desenvolvida por Karl Marx sob a forma de seus meios de produção. Marx também dedicou sua atenção à dinâmica entre esses meios, sob o ponto de vista da interação entre as forças e as relações de produção – sendo que as forças de produção referem-se à tecnologia e ao meio de produção, e as relações de produção têm a ver tanto com as noções de propriedade e posse quanto com as relações sociais de produção. Para ele, a dinâmica do capitalismo levaria à sua autodestruição basicamente pelos seguintes motivos. O dinamismo competitivo do capitalismo faz vir à tona o caráter cada vez mais "social" das forças de produção, e os empreendimentos em larga escala geram uma dependência cada vez maior em investimentos mais robustos em infraestrutura e na pesquisa científica. Esses fatores são cada vez menos efetivamente manejáveis nas relações de produção, dando origem a grandes aglomerações de empregados contrários aos capitalistas.

O próprio Marx, além da maior parte dos marxistas que se seguiram, inseriu essa análise dialética em uma moldura fatídica, dentro da qual o capitalismo seria extinto e o futuro comunista chegaria, passando pelo socialismo. A análise marxista, no entanto, pode ser tomada por si só, destituída de expectativas e compromissos políticos. Para uma análise social feita em meados do século XIX,

O MUNDO

ela se encaixa impressionantemente bem no século xx. É verdade que o empreendimento capitalista – independentemente de governos de esquerda ou direita – transformou instituições públicas ou semipúblicas em privadas – no setor das telecomunicações, do transporte urbano, das estradas de ferro e da produção de energia. Também o investimento de dinheiro público na educação e na ciência se tornou cada vez mais crucial à competitividade da produtividade econômica. É verdade que empresas e trabalhadores se conglomeraram mais, e estes últimos se tornaram cada vez mais organizados graças aos seus sindicatos e partidos políticos que defendiam seus interesses. A indústria passou a ser o palco de organizações e protestos da classe trabalhadora, uma após a outra, desde a indústria têxtil até a automobilística (Silver, 2003: cap. 3). É verdade – e por razões já bastante familiares aos leitores, essa história se desenrolou de forma mais completa na Europa, no caminho rumo e através da modernidade. Entretanto, essa história também implica outras partes do globo, sobretudo o Novo Mundo (para evidências e referências, ver Therborn, 1984 e 1995: 68 e ss).

Mas eis que, no último terço do século xx, a história econômica mundial deu uma virada. O alto desenvolvimento econômico acarretou a desindustrialização, gerando o desmembramento dos trabalhadores. A privatização passou a ser a nova política do governo – tanto de esquerda quanto de direita. Até hoje, nenhum marxista ousou aplicar as ferramentas analíticas marxistas para explicar as recentes derrotas do movimento trabalhista, do socialismo e do comunismo. De todo modo, do ponto de vista da Teoria Social e Econômica clássica, a perspectiva marxista é, provavelmente, a mais promissora.

O crescimento econômico sem precedentes do capitalismo industrial, após a Segunda Guerra Mundial, não havia sido previsto por ninguém e acabou, é verdade, causando a união dos trabalhadores em sindicatos e partidos políticos – e também enquanto eleitores. Porém, ele também acabou trazendo um aumento descomunal no consumo discricionário, a base material sólida para a individuação, que por sua vez não era incompatível com a utopia comunista de Marx. Sua utopia era basicamente individualista – "de cada qual, segundo sua habilidade; a cada qual, segundo suas necessidades" –, aspecto que, no entanto, era avesso a mobilizações socialistas.

A dialética social-privada das forças e relações de produção mudou, no último terço do século xx, pelo menos por três motivos. Primeiramente, o novo nível de

DINÂMICA MUNDIAL

produtividade industrial demandava muito menos empregados, fato que ecoou o desenvolvimento agrícola acontecido antes – algo que Marx, por sinal, nunca compreendeu. Além disso, o setor de serviços, que estava em rápida ascensão, costumava operar em uma escala empresarial muito menor. Em segundo lugar, o surgimento de novas tecnologias eletrônicas propiciou o aparecimento de incontáveis possibilidades de produção e prestação de serviços de forma menos concentrada. Operadores telefônicos e maquinistas de trens, por exemplo, podiam estar situados agora bem longe da rede de linhas telefônicas e trens, fenômeno que contribuiu com a competitividade no setor privado. O design de produtos, desde automóveis até artigos de vestuário, podia ser traçado sob medida às massas de consumidores. Em terceiro lugar, novos instrumentos financeiros geraram enormes aglomerações de capital, frequentemente superando as receitas públicas até dos países mais ricos e bem administrados.

Até os anos 1960, a União Soviética era, nas suas áreas prioritárias, tecnologicamente competitiva, sobretudo com o sucesso do programa Sputnik em 1957. De fato, em meados da década de 1960, havia um grande zum-zum-zum comunista acerca de uma nova "revolução científico-tecnológica", detalhada sobretudo em um relatório da Tchecoslováquia do final da década de 1960 (Richta et al., 1969). Entretanto, as medidas de repressão da heterodoxia de 1968 deram início a um período de estagnação no país que jamais poderia ser superado. O processo de implosão da URSS em si foi motivado por fatores políticos, mas o resultado, é claro, foi uma grande vitória capitalista. Outra vitória capitalista foi a virada capitalista da China na década de 1980. Mas o capitalismo na Rússia, assim como em vários dos antigos países comunistas do Leste Europeu, se revelou, até agora, um desastre para milhões de pessoas. Na década de 1990, a restauração do capitalismo na antiga URSS computou quatro milhões de mortes (mais do que o esperado com base nas décadas de 1970 e 1980), resultados de diversos processos psicossomáticos, de desemprego, insegurança, estresse, desmoralização e empobrecimento (Marmot, 2004: 196; cf. Cornia e Paniccià, 2000; Stuckler et al., 2009). Na China, o preço pago pelo sucesso capitalista incluiu 30 milhões de analfabetos a mais (dado de 2000 a 2005) e o aumento na taxa de mortalidade de bebês meninas na década de 1990, resultado do colapso dos sistemas rurais de educação e saúde (Huang, 2008: 244 e ss). A despeito de seu dinamismo, o capitalismo acaba saindo caro para os mais fracos e vulneráveis.

Em suma, as forças tecnológicas de produção passaram de cada vez mais conglomeradas e sociais para cada vez mais desconcentradas e privadas, e essas relações mais privadas estenderam seu domínio de ação amplamente, graças a novos incrementos nos mercados financeiros.

Nos horizontes de 2010, não há nem cheiro de mudança nessa virada pró-capitalismo da dialética marxista, apesar de a crise financeira de 2008-2009 ter revelado, pelo menos, que ainda estamos na fase de expansão e contração da economia e que, talvez na região do Atlântico Norte, o período de estagnação relativa possa ser longo. Do ponto de vista do sistema como um todo, todavia, não há sinal algum de estagnação sistêmica, nem de um "Estado estável", como esperavam os economistas das décadas de 1930 e 1940. Portanto, o que se espera é uma propulsão capitalista contínua de novas tecnologias. A predominância do setor das finanças parece ter sobrevivido à crise e permanece como provável norteadora da dinâmica futura do capitalismo.

Por um lado, o reinado persistente do capitalismo parece dominar nossas perspectivas de futuro próximo; por outro lado, o capitalismo não chega nem perto de resumir toda a história da dinâmica dos meios de vida humanos.

O capitalismo é muito mais do que empresários em busca de lucros em mercados. Ele também inclui trabalhadores, classes sociais e conflitos entre classes. É por essa razão que o termo "economia de mercado" constitui um eufemismo ideológico enganoso do capitalismo. Os trabalhadores e o movimento trabalhista podem até ter sido seriamente prejudicados pela recente virada pró-capitalismo, mas não desapareceram por completo. Eles permanecem uma força significativa na Europa – qualquer escandinavo provavelmente acha absurdos os mecanismos públicos trabalhistas antigreve, supostamente legítimos, colocados em prática, no final de 2009 e início de 2010, pelo Royal Mail e pela British Airways – e não negligenciáveis no norte dos EUA. Dentre os chamados países Bric, os trabalhadores mantiveram certa influência no Brasil e na Rússia. Os sindicatos indianos são desunidos politicamente e, no setor da indústria, sofreram golpes pesados nas últimas décadas, mas procuraram, mesmo assim, manter sua presença pública. A China constitui – não só a esse respeito, mas também a tantos outros – o elemento surpresa decisivo e, é claro, imprevisível, ao qual retornaremos nas conclusões a seguir. Porém, no primeiro trimestre de 2010, os trabalhadores chineses mostraram sua força através do próprio sucesso do capitalismo no país, promovendo, com êxito, greves na fábrica automobilística da japonesa Honda e no maior produtor de componentes eletrônicos do mundo, a taiwanesa Foxconn.

A hegemonia do capitalismo provavelmente trará consigo a permanência dos conflitos trabalhistas, que podem, ou não, se expandir e levar a revoltas sociais. Mesmo que o socialismo tenha saído de cena, seu papel não foi cortado de La Paz até Havana, e nem todo mundo tem o capitalismo como meio de vida. Como veremos a seguir, no máximo 40% da humanidade tem.

ECOLOGIA POPULACIONAL E O FIM DA EMANCIPAÇÃO ECOLÓGICA MODERNA

A longo prazo, a evolução humana significou a crescente autonomia perante o meio ambiente. A Revolução Industrial e sua irmã um pouquinho mais velha e menos famosa, a Revolução Agrícola da Europa Ocidental, acarretaram uma quebra na ecologia humana, afrouxando significativamente – se não até desfazendo por completo – os laços entre uma população sustentável e a oferta, mais ou menos constante, de alimentos em seu habitat. Até então – e a despeito de estratégias criativas de transformação dos habitats naturais, ou seja, a despeito da civilização humana –, a humanidade estava sujeita praticamente às mesmas restrições que outros animais. Boas colheitas e bons tempos traziam consigo o aumento populacional, até o ponto em que a falta de recursos refreava esse crescimento – por meio da escassez de alimentos, da desnutrição e de doenças. Thomas Malthus, o clérigo britânico do final do século XVIII, teorizou acerca desse princípio básico de ecologia populacional humana. No geral, esse mecanismo impiedoso de equilíbrio ecológico ainda estava em operação na Ásia no século XIX – na China, por exemplo (Peng e Guo, 2000; Pomeranz, 2000).

Mas os avanços na produtividade agrícola ocorridos no século XVIII abriram as portas ao crescimento populacional contínuo e sem precedentes na Europa do século XIX – embora a fome não tivesse sido completamente erradicada, afligindo, por exemplo, a Suécia no final da década de 1860. Os grãos e a carne vindos das Américas e da Oceania atravessavam os oceanos e enchiam as mesas e os estômagos europeus. Esses mesmos navios a vapor que traziam comida representavam também uma alternativa aos europeus mais pobres, que podiam escapar da miséria na Europa embarcando neles rumo às terras fartas e às oportunidades amplas do Novo Mundo. A partir da década de 1960, a chamada Revolução Verde, que havia gerado colheitas de trigo e arroz mais fartas do que o esperado, aliviou boa parte da pressão ecológica sob a qual a população asiática se encontrava. De início, a indústria dependia fortemente da natureza, sobretudo da extração de carvão e do manejo de recursos hídricos para geração de energia. Já a produção industrial de hoje em dia, desde calçados até camisetas e televisores, computadores e telefones celulares, é predominantemente independente da natureza, sendo o custo e as habilidades da mão de obra os principais fatores determinantes de sua localização.

Porém, o espaço e as distâncias não se tornaram, de modo algum, irrelevantes ao desenvolvimento humano. Assim como a coruja de Atena ao anoitecer, o Banco Mundial (2009) investiu em grandes esforços tardios para avaliar a importância desses fatores. Em termos de transportes, por exemplo, constatou-se que os contornos atuais da geografia social da África, com suas conexões escassas, frágeis e descontínuas, são considerados um obstáculo central às possibilidades de desenvolvimento na região.

A reprodução em si já não pode mais ser predeterminada nas populações humanas. O controle de natalidade, antes praticado apenas pela elite, tornou-se, no início do século XIX, um fenômeno das massas na França e nos EUA, países nos quais ocorreram as duas revoluções modernas de maior impacto social. Mais para o fim do século XIX, o fenômeno havia se tornado um movimento continental europeu. Depois da Segunda Guerra Mundial, encorajava-se a população asiática a adotar métodos contraceptivos e o planejamento familiar – um tipo bastante específico de ação global. Gradualmente, eles também passaram a ser aceitáveis na América Latina, a partir da década de 1960 e, nos anos 1990, atingiram a África Subsaariana. O controle de natalidade alcançou o continente mais pobre por último e, embora a África não seja um continente de alta densidade demográfica – seus índices estão muito abaixo da média mundial e no mesmo nível que os índices de países ricos –, o rápido crescimento populacional das décadas de 1960 a 1980 excedeu a capacidade produtiva e política do continente, contribuindo significativamente para o empobrecimento após a independência. Os parasitas e as doenças tropicais, pragas que outrora assolaram os invasores, os oficiais e os colonizadores europeus, permanecem lá – mais um peso sobre os ombros africanos.

As preocupações ecológicas atuais devem ser compreendidas sob a luz dos fatores modernos de emancipação humana de muitos limites ecológicos e demográficos. Entre 1900 e 2000, a população mundial foi de 1,6 bilhão a 6,1 bilhões, enquanto a expectativa de vida ao nascer subiu de 32 a 66-67 anos (Riley, 2005: tabela 1). A pergunta que se coloca à humanidade hoje é, todavia, muito diferente. Dá para o resto do mundo viver da mesma forma que os americanos vivem hoje? Ou será que as tentativas de obter isso levarão à destruição de muitos dos habitats humanos, como resultado das mudanças climáticas?

Se a trajetória atual das mudanças climáticas permanecer inalterada, transformações em habitats naturais levarão, mais uma vez, a mortes e/ou forçarão populações inteiras a deixarem seus habitats – ou pelo menos esse parece ser o consenso entre os bem informados. Algumas regiões serão atingidas pela seca – principalmente a porção norte do sul asiático e da África; outras, por enchentes, e as ilhas de baixa altitude e regiões de delta densamente populosas, como Bangladesh, serão engolidas pelas altas marés. Quão longe essas tendências climáticas avançarão ninguém sabe, mas mesmo nos cenários mais otimistas é provável que testemunhemos ondas de migração motivadas por fatores ecológicos, em escalas muito maiores do que a de Oklahoma, por ocasião das tempestades de areia dos anos 1930, ou a do Sahel, desde os anos 1970.

Parece que a emancipação moderna da ecologia – ou seja, dos limites naturais impostos pela oferta de alimentos, por doenças endêmicas e pela fertilidade dos habitats –, possibilitada por caminhos e ritmos muito distintos rumo à modernidade, está chegando ao fim. Com relação à microbiologia e às doenças infecciosas, uma reviravolta teve início já na década de 1970, com o retorno da malária e da tuberculose (McNeill, 2000: 201 e ss). Para onde esses novos limites ecológicos levarão o mundo é uma pergunta que permanece em aberto. O fato de o meio ambiente ter se tornado, recentemente, uma preocupação política internacional de grande peso pode ser fonte de alívio aos otimistas. Mas outra pergunta se coloca – os interesses ambientais de quem virão em primeiro lugar, os dos ricos e poderosos ou os dos mais vulneráveis? A conferência de 2009 em Copenhague apontou claramente na direção dos primeiros.

A demografia ecológica pode ter ainda mais uma carta na manga para os exitosos missionários e praticantes do controle de natalidade e dos métodos de

O MUNDO

contracepção do final do século XX. Demógrafos desenvolveram uma grande teoria da qual muito se orgulham – produto da associação do escopo global com evidências empíricas, uma combinação rara nas Ciências Sociais (ver, por exemplo, Chesnais, 1992). A teoria dispõe que a humanidade alterna entre equilíbrios populacionais, passando por um vale de "transição demográfica" no meio. Até a chegada dos tempos modernos, os altos índices de natalidade e mortalidade garantiram o equilíbrio demográfico. Aí os índices de mortalidade começaram a baixar e a população mundial aumentou rapidamente, processo que foi compensado pelos índices decrescentes de natalidade. Presume-se que o período de transição demográfica se estenda entre 1750 e 2050. Sociólogos e historiadores costumam brigar por causa de algo que muitos consideram a teoria universalista da transição "elegante demais para ser verdade" (Therborn, 2004; parte III).

Porém, outra questão que se coloca é o fato de não parecer haver um novo equilíbrio populacional necessário ao qual pudéssemos alternar – pelo contrário. Várias populações humanas estão, mesmo em tempos de paz e desenvolvimento econômico, em declínio. A Europa e a Alemanha pós-comunismo já estão se contraindo, e a Itália e o Japão estão prestes a começar. Estimativas demográficas dos anos 2000 apontam para a diminuição da população europeia em 10% até 2050, e, da japonesa, em 20% (UNFPA, 2008: 90 e ss). Populações em declínio acarretam o envelhecimento populacional, o que por sua vez traz à tona questões de assistência médica e social, bem como de recursos para financiá-la.

Outros países estão diante de efeitos das diferentes estruturas etárias de suas populações. Uma mão de obra empregável em rápido crescimento constitui um benefício central para o crescimento econômico – como foi o caso do Japão e do resto do leste asiático após a Segunda Guerra Mundial –, benefício este que está chegando ao fim para os chineses. Por outro lado, ter uma grande população jovem ou desempregada, ou antes da maioridade legal – uma "explosão de jovens" –, pode constituir a base para a instabilidade sociopolítica, visível no mundo árabe e na África Subsaariana. Os registros de desemprego juvenil do norte da África e do Oriente Médio são, de longe, os mais altos do mundo, atingindo de 20% a 25% da mão de obra – e isso antes da crise financeira (ILO, 2010: tabela A3).

O impulso mais antigo e mais fundamental da dinâmica social humana, a interdependência entre população e meio ambiente e a dependência das sociedades em suas populações, não desapareceu, a despeito das potentes transformações modernas pelas quais passou. Essas transformações estão, agora, ganhando novos contornos e adquirindo nova significância.

A DINÂMICA ÉTNICA, RELIGIOSA E SEXUAL DO RECONHECIMENTO E DO RESPEITO

Existe um jogo experimental da área da Economia que fascinou os mais respeitados economistas, mas que provavelmente parecerá um tanto trivial ao leitor ou à leitora. Duas pessoas recebem, juntas, uma quantia de dinheiro, normalmente cem dólares. A uma delas é atribuído o poder de decidir como repartir o dinheiro. A outra pessoa pode aceitar ou rejeitar essa decisão; porém, se rejeitar, as duas ficam sem nada. Para a surpresa dos condutores do experimento, as ofertas abaixo da divisão 40-60 tendem a ser recusadas por serem consideradas injustas e humilhantes – independentemente do lucro garantido de 10, 20 ou 30 dólares.

O reconhecimento, o respeito e a honra funcionam de maneiras distintas e com intensidades diferentes em diferentes culturas humanas. De todo modo, eles constituem uma das dinâmicas existenciais fundamentais às relações humanas – presentes desde em encontros urbanos casuais até nas relações entre grandes comunidades imaginárias ou entre países. Em termos gerais, a importância do reconhecimento e do respeito costuma aumentar na mesma medida que o declínio da deferência pré-moderna, por já não mais ser considerada incontestável e óbvia.

Do ponto de vista global atual, essa dinâmica existencial possui duas formas coletivas principais, mas é claro que existem também outras menores operando a todo vapor. A primeira forma é étnica, encabeçada pelas etnias que foram oprimidas ou marginalizadas no âmbito de diferentes projetos de nações modernas. Essas etnias estão emergindo agora como indígenas, ou "primeiras nações", e não mais com termos pejorativos, tais como "tribos" ou etnias "à margem" da sociedade. Esse assunto é especialmente delicado nos países colonizados onde os colonizadores impuseram-se sobre territórios altamente populosos. A África do Sul já teve de abrir mão de seu *status* de país de colonizadores para se tornar uma ex-colônia. A Bolívia está indo pelo mesmo caminho, mas ainda há resistência contra o destronamento dos brancos. Os colonizadores sionistas da Palestina ainda estão lutando violentamente contra desdobramentos semelhantes. Nos locais onde as populações nativas eram menos numerosas, entretanto, um equilíbrio maior foi atingido recentemente, de forma mais extensiva, por exemplo, no Canadá e na Nova Zelândia.

A segunda forma principal que essa dinâmica existencial assume é religiosa. O islamismo se tornou o grande veículo de ressentimento contra a arrogância ocidental e as perspectivas de vida desanimadoras. Em linhas gerais, esse conflito deve ser entendido como uma manifestação política acidental e certamente não como um "choque" intrínseco de "civilizações". É ele quem põe lenha na fogueira da expansão sionista na Palestina, apoiada e parcialmente financiada pelos EUA; do apoio estadunidense aos principais regimes autoritários do mundo árabe, tais como o Egito de Mubarak e a Arábia Saudita; e da presença de tropas estadunidenses nas cidades santas de Meca e Medina. As recentes guerras britânicas e americanas no Afeganistão e no Iraque, além do acúmulo frenético de recursos para essas guerras no Paquistão, geraram ressentimento e ultraje.

Escritores ocidentais cansaram de enfatizar o fato de que os líderes, a elite militar e os militantes islâmicos costumam ser oriundos de lares bem instruídos e abastados, ou pelo menos seguros do ponto de vista econômico. Ora, isso não deveria ser surpresa para ninguém: a revolta contra a humilhação e o desrespeito requer um certo conceito de dignidade que é mais comum àqueles que dispõem pelo menos de alguns recursos – ao contrário dos mais oprimidos. Os conflitos religiosos nos pontos de interseção islâmicos-cristãos, na Nigéria, Indonésia, Filipinas e Malásia, e hindu-muçulmanos, na Índia, são impulsionados ambos por fatores étnico-econômicos e religiosos; mesmo assim, eles podem ser considerados parte do controverso cenário do reconhecimento religioso.

O movimento trabalhista em prol do respeito aos trabalhadores anda um pouco apagado nos últimos tempos, mas a sua luta permanece todos os dias. Nos países mais ricos, o conceito de classe foi superado pelo conceito de sexualidade. A atenção pública gira em torno de assédio sexual, forma séria de despeito que ganhou *status* legal. Desde a década de 1970, o movimento feminista tem tido sucesso relativo na luta pelo reconhecimento e respeito pelas mulheres – ainda que estejam longe de atingir êxito completo e universal. Os holofotes também andam voltados para o tema da homossexualidade. Em 2004, um político italiano católico e conservador foi impedido de tomar posse na Comissão Europeia justamente por desrespeitar a homossexualidade – mais especificamente, por considerá-la um pecado.

DINÂMICA MUNDIAL

A política e os líderes pré-modernos dedicavam, em geral, mais atenção aos protocolos de reconhecimento e respeito quando comparados à política e aos líderes contemporâneos. Mas a preocupação com esses protocolos não desapareceu – de modo algum. Dentre as elites políticas americanófilas da Europa, por exemplo, houve uma grande competição em torno de quem seria o primeiro líder convidado à Casa Branca de Obama (Gordon Brown, provavelmente quem mais cobiçava o primeiro prêmio, conseguiu de fato abocanhá-lo). Além disso, o *status* da Rússia pós-soviética no cenário político internacional tem sido alvo de preocupação das elites do país. Será que essa Rússia, submersa na miséria, que finalmente emergiu da derrota soviética absoluta na Guerra Fria, e que, em termos de políticas, está nas mãos de um bando de "conselheiros" do Ocidente – desde economistas até *"spin doctors"*, ou manipuladores de opinião –, será que essa Rússia conseguirá manter-se como potência digna de respeito? Uma das poucas decisões sábias do governo Clinton foi dizer "ela pode conseguir" e convidar o país, em 1997, para transformar o grupo G7 em G8, reunindo as então principais economias mundiais – isso sem exigir dela qualificações econômicas. Essa é, pelo menos, a versão benevolente da história; mas há também uma maldosa, mais ou menos assim: ao contrário do que o Ocidente havia prometido a Gorbachev em 1989-1990 (Sarotte, 2009), as tropas da Otan avançaram energicamente na direção leste, fechando o cerco contra a Rússia. A filiação ao G8 seria, então, um prêmio de consolação simbólico. De um jeito ou de outro, o respeito e o reconhecimento desempenham um papel importante.

No conflito palestino, o respeito e o reconhecimento são o cerne da questão. Para os sionistas e seus amigos, a pergunta central é: "os palestinos reconhecem o direito de Israel de existir?". Para os palestinos, a pergunta é: "vocês reconhecem o direito de todos os palestinos de viver na Palestina, em um Estado próprio?". Diante das relações de força, a OLP (em português, Organização para a Libertação da Palestina) cedeu e disse sim à primeira pergunta, enquanto Israel e todas as potências e forças pró-sionismo rejeitaram a segunda – não, um Estado palestino normal, com domínio sobre suas próprias fronteiras e capaz de se autodefender não é aceitável; não, não se pode ceder abrigo na Palestina a refugiados e degredados palestinos. Essas relações de poder assimétricas também trouxeram à tona outro tipo de jogo de poder e respeito. Os israelenses e seus defensores

| 131 |

internacionais estão exigindo que os palestinos – que não possuem tanques, força aérea, nem mísseis, muito menos armas nucleares – "cessem a violência", mas, até agora, nenhum porta-voz de nenhuma "comunidade internacional" pediu o mesmo aos israelenses e ao seu formidável exército, o Tsahal, ou à sua agência global de assassinato, a Mossad.

Respeito e reconhecimento são quase sempre atribuídos de forma desigual e, por isso, são sempre passíveis de contestação. Além disso, eles também requerem expressões simbólicas. Comemorações – que parecem ter aumentado em número nos últimos tempos –, monumentos e arquitetura monumental – os chamados "edifícios icônicos" – devem sua existência à ânsia por respeito e reconhecimento. E o motivo dessas comemorações tornou-se política competitiva e *lobby*, tanto no nível internacional quanto nacional.

POLÍTICAS DE PODER COLETIVO E A APOTEOSE DO ESTADO

Estados são as mais potentes organizações de poder coletivo. Atualmente, vivemos em uma era de Estados poderosos. Em termos de poder de coerção e destruição, convivemos com o mais formidável Estado da história da humanidade, que tem o poder de destruir todas as nossas casas e matar-nos a todos, diversas vezes; um Estado cujo poder militar é maior do que o de todos os outros Estados somados – a julgar pela amplitude dos gastos públicos militares. Jamais na história da humanidade houve um país que tivesse o poder militar excepcional que os EUA detêm hoje, produto dos recursos da maior economia do planeta e da obstinada prioridade política na superioridade militar.

A longo prazo, os desafios contínuos e graduais à dominância econômica dos EUA fazem desse enorme poder de destruição um perigo para o resto do mundo. Hoje temos a consciência de que, a qualquer momento, o presidente estadunidense pode apontar para qualquer lugar no mapa e decretar que ele seja destruído, como fez Bill Clinton, em 1998, com uma aldeia no Afeganistão e uma fábrica de fertilizantes no Sudão, ambos em resposta a um ato hostil em um terceiro país (o Quênia). De todo modo, é verdade que o poder militar tem lá as suas limitações, para além do potencial destrutivo. Parafraseando e atualizando, em termos tecnológicos, o príncipe Metternich – a inspiração de Henry Kissinger e a mente por trás da Santa Aliança proclamada na Europa em 1814-1815 –, "é possível alcançar muitas coisas com ataques aéreos, mas não é possível sentar-se sobre eles" (sendo que "eles" originalmente referia-se a "baionetas").

Muitas fronteiras estão hoje sob controle mais rígido do que nunca. Passaportes e vistos – ambos extremamente raros antes da Primeira Guerra Mundial – são necessários, assim como verificações eletrônicas, normalmente realizadas por meio de impressões digitais. Além disso, é preciso que seu nome não esteja nas listas de suspeitos – cada vez mais longas. Seja como for o mundo em que vivemos hoje certamente não é um "mundo sem fronteiras", como alegou um dos gurus da globalização nos anos 1990.

Vimos que, nas últimas décadas do século passado, o capitalismo deu uma guinada e tornou mais harmoniosa a dinâmica entre as forças de produção e as relações privadas de produção. Entretanto, com algumas exceções marginais – mais notavelmente, talvez, na Argentina de Carlos Menem –, isso não levou ao desmembramento dos principais Estados capitalistas. O novo caminho tomado pelo capitalismo impediu que Estados crescessem, mas a lógica política de organização coletiva já havia colocado os Estados-nações em um alto patamar em termos de tamanho e recursos, com a receita e os gastos públicos representando 40%-50% do PIB de países ricos. Nesta última crise financeira, esses recursos foram utilizados para socorrer o capital privado dele mesmo, através de colossais "*bail-outs*" – ou o resgate de entidades privadas à beira da falência –, bem como de "pacotes de estímulo" sem precedentes.

A política do século XX produziu, nos anos 1960, dois tipos de Estado bastante prósperos. O primeiro surgiu na Europa Ocidental e baseia-se na assistência social, garantindo aos cidadãos benefícios sociais generosos financiados pelo governo. O segundo emergiu no leste asiático e pode ser definido como Estado "autônomo de desenvolvimento externo". Desde então, ambos foram implementados e consolidados com sucesso. Se, por um lado, os primeiros exemplos de Estado de bem-estar social estavam localizados na Europa Ocidental, por outro lado, essa escolha teve desdobramentos para todos os países

|133|

O MUNDO

da OCDE (a Organização para a Cooperação e Desenvolvimento Econômico),*
incluindo os EUA. Por mais que suas raízes europeias sejam longas e profundas,
foi somente após os anos 1960 que o sistema de assistência social começou a
desabrochar – de repente, os gastos e a receita do Estado aumentaram, em cerca
de uma década, mais do que haviam aumentado ao longo de toda sua história.
As quatro últimas décadas do século XX testemunharam o crescimento dos
países desenvolvidos a um índice muito superior ao do comércio internacional – fato que passou despercebido nas teorias de globalização convencionais.
Para as antigas nações da OCDE, os gastos públicos, enquanto porção do PIB,
cresceram 13 pontos percentuais na média geral entre 1960 e 1999, enquanto
as exportações aumentaram em 11% – isto é, considerando a formação da OCDE
anterior à recente inclusão do México, da Coreia do Sul e dos antigos países
comunistas da região centro-leste europeia. Dentre os então 15 membros da
União Europeia,** as estatísticas correspondentes são 18%-19% e 14% (OECD,
1999: tabelas 6.5, 6.12).

A despeito das diversas alegações do contrário, o sistema de bem-estar social
permanece próspero em todos os lugares onde foi implementado. Seja por meio
da análise da receita ou dos gastos públicos, o setor público dos países mais ricos
do mundo encontra-se, do ponto de vista histórico, ou no ápice, ou então em
um alto patamar. A média das despesas nacionais totais, calculada entre o Japão
e os países membros da OCDE da Europa Ocidental, da América do Norte e da
Oceania, representava 25% do PIB em 1960 – considerando que essa média não é
proporcional à população de cada país e inclui também a Islândia e Luxemburgo.
Em 2005, ela atingiu 44%. Dentre os G7, os gastos públicos foram de 28% de
seu PIB total combinado, em 1960, para 44% em 2005 (OECD, 2006). É verdade
que, tanto no exemplo da OCDE quanto do G7, a porção do PIB correspondente

---

* N. T.: A OCDE é um órgão internacional e intergovernamental, fundado em 1961, que possui 34 membros ao
todo. São eles (e os respectivos anos de admissão): Alemanha (1961), Austrália (1971), Áustria (1961), Bélgica
(1961), Canadá (1961), Chile (2010), Coreia do Sul (1996), Dinamarca (1961), Eslováquia (2000), Eslovênia
(2010), Espanha (1961), Estados Unidos (1961), Estônia (2010), Finlândia (1969), França (1961), Grécia (1961),
Hungria (1996), Irlanda (1961), Islândia (1961), Israel (2010), Itália (1962), Japão (1964), Luxemburgo (1961),
México (1994), Noruega (1961), Nova Zelândia (1973), Países Baixos (1961), Polônia (1996), Portugal (1961),
Reino Unido (1961), República Tcheca (1995), Suécia (1961), Suíça (1961) e Turquia (1961).
**N. T.: São eles Alemanha, Áustria, Bélgica, Dinamarca, Espanha, Finlândia, França, Grécia, Holanda, Irlanda,
Itália, Luxemburgo, Portugal, Reino Unido e Suécia.

aos gastos públicos atingiu, no período de recessão nos primeiros anos da década de 1990, porcentagens um pouco maiores do que as do *boom* de 2005. Esse fato, no entanto, deve ser interpretado como uma oscilação em grande medida especulativa. Com relação aos impostos, em 2006 a OCDE bateu seus próprios recordes históricos de arrecadação – que eram de 2000 –, registrando cerca de 37% do PIB indo diretamente aos cofres públicos, o nível mais alto desde então (ver OECD News Release, 17/10/2007: www.oecd.org). No mesmo ano, os 15 da União Europeia permaneceram ligeiramente abaixo de seu recorde de 2000, com 39,8% em comparação a 40,4%, uma diferença que cabe dentro da margem de erros das estatísticas nacionais. Vale salientar que o objetivo aqui não é negar a necessidade e demanda crescentes por educação, assistência médica e social e previdência social, o que por sua vez requererá que o sistema de bem-estar social seja expandido – expansão cuja importância vem sendo depreciada por forças de direita, em sua marcha rumo ao poder na primeira metade de 2010.

O segundo tipo de Estado, que também teve seu desabrochar nos anos 1960 (depois do sucesso japonês pré-guerra), refere-se ao modelo autônomo leste-asiático de desenvolvimento externo. Esse modelo distingue-se significativamente das alternativas, adotadas na América Latina, de capitalismo dependente e substituição de importação. O modelo leste-asiático é organizado internamente, por meio de planejamentos e controle de finanças realizados pelo Estado; é orientado às exportações no mercado mundial, sobretudo de manufaturas e não de matéria-prima (que normalmente está em falta); é sustentado pela educação acessível a todos e pela coesão social nacional. Os pioneiros foram os japoneses, mas esse modelo de desenvolvimento logo se tornou – com diferentes níveis de intervenções estatais e orientações capitalistas – um modelo regional, adotado pela Coreia do Sul (atualmente talvez o arquétipo desse modelo) e por Taiwan, bem como pelas grandes cidades-Estados Singapura e Hong Kong, que estão abrindo caminho também para a Tailândia, a Malásia, a Indonésia e, com menos êxito, as Filipinas (que, tanto cultural quanto socialmente, são um pedaço de América Latina no sudeste asiático, ainda exibindo uma forte oligarquia fundiária, por exemplo). Esses são os exemplos que a China seguiria a partir do fim da década de 1970 – assim como o Vietnã, uma década mais tarde.

Existem variações consideráveis entre esses países no que concerne às suas diferentes formas de capitalismo. De todo modo, todas essas variações emergiram a partir de um contexto regional compartilhado – ou seja, todos se encontravam na área de fronteira da Guerra Fria, que recebia uma porção considerável de apoio econômico (e militar) dos EUA. Todos esses países tinham também o Japão como modelo regional de desenvolvimento; uma oligarquia fundiária ou derrotada, ou ausente; altos índices de instrução; além de uma camada forte de empreendedores, fruto da diáspora chinesa – à exceção do Japão e da Coreia. A maior parte deles também tem em comum um passado semelhante em termos de regimes políticos – autoritários, porém não cleptocráticos; fortemente comprometidos com o desenvolvimento econômico nacional por meio da competitividade internacional; e dotados de força de vontade para implementar medidas governamentais decisivas de todos os tipos.

O modelo oeste-europeu de bem-estar social e o modelo leste-asiático de desenvolvimento têm suas raízes em sociedades formadas de maneiras extremamente distintas por civilizações diferentes e, sobretudo, por caminhos diferentes rumo à modernidade, fazendo com que suas prioridades políticas também fossem muito díspares. Mas porque ambos referem-se a Estados e economias, eles têm duas importantes características em comum. Em primeiro lugar, ambos tendem a olhar para fora e dependem de suas exportações no mercado mundial. Contradizendo a opinião convencional, há uma correlação positiva, consistente e significativa entre a dependência no mercado mundial e a abundância de direitos sociais dentre os países mais ricos da OCDE – quanto mais dependente um país for de suas exportações, maior será sua generosidade social. (Em meados da década de 1990, o coeficiente de correlação de Pearson* entre as exportações e os gastos públicos, enquanto porção do PIB, dos países originais da OCDE era 0,26. Provavelmente, não há aqui uma relação direta de causa e efeito. Ao invés disso, esse exemplo deve ser interpretado da seguinte forma: a competitividade internacional tanto contribui, por meio do crescimento, com as forças progressivas quanto não se coloca em relação de oposição às

---

* N. T.: O coeficiente de correlação de Pearson é utilizado em Estatística Descritiva para determinar o grau de correlação entre duas varáveis na escala métrica, além da natureza dessa correlação – se positiva ou negativa. Ele é sempre representado por valores entre -1 e 1, sendo 1 uma correlação positiva perfeita entre as variáveis em questão e -1 uma correlação negativa perfeita – ou seja, variáveis diretamente e inversamente proporcionais, respectivamente. A medida 0 indica que as variáveis não possuem uma relação de dependência linear.

políticas de expansão de benefícios sociais, no caso do segundo modelo – ver Therborn, 1995.)

A segunda característica em comum entre os dois modelos refere-se ao fato de que, a despeito de todo o seu arrojamento competitivo e abertura para o novo, nem o modelo oeste-europeu, nem o leste-asiático estão de janelas escancaradas aos ventos vindos do mercado mundial. Ambos os modelos estabeleceram – e mantiveram – sistemas de proteção doméstica. Dentre os países com sistemas de bem-estar social, isso se manifesta na seguridade social e na redistribuição de renda. Quando a recessão bateu nas portas da Finlândia, por exemplo, no início da década de 1990 – fazendo seu PIB contrair 10% e o índice de desemprego atingir quase 20% –, o Estado interveio para conter o aumento da pobreza e, de fato, conseguiu manter uma das distribuições de renda mais equilibradas do mundo (www.lisproject.org/kry-figures). A economia finlandesa está, hoje, de volta ao topo – a Nokia acaba de ser vendida para a Microsoft. De acordo com padrões europeus, o sistema de bem-estar social canadense não é especialmente bem desenvolvido; todavia, a despeito de seus fortes laços com o gigante ao sul – reforçados agora pelo Nafta (em português, Tratado Norte-Americano de Livre Comércio) –, o Canadá conseguiu, nos últimos 20 anos, manter sua distribuição de renda mais equilibrada, ao passo que a desigualdade estadunidense aumentou fortemente.

A política entre Estados é norteada, acima de tudo, pela fundação geológica de cada país, o que por sua vez define seus "interesses nacionais", suas raízes civilizacionais, sua relação com as ondas de globalização – antigas e recentes – e seu caminho rumo à modernidade. Mas hoje em dia seu tamanho relativo também vem desempenhando um papel importante.

A política global atual também conta com uma outra dimensão. Uma nação (ou *ummah*, em árabe) virtual de militantes islâmicos, desenraizados culturalmente, isolados ou em grupos minúsculos, conectados através de páginas de militância da web, parece constituir a força central ou o ambiente de procriação de tentativas letais de protestos ou vingança, terrorismo, em outras palavras, contra os EUA e seus aliados – muito mais do que a misteriosa Al-Qaeda ou qualquer cultura territorial pautada pela *jihad* (Roy, 2010). No que parece ser a guerra do elefante contra o mosquito, o país mais poderoso da história da humanidade se sentiu intimidado por uma rede internacional fragmentada de islamistas, que, por sua vez, conseguiu engendrar um ataque espetacular e sangrento a alvos simbólicos em Nova York e Washington, cujo escopo, todavia, permanece incomparável à destruição causada pelas guerras aéreas dos EUA nas duas últimas décadas. Transformar esse bando minúsculo – e, sem dúvida, perigoso – de fanáticos violentos em ameaça global se tornou tema central na política imperial estadunidense do século XXI, permanecendo mesmo com as mudanças de governo na Casa Branca.

Comparar a Al-Qaeda à Alemanha nazista – como fez Barack Obama em seu discurso de recebimento do Prêmio Nobel da Paz (!), em Oslo, em dezembro de 2009, para justificar a escalada nas guerras no Afeganistão e Paquistão – atesta a continuidade dessa política imperialista, cujo início remonta ao governo George W. Bush, que, por sua vez, usou o ataque islamista orquestrado pela Al-Qaeda como motivação para invadir o Iraque, país secular. Obama – que, diferentemente de seu antecessor, não é nem estúpido, nem ignorante – sabe muito bem que seu argumento não tem fundamento, que ele não passa de um recurso retórico barato empregado para enganar uma plateia demasiado ingênua. Ao conceder-lhe o Prêmio Nobel da Paz, o comitê elevou o nível de bajulação política norueguesa a níveis próximos dos da Coreia do Norte – a Alemanha nazista era um Estado bastante grande e bem organizado, com fortes pilares industriais, dispunha do exército terrestre mais formidável do planeta, bem como uma força aérea (*Luftwaffe*, em alemão) e uma marinha de meter medo. Os líderes da Al-Qaeda, seja onde for que sua caverna-central está escondida, podem até comandar algumas centenas de homens, mas não possuem sequer uma aeronave, um *drone* (ou avião teleguiado), um míssil de médio alcance, um tanque e nem mesmo protetores corporais. Mas é justamente desse tipo de retórica que a política é feita (para um panorama analítico, e não político, do recente terrorismo antiamericano, ver Shane, 2010).

Democracia, em seu sentido literal de governo em que o povo exerce a soberania, é uma espécie rara e constantemente ameaçada de extinção. Porém, se tomada em um sentido mais amplo, como poliarquia competitiva – ou seja, com mais de um centro de organização coletiva que competem, legitimamente, por poder governamental –, a democracia estaria presente em 10 dos 11 países mais populosos do mundo, sendo que a China, com seu poder centralizado, seria a única exceção. Temos aqui um recorde histórico mundial, e os esforços internacionais caríssimos, materializado pelas forças armadas que levaram eleições democráticas ao Congo, ao Iraque e ao Afeganistão, constituem um benefício notável que advém justamente do lado ruim desse tipo de política imperialista. Mas é melhor não elogiarmos muito a democracia dos dias de hoje. Ela inclui não só os mecanismos políticos da riqueza, mas também a política dinástica dos congressos estadunidense e japonês, a política sul-asiática centrada na figura do premiê, a "gestão" central autoritária das eleições russas, além da forte intimidação local e das fraudes na Nigéria, no México e no Irã, isso sem falar do Egito e de tantos outros países menores.

No nível nacional, o avanço recente mais notável são as novas formas de mobilização política, com a ajuda de telefones celulares – mais para envio de mensagens de texto e imagens do que para ligações –, da internet e da blogosfera. Esses novos meios de comunicação desempenharam um papel central na campanha de Obama em 2008 nos EUA, assim como nos protestos eleitorais em Teerá em 2009. Em nenhum dos casos, esses novos meios substituíram os voluntários e a presença física, mas, mesmo assim, foram cruciais na mobilização de pessoas. No dia 6 de abril de 2008, no Egito, o Facebook constituiu uma plataforma de solidariedade admirável entre trabalhadores de uma fábrica em Al-Mahalla Al-Kubra, cidade ao norte do Cairo, e os jovens de classe média da capital. No dia em que os trabalhadores entraram em greve, brotaram, no centro do Cairo, protestos e manifestações de solidariedade, todos organizados via Facebook. Assim como em Teerá, as autoridades egípcias fecharam o cerco, mas, no fim, o meio acabou virando a mensagem (el Magd, 2008).

A "ciberpolítica" é a nova dimensão da política, mas permanece sujeita aos parâmetros geopolíticos historicamente herdados.

CULTURA – MODERNISMO GLOBALIZADO, ACELERADO E COMEDIDO

Nossas orientações culturais fundamentais estão diretamente conectadas às nossas camadas culturais, compostas desde pelas civilizações até pelas últimas ondas de globalização. Como tal, culturas representam uma variedade riquíssima de experiência e perspectivas humanas. Aspectos dessa variedade já foram

O MUNDO

abordados anteriormente, e outros serão abordados mais adiante. O foco neste capítulo reside na seguinte questão: é possível dizer algo contundente acerca da orientação cultural predominante da humanidade inteira hoje?

Comecemos a abordar essa pergunta fazendo uma segunda pergunta: vivemos em um mundo modernista ou pós-modernista? No capítulo "Por que somos quem somos? Uma geologia sociocultural do mundo de hoje", foi dada uma definição de modernidade – um mundo que segue uma espécie de flecha do tempo, voltado para um futuro novo e factível, de costas viradas ao passado, mas não necessariamente com desdém. Observamos, também, os diferentes caminhos que levaram à vitória da modernidade. Nas últimas décadas do século XX, essa vitória foi contestada pelo pós-modernismo. Boa parte desse discurso questionador estava voltada a questões estéticas, mas incluía também o questionamento das premissas da modernidade e do modernismo – a concepção linear de tempo e as "grandes narrativas" do progresso, crescimento, desenvolvimento, emancipação etc.

Não se tratava meramente de uma corrente abstrusa dos Estudos Culturais ou da Filosofia Social. Suas forças vinham de um novo tipo de ambientalismo, resumido pelo Clube de Roma em *Limits of Growth* (*Limites do crescimento* – 1972); da interrupção da "marcha dos trabalhadores", do colapso da União Soviética e do descrédito da brutal modernização stalinista; e dos novos movimentos de populações indígenas. "O povo não quer 'desenvolvimento'. Ele só quer viver", proclamava a faixa pendurada no centro do palco do Fórum Social Mundial de Mumbai em 2004. (Que eu saiba, o impacto dos questionamentos pós-modernistas ainda não foi avaliado em sua totalidade ou sistematicamente analisado. A brilhante análise de Perry Anderson de 1998, intitulada *Origins of Postmodernity* [*As origens da pós-modernidade*], é limitada por concentrar-se exclusivamente em questões estéticas – o intuito original era que fosse um prefácio a uma antologia de trabalhos de Fredric Jameson. O crescimento simultâneo do pós-modernismo na esquerda e na ex-esquerda, de um lado, e de um modernismo militante neoliberal na direita, incorporado de forma exemplar por Margaret Thatcher, de outro, ainda não foi abordado diretamente.)

Bem, as orientações culturais mais amplas são, em geral – em toda a história da humanidade –, frutos de correntes e contracorrentes. A corrente progressista dominante do Atlântico Norte do final do século XIX, por exemplo, teve como contracorrente as críticas estéticas e agrárias contra a industrialização e o urbanismo industrial, além das críticas filosóficas contra a razão científica – e isso sem falar dos reforços representados pela rejeição indiscriminada da modernidade por parte de uma (ainda significante) corrente religiosa. Mas a correnteza pós-modernista era muito mais potente e profunda e, acima de tudo, sua fonte primária provinha das experiências históricas frustradas do modernismo na política, economia e meio ambiente (o viés estético da crítica pós-modernista se referia, sobretudo, à exaustão do modernismo, ao fato de ele ter se tornado meio chato).

Enquanto ampla orientação sociocultural, o modernismo foi resgatado pelo capitalismo na segunda metade do século XX. Três novas fases do capitalismo renovaram as esperanças de um futuro que estava nos horizontes de todos e ajudaram a deixar o passado para trás. Uma delas foi o neoliberalismo, que emergiu como o grande vitorioso sistema político-econômico da crise dos anos 1970, que por sua vez tirou as previsões marxistas dos trilhos. Foi ele quem forneceu aos governos Thatcher e Reagan, ao FMI e ao Banco Mundial, bem como a todos os seus admiradores e imitadores no mundo todo, uma agenda radical e futurista. O liberalismo sempre havia sido modernista, mas o neoliberalismo era uma espécie de liberalismo desprovido do lado humano e dotado, ao contrário, de um punho de ferro. Milhões de pessoas nos EUA e no Reino Unido foram arrastadas para a pobreza; os "programas de ajuste estrutural" do FMI e do Banco Mundial, introduzidos em países pobres, forçaram crianças a deixarem escolas e doentes a saírem do sistema de saúde – já que não havia dinheiro suficiente para pagar as novas taxas impostas; de norte a sul, os direitos trabalhistas foram jogados no lixo e milhões de trabalhadores perderam empregos seguros (ver Przeworski e Vreeland, 2000; Chang Ha-Jon, 2008).

A segunda fase nova do capitalismo foi a "globalização", ou a fuga modernista para o espaço. Apesar de a globalização e o neoliberalismo frequentemente operarem em parceria, os dois discursos são diferentes em termos analíticos. O neoliberalismo deu origem a um novo tipo de sociedade, na qual havia apenas indivíduos preocupados em maximizar lucros em mercados. Já a globalização acarretou a extensão de tudo que já existia, o que, na década de 1990, significava, é claro, mercados capitalistas. Se, por um lado, a odisseia espacial forneceu uma perspectiva de futuro fascinante, por outro lado, para os críticos ela não passava de uma distopia ameaçadora.

O MUNDO

O terceiro impulso futurista do capitalismo do final do século XX chegou com o sucesso da virada (mais ou menos) capitalista na China, somado ao renascimento do capitalismo indiano. Muito embora haja oponentes, tão conspícuos quanto o Fórum Social de Mumbai (como vimos anteriormente), os conceitos de "desenvolvimento", "crescimento" e "progresso" adquiriram significados mais concretos e passaram a exercer atração sobre populações enormes. A fé nos efeitos positivos do progresso científico costuma ser mais forte em países em desenvolvimento, tais como a Nigéria e o resto da África, a China e o Oriente Médio, ao passo que os japoneses e os europeus tendem a ser mais céticos. Já os americanos, do norte e do sul, e os sul-asiáticos costumam ficar em cima do muro (Inglehart et al., 2004: pergunta E022).

Depois que o neoliberalismo já havia encalhado repetidas vezes – na crise asiática de 1997-1998, que pôs fim ao "Consenso de Washington" entre um FMI impenitente e um Banco Mundial cada vez mais autocrítico; no colapso, em 2001, de seu discípulo mais aplicado, a Argentina; e, por fim, na crise financeira de 2008-2009 –, e em uma época em que a globalização está se tornando tediosamente repetitiva, o vigor do capitalismo leste e sul-asiático, reforçado por mais algumas histórias de sucesso recentes – sendo a brasileira a mais importante –, tornou-se a força central de modernismo no mundo.

Em vista do pano de fundo da dominância euro-americana do modernismo, essa alteração de orgulho e ambição econômica constitui, por si só, um tipo de modernidade globalizada. Porém, o arco cultural da identidade, da identificação e da consciência também passou a ser global. Isso se nota, talvez de forma mais clara, em eventos esportivos. Os Jogos Olímpicos de Pequim, em agosto de 2008, atraíram 4,7 bilhões de pessoas para seus televisores ao longo de duas semanas (http://blog.nielsen.com/nielsenwire/consumer/game-on-the-world-is-watching-more-than-ever/). Torcedores de futebol, sejam eles de times ou jogadores individuais, estão espalhados pelo mundo inteiro, até mesmo em países onde o futebol não é um esporte central, tais como Bangladesh e Malásia.

Pode-se afirmar também que o ritmo do modernismo acelerou-se nos últimos tempos. Se essa aceleração continuará ou não amanhã é uma pergunta que prefiro deixar em aberto. Os últimos 25 anos testemunharam um aumento sem precedentes no ritmo das transformações tecnológicas, que se mostraram mais importantes, do ponto de vista social, nos setores das telecomunicações e saúde. Exemplos incluem a rápida difusão de computadores pessoais, da internet, dos telefones celulares e da televisão digital ou via satélite; a inseminação artificial, a mudança de sexo, a cirurgia plástica, o Viagra e a cura de alguns tipos de câncer – sobretudo de mama e próstata. Já os medicamentos contra doenças tropicais e os tratamentos contra o mal de Alzheimer e a aids não fizeram progressos espetaculares, a despeito de todos os esforços investidos na pesquisa sobre a aids.

Até aqui, o que temos é o modernismo acelerado e globalizado, como orientação cultural predominante. Mas hoje esse modernismo é também comedido. A política perdeu boa parte de seu impulso modernista, com a exceção do crescimento econômico de países pobres e o *status* da cidade global, estabelecido por políticos ambiciosos da "cidade grande". Nem o liberalismo, nem o socialismo e nem o nacionalismo, as três forças políticas propulsoras do modernismo nos séculos XIX e XX, são capazes, hoje, de prometer, de forma plausível, "*les lendemains qui chantent*", ou um futuro cor-de-rosa. Os socialistas estão perplexos e profundamente inseguros quanto ao futuro, e o liberalismo perdeu o rumo depois das crises do neoliberalismo. Após sua longa lista de vitórias, o nacionalismo tornou-se um movimento periférico vulnerável – dos tâmeis do Sri Lanka, dos uigures em Xinjiang, na China, dos chechenos no Cáucaso, na Rússia, e dos bascos da Espanha – muito embora o gesto patriótico de içar a bandeira nacional continue bastante popular nos EUA.

Com o surgimento da *pop art* nos anos 1960, a noção de *avant-garde* caiu no desagrado do discurso das artes. A arquitetura "icônica" substituiu a "de vanguarda" como o tipo de arte arquitetônica de ponta. A arte e a arquitetura das "estrelas" ou dos "ícones" que são sucesso de vendas não possuem uma direção, ao contrário do que está subentendido em "*avant-garde*" (avançado, para frente). Um dos mais celebrados antropólogos do mundo sentiu a necessidade de enfatizar que a cultura não se refere apenas a tradições, mas também a ideias de futuro, e que "fortalecer nossa capacidade de aspiração" constitui uma tarefa cultural fundamental no mundo contemporâneo (Appadurai, 2008: 29).

O denominador comum principal do modernismo social – ou seja, o crescimento ou desenvolvimento econômico – vem sendo persistentemente questionado por preocupações ambientais cada vez maiores; de todo modo, a paixão modernista pelo desenvolvimento permanece dominante, manifestada,

O mundo

recentemente, na Conferência das Nações Unidas sobre as Mudanças Climáticas de 2009, em Copenhague. As potências em ascensão defenderam, com sucesso, seu direito ao desenvolvimento, e os EUA, seu direito de continuar crescendo. Mas o modernismo não é mais irrestrito – o "desenvolvimento sustentável" já é a noção dominante, já se infiltrou no discurso chinês de planejamento e até mesmo nos projetos urbanos experimentais dos Estados do golfo Pérsico ricos em petróleo.

O modernismo deu uma virada brusca na direção da direita liberal. Porém, ele permanece no controle da situação, globalizado, acelerado e comedido – entretanto, a pergunta se a direção que o mundo tomou será sustentável ou não já é outro assunto. Será que a política de poder coletivo conseguirá adaptar-se ao fim da emancipação moderna do meio ambiente? Ela será capaz de conter a força destrutiva do capitalismo? Será que o modernismo globalizado será capaz de prover, em escala global, respeito e reconhecimento? No final do livro, retornaremos a essas e outras perguntas relacionadas.

CANAIS DE OPERAÇÃO

As dinâmicas do mundo operam por meio de canais diferentes. De uma perspectiva mundial, nossos interesses estão naturalmente voltados, acima de tudo, para o modo de operação, no nível global, das cinco variáveis dinâmicas mencionadas anteriormente. Em primeiro lugar, essas variáveis formam parte da base da história mundial, cujas principais camadas já foram discutidas aqui. Atualmente, elas operam tanto através de processos globais quanto subglobais (principalmente nacionais), em proporções que serão comprovadas empiricamente.

Esses processos globais podem ser divididos em fluxos, entrelaçamentos institucionais e ação mundial. Os processos nacionais (ou subglobais) relevantes incluem o desempenho (isto é, o crescimento econômico, o desenvolvimento do Estado, bem como os processos culturais ou existenciais), a trajetória da população e do meio ambiente (crescimento populacional, estrutura etária, assim como o desgaste e o controle do meio ambiente) e, por fim, as políticas (ou o uso de poder coletivo, por exemplo, de distribuição).

PROCESSOS GLOBAIS

Fluxos

Fluxos referem-se a movimento, e os fluxos sociais costumam se locomover através de redes sociais, que, por sua vez, são formas clássicas de interação social a distância. Nos tempos pré-modernos, essas redes colocavam, sobretudo, comerciantes, acadêmicos e monges em contato. Manuel Castells, em uma obra que representou um marco nas Ciências Sociais (1996-1998), argumenta que o surgimento de uma sociedade interconectada por redes, bem como o espaço que essas redes oferecem aos diferentes fluxos, são marcas distintivas do mundo contemporâneo. Ironicamente, os fluxos atuais dependem menos dessas redes do que os fluxos de antigamente. Fluxos de capital, por exemplo, locomovem-se através de transações computadorizadas, as chamadas "transações rápidas", em frações de segundos; fluxos de informação viajam pelos satélites – e poluentes cada vez mais relevantes vão sendo transportados por ventos atmosféricos.

Em termos gerais, esses fluxos mundiais são impulsionados pelas dinâmicas descritas anteriormente – sobretudo pela dinâmica da ecologia econômica e demográfica. Os caminhos que esses fluxos tomam foram, em geral, definidos pelas ondas de globalização, de extensão civilizacional e de conquista colonial.

Novas tendências comerciais

O comércio transcultural a longa distância – pelos mares e oceanos, desertos e montanhas, transpondo barreiras linguísticas e à revelia de diferentes líderes políticos – constitui um triunfo impressionante e bastante antigo da humanidade. É verdade que, em grande medida, ele permaneceu restrito a uma cultura ou domínio de poder; porém, ele também conectou todo o planeta durante as diversas ondas de globalização. Redes comerciais complexas costumavam ser compostas por laços étnicos e familiares, e grupos étnicos específicos desempenharam papéis também específicos. Do ponto de vista europeu, os fenícios, judeus e armênios são, talvez, os mais notáveis. Mas a pesquisa pós-eurocêntrica vem também desvendando outras redes importantes (por exemplo, Curtin, 1984; Markovits, 2000).

O MUNDO

Por causa da "desglobalização" econômica após a Primeira Guerra Mundial, o comércio internacional demorou a atingir novamente os mesmos níveis registrados em 1913-1914 – demorou, mais precisamente, até a década de 1970 (Bairoch, 1997: II: 308-9). Em 2007, a exportação de artigos manufaturados atingiu um pico histórico, chegando a representar 26% do produto mundial – antes de retroceder por conta da crise de 2008. Os países maiores costumam depender menos das exportações, e os EUA, menos ainda. As exportações estadunidenses representam cerca de 7% do produto nacional bruto do país, ao passo que as indianas chegam a 11%; as brasileiras, a 18%; as indonésias, a 24%; as chinesas, a 29%; e as alemãs, a 34% (World Bank, 2009: tabelas 1, 4). Os EUA permanecem, no entanto, os maiores exportadores – e, de longe, também os maiores importadores –, seguidos da China, que ultrapassou a Alemanha em 2009.

Os fluxos comerciais não obedecem mais às regras imperiais clássicas, segundo as quais as matérias-primas vinham da periferia, e os artigos manufaturados, do centro. As manufaturas representam hoje a metade das exportações de países de baixa renda; porém, três quartos da exportação de artigos manufaturados ainda são oriundos de países mais ricos. A exportação de artigos de alta tecnologia é tão importante aos países de renda média quanto aos de alta renda (UNDP, 2007a: tabela 16). O protecionismo agrário constitui uma velha política das potências europeias continentais, praticada atualmente pela União Europeia e adotada, por muitos anos, também pelos EUA. Os interesses agrários dos EUA e da UE tornaram-se grandes pedras no sapato das negociações do comércio global. Artigos manufaturados constituem, hoje, um dos principais itens na lista de exportações de países pobres. Eles chegam a abocanhar 92% das exportações chinesas, 70% das indianas, 45% das indonésias, 76% das mexicanas, 51% das brasileiras, bem como um terço de todas as exportações africanas – mas somente 2% das exportações nigerianas e 17% das russas (World Bank, 2009: tabela 4; 2007c: tabela 5 para África e Nigéria).

Ao contrário das previsões convencionais relativas à globalização, o comércio internacional está se tornando mais regional e menos globalizado nas últimas décadas. Isso se deve não tanto à União Europeia, mas sim às redes de comércio leste-asiáticas – com a China, o Japão e a Coreia no centro –, e também do sudeste asiático e da região do Nafta (World Bank, 2005: tabela 6.5).

O comércio internacional tem tanto ganhadores quanto perdedores, e não há evidências contundentes contra o argumento geral dos economistas de que o sucesso

| 146 |

no comércio internacional tem impacto positivo sobre o crescimento econômico de um país. Para os perdedores, com seus meios de vida tradicionais e culturalmente enraizados – tais como pequenos agricultores em partes do México e da África, ou artesãos de utensílios diários –, a perda pode ser traumática. De todo modo, a maior parte das evidências disponíveis não comprova a existência de efeitos distributivos sistemáticos, sejam eles positivos ou negativos (Therborn, 2006: 48).

O contrabando e o tráfico ilegal são velhos conhecidos dos fluxos comerciais e já formam parte, com frequência, de lendas folclóricas de regiões fronteiriças. Antigamente, o contrabando consistia no tráfico de drogas relativamente inócuas para os padrões tão enrijecidos de hoje em dia – tais como álcool e cigarros. O sul dos EUA, o Caribe e o Brasil foram construídos graças ao tráfico de escravos vindos da África. Os países árabes do norte da África e do oeste asiático também importaram escravos, mas em uma escala significativamente menor, empregados sobretudo na realização de tarefas domésticas. Deve-se considerar também o tráfico histórico de mulheres da região do Cáucaso e da Circássia como objetos sexuais, tanto para a corte otomana em Istambul como para a corte egípcia no Cairo.

Hoje em dia, o fluxo global de narcóticos é um componente central dos fluxos comerciais. Os EUA e a Europa são os principais importadores, e os principais exportadores são a América Latina – do México até a Colômbia – e a Ásia Central – do Afeganistão até o norte da Birmânia (ver Glenny, 2008). Na Europa, o tráfico sexual é movido, sobretudo, por homens do Leste Europeu que enviam mulheres, também do leste, ao oeste. Um exemplo de tráfico sexual de maiores dimensões, porém, parece ser o comércio de mulheres e meninas das regiões rurais da China, Tailândia e Vietnã entre clientes nas cidades e turistas internacionais.

O CAPITAL E O CASSINO GLOBAL

Os fluxos de capital globais despencaram, em princípio de forma puramente especulativa. As movimentações diárias nos mercados de câmbio somaram, em abril de 2007, 3,2 trilhões de dólares. Esse valor é um pouco mais alto do que o produto nacional anual da China no mesmo ano. Em 2007, o mercado global anual de derivativos atingiu 677 trilhões de dólares – isso considerando apenas uns poucos milhares de banqueiros (Augar, 2009: 34) –, cerca de 12 vezes mais do que a renda de toda a humanidade. Mas o Banco de Compensações Internacionais nos tranquiliza: a medida mais clara para se compreender os riscos envolvidos nesse tipo de aposta é o "custo total de todos os contratos em aberto de acordo com os valores de mercado predominantes", ou "o valor de mercado bruto". Ora, esse valor era "apenas" 11 trilhões de dólares, nada mais do que 79% de todo o PIB dos EUA (Banco de Compensações Internacionais, Triennial Central Bank Survey of Foreign Exchange and Derivatives Market Activity in 2007: www.bis.org).

O investimento estrangeiro direto permanece um fenômeno de menor importância no cenário global, sendo que seus fluxos líquidos chegam a não mais do que 2,5% do PIB mundial, ou cerca de 15% dos investimentos globais em 2005 (World Bank, 2009: tabelas 1, 3, 5). Os fluxos de capital líquido de longo prazo de países ricos (os do G10) aos "mercados emergentes" foram de 0,2% de seu PIB, em 1970, para 0,9% em 1998 (Dobson e Hufbauer, 2001: tabela 1.1). Em termos gerais, os investimentos de capital estrangeiro estavam, na virada do século XXI, no mesmo nível que um século antes, quando os investimentos estrangeiros britânicos, franceses e alemães forneceram às suas próprias classes altas generosos "meios independentes". No final do século XX, entretanto, a extensão do investimento estrangeiro direto em países em desenvolvimento ficou muito aquém do nível de 1914, registrando 22% do PIB em comparação a 32% em 1914 (World Bank, 2002: 43). A crise de 2008 parece estar acarretando cortes drásticos nos fluxos de investimento internacional, embora não se conheçam ainda os números exatos.

O capital atualmente em mãos privadas é enorme. Por exemplo, no final de 2006 em Londres, cerca de 300 misteriosos fundos de cobertura privados possuíam ativos no valor de 360 bilhões de libras esterlinas (ou 590 bilhões de dólares com a taxa de câmbio de meados de 2009), ou metade do produto nacional do Brasil (Augar, 2009: 52).

O setor financeiro tornou-se o principal do capitalismo avançado contemporâneo, movido por novas formas de aposta ou "troca" de alto risco e alimentado por fundos de previdência privados e outras privatizações. Os serviços financeiros foram responsáveis por 40% de todos os lucros corporativos dos EUA em 2007 – no início dos anos 1980, esse valor não passava de um décimo dos lucros totais (*The Economist*, 22/3/2008, p. 91). No Reino Unido, os serviços financeiros representavam 9% do PIB em 2006 e empregavam 338 mil pessoas só na City de Londres* (Augar, 2009: 10).

Os "fluxos" não devem ser entendidos aqui como correntes fluindo soltas, e esse argumento vale ainda mais para os fluxos de capital do que para os outros fluxos. O capital é distribuído através de pontos centrais, o argumento básico de Saskia Sassen em *The Global City* (2001/1991). Londres e Nova York são, indisputavelmente, os centros principais, embora o ranking entre elas permaneça um assunto controverso. Por mais que ambas sejam globais, boa parte da força de Nova York advém, é claro, de seu *status* de centro financeiro da maior economia mundial e da sua bolsa de valores, de longe a maior do mundo. Já Londres passou muito bem de centro imperial a mediadora europeia nos anos 1960 e 1970 (Roberts e Kynaston, 2001: cap. 5) e é, hoje, o principal centro internacional, dominado, sobretudo, por empresas estadunidenses. Assim como as quadras de Wimbledon, a City de Londres é hoje um grande *playground* internacional, onde os jogadores locais ficam sempre em segundo ou terceiro lugar. Em termos da participação em mercados estrangeiros no setor bancário (ou seja, os passivos internacionais menos os passivos devidos a residentes locais), o Reino Unido está claramente na frente, com 22% contra 13% dos Estados Unidos e 7% da França (*BIS Quarterly Review*, dezembro de 2007: 37).

Se as outras variáveis permanecerem inalteradas, o fluxo de capital internacional leva à diminuição da desigualdade internacional. Os volumosos fluxos de capital estrangeiro vindos, sobretudo, de Hong Kong, de Taiwan e do Japão contribuíram fortemente para o crescimento econômico chinês. Por outro lado, os fluxos de capital normalmente trazem consigo níveis crescentes de desigualdade nacional – como também foi o caso da China –, resultados tanto do ajuste de regras e políticas para demandas de capital quanto da diferenciação na produtividade empresarial e setorial (ver Therborn, 2006: 47-8). Os fluxos de capital também têm seu preço – crises bancárias e monetárias recorrentes (Dobson e Hufbauer, 2001: 43 e ss, 67 e ss).

---

* N. T.: A City de Londres é uma pequena área da Grande Londres onde estão localizados os centros econômico e histórico da capital inglesa.

Pessoas

A segunda, a terceira e a quarta ondas de globalização deram ao mapa-múndi seus principais traços populacionais de hoje. Foi a segunda onda de globalização que levou europeus e escravos africanos às Américas. A terceira onda definiu as fronteiras dos britânicos e franceses e incluiu o pico do tráfico negreiro. Em 1800, cerca de oito milhões de escravos africanos haviam atravessado o Atlântico – dos quais aproximadamente 7,5 milhões sobreviveram à viagem (Fernández-Armesto, 2008: ii: 509). A quarta onda, que emergiu no século xix, testemunhou o surgimento de uma massa populacional europeia em todo o hemisfério ocidental, além do deslocamento profuso de europeus rumo à Oceania, de chineses rumo ao sudeste asiático e, por fim, de indianos rumo às atuais Malásia, Fiji e Caribe. A emigração europeia teve seu ápice logo antes da Primeira Guerra Mundial, ao passo que a emigração chinesa e indiana à Ásia viveu seu apogeu no final da década de 1920 (McKeown, 2004: 185-9). Em comparação com esses dados históricos recentes, o fluxo migratório atual tem tido impacto menor (por enquanto). Por outro lado, após um forte declínio depois da Primeira Guerra Mundial, uma virada gradual depois da Segunda Guerra Mundial e um aceleramento no final do século xx, as estatísticas internacionais recentes de imigração ultrapassam, quantitativamente, os níveis de imigração em massa do final do século xix e início do século xx. Em 2005, estimativas do Departamento de Assuntos Econômicos e Sociais da onu registraram que o número de imigrantes internacionais do mundo todo, os chamados "não nativos", era de 191 milhões, ou 2,9% da população mundial – indicando alta com relação a 1980, quando a proporção registrada foi de 2,3%.

Tabela 2.1 Número de imigrantes internacionais
por continente em 2005 (em milhões)

Oceania	5
América Latina	7
África	17
América do Norte	44
Ásia	53
Europa	64

Fonte: Departamento de Assuntos Econômicos e Sociais da ONU, Divisão de População, www.esa.un.org/migration (2008)

Dinâmica mundial

A nova posição da Europa como refúgio dos imigrantes é curiosa, já que o continente havia sido, por quase meio milênio, um centro de emigração – de aproximadamente 1500 até cerca de 1960. Mas uma parte significativa desse aumento se deve à criação de novas definições de "estrangeiro". O desmembramento da União Soviética, por exemplo, aumentou a população mundial não nativa em 26 milhões – indo de 2,5% a 2,9% do total (Livi-Bacci, 2007: tabela 6.4). Os EUA permanecem o principal destino nacional dos emigrantes, abrigando um quinto do total mundial em 2005 – indicando alta com relação a 1990, quando essa proporção era de 15% (ver www.esa.un.org/migration).

No sentido estrito, os processos migratórios atuais não constituem fluxos globais de fato, mas sim movimentos transnacionais até os vizinhos. Os principais fluxos migratórios fluem do México aos EUA – em 2005, eram 10,3 milhões de habitantes estadunidenses nascidos no México –, seguidos dos fluxos entre a Rússia e a Ucrânia (8,4 milhões), a Índia e Bangladesh (4,5 milhões) e a Rússia e o Cazaquistão (4,4 milhões). Já as maiores migrações transoceânicas ocorreram da Índia à península arábica (3,5 milhões), das Filipinas aos EUA (1,6 milhão) e da Índia, da China e do Vietná aos EUA (1,1 milhão cada) (Ratha e Xu, 2008).

Dados comparativos completos de cem anos atrás são difíceis de encontrar e, na melhor das hipóteses, ambíguos. O que deve valer como fronteira nacional na era dos impérios, antes de o Estado-nação tornar-se universal? De todo modo, partindo das destinações principais dos fluxos migratórios de um século atrás – as Américas, a região sul da África, o sudeste asiático e os países europeus continentais, tais como a França e a Alemanha –, são evidentes os contornos de uma população mundial migrante às vésperas da Primeira Guerra Mundial. Minha estimativa é de que, em 1913, aproximadamente de 1,5% a 2% da população mundial eram imigrantes (com base em dados sobre migração em Hatton e Williamson, 2006: cap. 2 e dados populacionais em Maddison, 2007). Para os EUA, o Pew Research Center estima que, até o início da década de 2020, a porcentagem de habitantes estadunidenses não nativos atingirá os 15% registrados em 1910 (*International Herald Tribune*, 12/2/2008).

Entre países e cidades, é possível traçar comparações mais precisas, muito embora a migração não documentada adicione uma certa margem de incerteza aos cálculos. Dentre as principais destinações de imigrantes localizadas nas Américas e na Oceania, somente a Austrália conta, atualmente, com uma fatia

|151|

não nativa de sua população maior do que há cem anos – já a mesma fatia na Argentina é muito menor hoje do que cem anos atrás. Dados oficiais de imigração aos EUA indicam uma aproximação (mas não o alcance) dos 14,7% de população não nativa registrados entre 1890-1911. Porém, a Europa Ocidental e o oeste asiático tornaram-se os novos alvos migratórios, embora ambos ainda recebam menos imigrantes do que a América do Norte (Hatton e Williamson, 2006: tabela 2.2). Em 2007, os não nativos representavam 14% da mão de obra alemã, 12% da francesa, 12% da britânica e 17% da espanhola – mais do que os 16% registrados nos EUA (OECD, 2009: 30-1).

Recentemente, a imigração muçulmana à Europa Ocidental vem causando grande burburinho após atos islamistas violentos, semelhantes aos ataques terroristas realizados por anarquistas italianos nos EUA e na Argentina há 80-100 anos. A resposta europeia tem sido muito mais direcionada à cultura do que a resposta estadunidense na altura. Esse fenômeno precisa ser compreendido sob a luz do "monoculturalismo" moderno sem igual desenvolvido na Europa Ocidental. O sistema de Estado e paz oriundo dos Tratados de Münster e Osnabrück estava centrado na ideia de *cuius region, eius religio* – em bom português: o príncipe determina sua religião. Ainda que essa regra tenha desaparecido com o Iluminismo, o que a substituiu foi a nova ideia de "monocultura" da nação europeia, de cada cidadão europeu falando a mesma língua nacional europeia. Até mesmo no último terço do século XX, quando as prósperas economias industriais da Europa Ocidental precisaram importar mão de obra industrial de fora, na percepção da Europa Central esse processo não era considerado imigração. "A Alemanha não é país de imigrantes" era a postura política em vigor no país, bem como na Áustria e na Suíça. Os trabalhadores importados estavam limitados ao *status* de "trabalhadores convidados". No final das contas, as normas sociais europeias não conseguiram sustentar essa ideia de "convidados temporários", e as famílias dos imigrantes puderam, finalmente, se reunir e instalar no país em questão. Apesar da xenofobia, ocorreram adaptações culturais impressionantes desde então. O Sindicato dos Metalúrgicos da Itália, por exemplo, emite hoje acordos coletivos também em árabe e punjabi (*La Republica*, 18/2/2008).

A migração frequentemente acaba criando comunidades resilientes e duradouras nos países de destino, algumas com traços culturais distintivos e alguma influência econômica – tais como os judeus e armênios na Europa e nas Américas, ou os chineses no sudeste asiático. A comunidade judaica dos EUA também conquistou importância política, atuando como uma espécie de guarda pretoriana dos interesses israelenses nos EUA. Diversos países, desde a Grécia até as Filipinas, dispõem de entidades governamentais para lidar com assuntos de emigração. Em meados da década de 1990, os números da diáspora chinesa atingiriam 37 milhões de pessoas, e os da indiana, muito menores, chegaram a 9 milhões (Poston et al., 1994: 635; Brown, 2006: 2). Em 2005, o número de residentes de um país que haviam migrado para um segundo chegou a 11,5 milhões de mexicanos e russos, 10 milhões de indianos e 7 milhões de chineses. Proporcionalmente, a emigração é mais comum no Caribe (39% da população da Jamaica e 28% da de Trinidad e Tobago) e nos antigos países comunistas do Leste Europeu, os novos capitalistas (38% da Bósnia, 27% da Albânia e 27% da Armênia) (Ratha e Xu, 2008).

As grandes cidades atraem migrações tanto domésticas quanto internacionais, nos dias de hoje quanto antigamente. Cerca de um terço da população da cidade de Nova York nasceu em outro país, número equivalente ao registrado um século atrás. Nessa altura, a metade da população de Buenos Aires não havia nascido na Argentina – caso semelhante ao de Miami hoje –, embora hoje essa porcentagem tenha caído para 8%. Pouco menos de um terço dos residentes londrinos – 29% em 2004 – não nasceu no país. Dubai constitui um caso extremo, visto que mais de 80% de sua população não é nativa. Nas cidades canadenses, como Toronto e Vancouver, esses números chegam a 41%. Em várias das principais cidades europeias, incluindo Amsterdá, Bruxelas e Frankfurt, os residentes não nativos representam de um quarto a um terço da população. Já a cosmopolita Paris tinha menos de um quinto em 1999 (http://gstudynet.org.gum). (Costuma-se dizer que a metade da população de Amsterdá não é nativa, mas esse dado não confere com as estatísticas holandesas oficiais – ver http://www.cbs.nl.)

Um novo aspecto da emigração, possibilitado pela tecnologia moderna de comunicação, são as transferências de dinheiro em larga escala para os países de origem. Levando em conta apenas as transferências executadas através dos canais oficiais, o trabalho de emigrantes da Moldávia e do Tajiquistão é responsável por cerca de 30% a 40% de seu produto nacional – de 20% a 25% na Guiana, no Haiti, em Honduras, na Jordânia, no Quirguistão e no Líbano (World Bank, 2007b). Porém, para os "países em desenvolvimento" como um todo, ou seja, para os que não pertencem à categoria de país de alta renda, essas transações representam, na média, apenas 2% de seu produto nacional (calculado com base em World Bank, 2008 e 2009).

A emigração é motivada pela pobreza, discriminação e/ou outras dificuldades; a imigração, por oportunidades econômicas – ambas através de rotas de contatos, de redes e de movimentações. O ressurgimento da migração internacional trouxe à tona uma série de questões econômicas, políticas e culturais polêmicas. Em termos econômicos, a tendência é que imigrantes realizem trabalhos que os nativos não querem. Porém, sem a fiscalização adequada, a imigração em massa acaba criando um mercado de trabalho dualista, típico nos EUA – sobretudo na Califórnia e na região sudoeste –, no qual os salários dos trabalhadores menos qualificados tendem a baixar. Já nos países com fortes ondas de emigração, pode ocorrer um esvaziamento intelectual drástico – como, por exemplo, quando um terço dos médicos liberianos ou um quarto dos etíopes foram viver no exterior (Ratha e Xu, 2008). Em termos culturais, a manutenção cultural por meio da diáspora periódica de povos vem sendo encarada, cada vez mais, como ameaça – ideia propagada pelos meios de comunicação social, infiltrando-se até mesmo no Departamento de Política de Harvard (na figura do falecido Samuel P. Huntington). Em termos políticos, a maior parte dos sistemas de múltiplos partidos políticos dos países ricos testemunhou a ascensão de um partido xenófobo. A França foi a pioneira, cuja Frente Nacional chegou a recorrer a lutas coloniais pela Argélia francesa, mas os últimos avanços foram feitos na Dinamarca e na Holanda, dois países que, até recentemente, eram renomados por sua tolerância diante de estilos de vida diferentes, bem como por sua secularização antiga e por sua secularização recente rápida, respectivamente. Seus governos e meios de comunicação social de repente se transformaram nas forças anti-islâmicas mais militantes da Europa Ocidental – por mais que a população muçulmana constitua minorias minúsculas (principalmente na Dinamarca) e que ela seja, na maior parte, pobre.

FLUXOS DE INFORMAÇÃO E CULTURA

Do ponto de vista do povo, a maior manifestação da última onda de globalização foi a ascensão repentina da internet e a explosão dos meios de telecomunicação. Pessoas, digamos, na Bolívia, Etiópia, Bangladesh e Indonésia podem agora comunicar-se umas com as outras de forma fácil; além disso, já não é mais necessário contratar os serviços de uma empresa particular de transporte de correspondências para enviar uma carta, por exemplo, a um colega italiano. Membros das famílias de trabalhadores imigrantes na Europa podem agora assistir à televisão turca, marroquina ou paquistanesa via satélite. Líderes e militantes de movimentos de pessoas pobres, de pequenas tribos indígenas das Américas, dos letões e inuítes do Ártico, ou da internacional Slum Dwellers' Association (Associação de Moradores de Favelas) podem agora comunicar-se uns com os outros e com aliados no mundo todo através de seus computadores. As novas mídias eletrônicas estão conectando as pessoas do mundo todo em uma escala sem precedentes. O *oecumene*, ou o mundo conhecido, de repente se expandiu exponencialmente.

A transmissão televisiva via satélite teve início na década de 1960 – fato que foi notado, publicamente, de forma mais evidente na Copa do Mundo de 1966 –, mas só explodiu de fato na década de 1980. O canal CNN International foi lançado em 1985, mas ganhou renome somente em 1991, com a cobertura da Primeira Guerra do Golfo (cf. Briggs e Burke, 2005: 231 e ss). Os telefones celulares entraram no mercado em 1979 e começaram a se espalhar pelos países mais ricos na década de 1980. A World Wide Web entrou no ar em 1991 (ver Berners-Lee, 1999). Em 2005, um terço da população mundial possuía um telefone celular, e mais de uma em oito pessoas estavam conectadas à internet. Alguns países têm muito mais telefones celulares registrados do que habitantes – por exemplo, Itália, Portugal, Lituânia, Estônia, República Tcheca, Noruega e mais alguns outros. Mas como em todos os outros aspectos, neste o mundo também é bastante desigual. De todo modo, mais de um entre oito habitantes da região subsaariana possuíam um telefone celular em 2005, quase um terço de todos os chineses, mas apenas oito de cem sul-asiáticos. Se, por um lado, a Índia abriga os programadores de software mais proeminentes do mundo, por outro lado, em 2005, apenas cinco de cem indianos já haviam utilizado a internet (UNDP, 2007a: tabela 13). Além disso, a mão de obra empregada no setor de TI é minúscula – 0,2% do mercado de trabalho indiano no mesmo ano (Xiang Biao, 2008: 342).

Mas até que ponto esses avanços transformaram o mundo e as vidas de seus habitantes? Será que essas mudanças tiveram mais impacto que a invenção do telefone e do telégrafo no final do século XIX, ou do rádio nos anos 1920-1930?

O MUNDO

Ainda não se sabe muito sobre essas perguntas; porém, alguns efeitos relevantes são visíveis. Enquanto a importância relativa, em termos qualitativos, das inovações no setor de telecomunicações de antigamente e de hoje é algo discutível, não há dúvida de que a magnitude dos avanços recentes é muito superior. Por um bom tempo, as linhas telefônicas conectavam apenas as classes média e alta de países ricos, ao passo que o rádio até atingiu as classes populares, mas também somente nos países de alta renda. Nos anos 2000, os telefones celulares começaram a alcançar o interior rural da China, do sul asiático e da África.

Essas mudanças talvez tenham sido ainda mais dramáticas, porém, para aqueles que deixaram suas famílias no isolamento da zona rural para ir viver longe, mas também aos das zonas urbanas, sobretudo da África, Ásia e América Latina. A TV via satélite oferece uma ponte muito mais eficaz entre imigrantes e suas culturas de origem do que a imprensa local produzida na língua do imigrante – um fenômeno, aliás, de grande impacto na mídia estadunidense até a Primeira Guerra Mundial, ou até mesmo até a Segunda Guerra Mundial. Em muitos países, a internet tornou-se o veículo principal de mobilização para protestos políticos de impacto, desde as Filipinas e a Indonésia no final da década de 1990 até a Espanha em 2004 e o Irã em 2009. A comunicação através da internet está produzindo também – e, a longo prazo, esse desdobramento talvez seja ainda mais importante – um novo tipo de rede social, uma espécie de sociabilidade virtual. Em maio de 2009, o Facebook já contava com 316 milhões de usuários registrados, quatro quintos dos quais viviam em países diferentes de seus países de origem – meus próprios amigos de meia-idade que moram longe vivem me pedindo para ver suas fotos no Facebook. Já o MySpace, que não estava indo tão bem quanto o Facebook, contava na altura com 125 milhões de usuários registrados (*International Herald Tribune*, 24/6/2009, p. 16). A rede social infantil Habbo Hotel possuía, em setembro de 2008, 100 milhões de usuários (*Guardian*, 2/10/2008, p. 4). Até que ponto essa sociabilidade virtual coexiste com ou substitui o contato real é uma pergunta que permanece em aberto, mas as poucas evidências que vêm surgindo apontam na primeira direção.

Essas novas mídias representam também fluxos culturais cada vez mais globais. De fato, no início dos anos 2000, os produtos culturais – as mídias de som, as mídias impressas, a arte visual, as mídias audiovisuais (vídeos e filmes) e os artigos do patrimônio cultural (antiguidades, peças folclóricas), dispostos aqui na ordem de valor – representavam 1% de todos os produtos comercializados no mundo, além de uma fatia ainda maior – bons 2% – dos serviços, no caso dos dominantes EUA (Unesco, 2005).

Os anglo-saxões dominam o setor dos livros. A França perdeu o primeiro lugar no mercado das artes visuais (meio bilhão de dólares em vendas de exportação em 2002), setor no qual a China fez avanços recentes surpreendentes – talvez porque o setor também inclua gravuras, esculturas e artigos de decoração. A indústria musical britânica perdeu para a irlandesa e para outras também, e Singapura emergiu como centro da indústria musical do leste asiático. Os chineses ultrapassaram os japoneses na produção de vídeo games e jogos de computadores, a única área em que a gigante indústria de entretenimento mexicana tem presença no cenário mundial. Os dados relativos aos filmes e programas de televisão são limitados, já que não incluem a Índia, o único concorrente sério – embora ainda muito atrás – da indústria cinematográfica estadunidense. Anualmente, a Índia costuma assinar a produção do maior número de longas-metragens do mundo e detém uma fatia significativa dos lançamentos em partes da África e do mundo árabe, bem como do sul asiático (embora essas produções permaneçam no anonimato no Paquistão).

Tabela 2.2 Os principais exportadores
de cultura do mundo em 2002 (em bilhões de dólares)

Livros	Artes visuais	Mídias musicais	Mídias audiovisuais[a]	Serviços audiovisuais[b]
EUA 1,9 Reino Unido 1,8 Alemanha 1,3	Reino Unido 2,7 China 2,2 EUA 0,9	EUA 3,1 Alemanha 2,3 Irlanda 2,1 Reino Unido 1,6 Singapura 1,6	China 2,3 Japão 1,2 México 0,8	EUA 6,7 Reino Unido 1,6 Canadá 1,4 França 1,0

Observações: [a] Videogames e jogos de computadores; [b] Longa-metragens e programas de televisão. A Índia não foi considerada.

Fonte: Unesco, 2005, International flows of selected cultural goods and services, 1994-2003, tabelas V-2-7 e figura 24.

A transmissão global de noticiários vem ganhando importância, sobretudo entre as elites político-econômicas do planeta. Os canais BBC World e CNN são os líderes de mercado, embora haja também concorrentes, como o francófono TV5-Monde, o regional Euronews, o Al-Jazeera – baseado em Qatar e predominante no mundo árabe, agora também com uma versão em inglês – e o canal menor e multilíngue Deutsche Welle. Iniciativas de transmissão de noticiários chineses em inglês já estão também a caminho. Os europeus instruídos gostam do canal Euronews, que permaneceu nas memórias de alguns de nós por ocasião da Guerra do Kosovo da mesma maneira que o Al-Jazeera ficou na memória por conta das recentes guerras no Iraque e Afeganistão, como únicos veículos de informação a atravessar a cortina de fumaça do discurso propagandístico predominante. A despeito da overdose de material relacionado ao presidente venezuelano Hugo Chávez, muitos latino-americanos acompanham a Telesur, o mais novo canal estatal do Terceiro Mundo, com sede na Venezuela. A internet facilita o acesso às notícias internacionais independentemente de canais de televisão e competências linguísticas específicas, incluindo, por exemplo, desde abril de 2009, o jornal chinês *Global Times*.

No setor do entretenimento televisivo, a MTV estadunidense – que pertence à Viacom – é a líder. Nesse setor, porém, há inúmeros concorrentes de peso, não só estadunidenses como também japoneses e mexicanos (com suas telenovelas). Os canais televisivos de entretenimento, assim como as indústrias cinematográfica e musical, contam com importantes produtores regionais. Há, por exemplo, uma cultura pop leste-asiática que domina desde Singapura até a Coreia; outra baseada na Índia, em Mumbai, em todo o sul da Ásia; outra árabe, culturalmente enraizada no Egito, mas florescendo tanto no cosmopolita Líbano quanto no relativamente liberal golfo; uma cultura fílmica de grande impacto regional na Nigéria, a chamada "Nollywood"; e, por fim, os dois grandes centros culturais latino-americanos, o Brasil e o México. Os fluxos culturais vêm se distanciando cada vez mais do antigo centro dos últimos séculos, a região do Atlântico Norte.

Os fluxos globais de informações têm desempenhado um papel importante há, pelo menos, um século, mas principalmente após a Segunda Guerra Mundial, veiculando conhecimentos acerca de doenças, medidas de higiene e descobertas médicas, e contribuindo, de maneira decisiva, com a redução das desigualdades globais vitais entre 1950 e 1990, antes do surto de aids na África e da chegada do capitalismo na antiga União Soviética (Therborn, 2006). Dando seguimento aos esforços estatísticos da Liga das Nações e da OIT (Organização Internacional do Trabalho) antes da Segunda Guerra Mundial, uma série de instituições da ONU reuniu e publicou um importante *corpus* de informações globais do pós-guerra. Nas duas últimas décadas do século XX, esse banco global de informações foi retomado e divulgado pelo Banco Mundial, pelo PNDU (Programa das Nações Unidas para o Desenvolvimento) e pela Unicef, entre outras instituições. A colocação dos países no cotejo global passou a ser de conhecimento geral. Depois dessas iniciativas, surgiu a tendência de se estabelecer rankings mundiais, seja com relação ao quesito desenvolvimento humano, *status* de universidades ou jogadores de tênis.

O fluxo internacional de informações não se refere exclusivamente à mídia, ao entretenimento e às artes. Trata-se também de modelos, valores, normas e arquétipos, de emulação e de estabelecimento de padrões culturais globais (Meyer et al., 1997; Grewal, 2008). A primeira onda de globalização difundiu a fé e os rituais religiosos aos quatro cantos do planeta. Com a quarta onda, ocorrida no século XIX, o conceito europeu do que era ser "civilizado" foi adotado desde pelo quediva do Egito até pelo imperador do Japão. Esse arquétipo de "civilização" abrangia um espectro vasto de itens, desde os trajes europeus (para os homens da alta sociedade, cartola e casaca escura), a dança a dois e a arquitetura, até as estruturas legais e administrativas, as formas de treinamento militar e a organização política (cf. Bayly, 2004). Historicamente, os modernizadores de cima para baixo mais radicais foram os oligarcas do Japão da Era Meiji, no último terço do século XIX; já no entreguerras foi Kemal Atatürk, bem como seu seguidor Reza Xá I do Irã, além dos menos conhecidos bolcheviques da Ásia Central.

Após a Segunda Guerra Mundial, o termo "civilizado" perdeu seu prestígio, sendo associado ao racismo e ao imperialismo. Seu sucessor foi o termo "moderno". Ao longo da quinta onda – política – de globalização, o "moderno" abrangia tanto características socialistas quanto capitalistas. Mas, no fim, foram as variantes no padrão do capitalismo, oriundas do leste asiático, que venceram. Os padrões internacionais retornaram para se vingar, durante a virada do modernismo à direita militante, sob a forma do "neoliberalismo", assim como na *persona* dos "ajustadores estruturais". Dentre os cidadãos, esses ajustadores ficaram conhecidos como figuras terríveis, sendo os mais memoráveis os latino-americanos infames Salinas, do México, e Menem, da Argentina.

Nas últimas décadas, a União Europeia tem agido como importante estabelecedora de padrões, sobretudo no Leste Europeu. Revestidas de jargão legal e postas de maneira diplomática, essas medidas da UE produzem um fluxo muito mais sutil de padronização do que as imposições de Atatürk ou do FMI.

O MUNDO

FLUXOS DE MATÉRIA

Os fluxos de matéria abrangem uma série ampla de itens, desde matéria viva, tais como vírus e animais, até matéria morta, tais como água, solo, areia, dióxido de carbono e outros gases. Essas matérias constituem uma parte vital da interação população-meio ambiente. Por vezes, parece que os fluxos de matéria são impulsionados principalmente pelas forças da própria natureza – como a mudança na direção dos cardumes de arenque no estreito de Öresund e no mar do Norte, no final do período inicial da Era Moderna, levando ou prosperidade e crescimento urbano, ou retrocesso e redução populacional. O assoreamento de rios, que acaba inutilizando-os para o transporte, é outro exemplo de fluxo natural de matéria – como ocorreu na Bruges medieval, por exemplo, afundando a cidade em retrocesso. Outros fluxos, ao contrário, percorrem caminhos humanos – tais como os ratos pestilentos da Ásia Central que foram parar na Europa graças à Pax Mongolica, levando a peste negra à região e matando cerca de um terço da população europeia. Os conquistadores das Américas levaram consigo bactérias e vírus aos quais os europeus já haviam se adaptado, mas que se revelaram fatais aos habitantes nativos que, ao longo da segunda onda de globalização, foram quase completamente exterminados (McNeill, 1979: cap. 5). No final da Primeira Guerra Mundial, a chamada gripe espanhola já havia tirado a vida de milhões de pessoas. As epidemias mais recentes têm sido menos desastrosas, mas permanecem um traço recorrente da humanidade – por exemplo, a aids, a SARS, a gripe suína etc.

Neste século, a dispersão atmosférica de dióxido de carbono, bem como de outros gases poluentes, está prestes a causar um fluxo global de desastres, por conta das mudanças climáticas – enchentes causadas pelo aumento no nível dos oceanos, tempestades avassaladoras, seca e a escassez de alimentos subsequente. Quão longe esse fluxo de catástrofes se encontra e quão rapidamente ele vai nos atingir ainda não se sabe, e muito se tem debatido nos círculos de especialistas. Sua fonte, porém, no fluxo de poluentes, já faz parte do senso comum e constituiu o único tema com relação ao qual houve consenso na Conferência das Nações Unidas sobre as Mudanças Climáticas de 2009, em Copenhague. Como lidar com o desespero, a raiva e a rivalidade consequentes disso já constitui o tema de jogos de guerra no

Pentágono e na Universidade de Defesa Nacional dos EUA (*International Herald Tribune*, 10/2009, p. 1, 4).

Os EUA e a China são os países que mais poluem no mundo todo, sendo responsáveis, juntos, por cerca de 40% de todas as emissões de dióxido de carbono relacionadas à produção de energia do planeta – os EUA um pouquinho mais do que a China, pelo menos em 2005. No entanto, as emissões chinesas de metano e óxido nitroso representam mais do que o dobro das estadunidenses. Historicamente, todavia, os maiores culpados são os EUA, responsáveis por um terço de todas as emissões acumuladas desde 1850. A Alemanha ocupa o segundo lugar, mas é responsável apenas por 10% das emissões totais acumuladas. Sob a luz desses dados, o argumento de diversos países de que os EUA deveriam assumir alguma responsabilidade financeira pelo seu longo histórico de poluição parece plausível; porém, ele é veementemente rejeitado por toda a elite política estadunidense. Atrás dos EUA e da China, são a Rússia, o Brasil, a Indonésia, o Japão e a Índia os grandes emissores de dióxido de carbono – Brasil e Indonésia principalmente por conta do desmatamento.

Dentre os países ricos, nota-se uma diferença considerável nos padrões de emissão a partir da década de 1990. Os EUA e o Japão aumentaram suas emissões em 20% e 15%, respectivamente. A Alemanha, ao contrário, diminuiu as suas em 15%, certamente com um empurrãozinho do processo de desindustrialização do leste do país. Já o Reino Unido, a Suécia e a Dinamarca diminuíram suas emissões, cada uma, em cerca de 5%. Um dos efeitos positivos da queda do comunismo no Leste Europeu foi que, com a desindustrialização, o empobrecimento e, provavelmente, o uso mais eficiente de energia que se seguiram, as emissões de dióxido de carbono vêm sofrendo reduções significativas desde 1990, de forma mais notável na Ucrânia, em Belarus e na Rússia (World Bank, 2010: tabelas A1, A2, A2b).

Entrelaçamentos globais-nacionais

O último terço ou quarto do século XX testemunhou o surgimento da sobreposição de organizações globais, de um lado, e Estados nacionais, de outro; de opiniões e tomadas de decisão globais, de um lado, e nacionais, de

O MUNDO

outro. Essa sobreposição constitui uma forma bastante específica de política global. Tal política global adquiriu – mais ou menos simultaneamente, mas sem interação – dois contornos com implicações sociais bastante distintas. O primeiro teve suas origens na ONU, impulsionado pela organização comunista Federação Internacional Democrática de Mulheres e refletido no Ano Internacional das Mulheres da ONU, com sua Conferência Mundial sobre as Mulheres, realizada com grande sucesso na Cidade do México em 1975 – evento que levou à realização da Década das Mulheres e do Desenvolvimento, promovida pela ONU. Essas iniciativas globais resultaram em emendas constitucionais, em diversas legislações nacionais, contra os sistemas patriarcais vigentes (inclusive na Europa Ocidental), trazendo à tona a problemática dos gêneros em instituições nacionais, arrecadando fundos e fornecendo metas à organização feminista global (ver Therborn, 2004: 102 e ss). O impulso por trás desse entrelaçamento global-nacional foi o desejo de igualdade e apoio internacional aos menos favorecidos.

O outro tipo de entrelaçamento global-nacional tomou uma direção muito distinta. Ele se desenvolveu a partir de créditos condicionais do FMI e já estava presente, em meados dos anos 1960, nos entrelaçamentos entre o governo do partido trabalhista britânico e o FMI. Seu amadurecimento veio sob a forma dos "programas de ajuste estrutural" do FMI, impostos na África e em partes da América Latina nas décadas de 1980 e 1990. O efeito desses programas foi fortalecer os fortes – o capital e os ricos – e enfraquecer os fracos – a classe operária e os pobres. Os países foram forçados a efetuar cortes nas despesas públicas e nos cargos públicos, os direitos trabalhistas foram "flexibilizados" no setor formal, os pobres viram-se obrigados a pagar pela educação e pela saúde pública, e seu alimento já não mais podia ser subsidiado. O objetivo dessas medidas era tirar os países da miséria e da crise por conta das quais eles haviam solicitado empréstimos do FMI. Em outras palavras, só se recorreu ao FMI uma vez que os governos nacionais haviam falhado. O desastre social que se seguiu foi, essencialmente, efeito da crise ou da ajuda do FMI? Análises econométricas sofisticadas comprovam o impacto sistematicamente negativo das intervenções do FMI sobre a desigualdade (Przeworski e Vreeland, 2000).

Ação global

O significado da expressão "ação global" é bastante simples e direto: ação no nível internacional realizada por um ator ou uma série de atores identificáveis. Sua história remonta aos impérios da segunda onda de globalização. Trata-se de um fator manifestado primordialmente através do poder de grandes Estados – de declarar guerra, de fazer ameaças credíveis pelo mundo todo, e às vezes, de ajudar. Atualmente, somente os EUA são uma superpotência de fato global, mas nem o Reino Unido, nem a França desistiram da ambição de permanecerem superpotências. A China tornou-se um dos principais atores globais, mas sua ação tem estado, até agora, restrita ao âmbito econômico. Um grande número de potências menores vem recebendo, de seus *"Big Brothers"*, uma fatia da ação global e, assim, pela primeira vez na história, países como a Albânia, a Estônia e Honduras estão, enquanto ajudantes dos EUA, empenhados em colocar os asiáticos presunçosos em seus devidos lugares no Afeganistão. A Dinamarca, que, no século XX, constituía praticamente um símbolo de pacifismo – a despeito de seu passado viking e de seu breve histórico colonialista e escravagista –, foi transformada em uma nação que promove cruzadas agressivas, insultando e agredindo muçulmanos no próprio quintal e participando, de bom grado, nas guerras estadunidenses contra o Iraque e o Afeganistão.

As reuniões de cúpula, cada vez mais frequentes, do G7, G8, G20 e muitas outras associações de países, vêm tentando engendrar alguma ação global e pacífica em conjunto – por enquanto, sem muito sucesso. Os encontros do G20 de 2008-2009 foram significativos, mas não porque trouxeram alguma ação em conjunto, e sim porque o G20 ofuscou o G8. As missões de paz da ONU têm tido pouco êxito devido ao déficit de recursos, de funcionários e de equipamentos, e ao superávit de intimidação – visto que as grandes potências da organização preferem não pôr a mão na massa, ficando em cima do muro. Atualmente, os desastres naturais, sendo o do Haiti o exemplo mais recente (do início de 2010), costumam ser acudidos por um amontoado de organizações governamentais e não governamentais que parecem competir entre si. A despeito de sua ineficiência, todas essas ações e tentativas de ação acabam frisando duas questões importantes. A primeira é a ampla extensão – por toda a humanidade – do arco cultural de identidade em tempos de crise; a segunda refere-se ao respeito e ao *status* dos quais a ação global goza.

A Organização das Nações Unidas tornou-se mais do que simplesmente uma organização interestatal controlada pelos cinco poderes de veto que compõem seu Conselho de Segurança. O papel que melhor desempenha é o de "sociedade civil" global de formação de opinião, algo que vem gerando, gradualmente, importantes instâncias de ação global – relativas ao controle de natalidade, às relações entre os gêneros, à saúde pública e a outras questões sociais. Seu índice de desenvolvimento humano, criado por Amartya Sen, vem estabelecendo um padrão relevante para o mundo todo.

No setor econômico, a questão da ação global é mais complexa. As redes de comércio entre cidades e continentes, geralmente constituídas por etnias imigrantes, são um fenômeno antigo. Não se tratava apenas de fluxos comerciais, mas incluía também a distribuição estratégica de filhos e outros parentes nas áreas alvo. Os mercadores hindus *sindwork* de Hyderabad, no atual Paquistão, constituem um dos exemplos mais fascinantes disso. Na primeira metade do século XX, suas firmas possuíam filiais espalhadas pelo mundo inteiro, desde na atual Karlovy Vary, na República Tcheca, até Punta Arenas, no sul do Chile; desde Yokohama até a Cidade do Cabo, Freetown, e Colón, no Panamá (Markovits, 2000: 112-13; cf. Curtin, 1984).

Por muito tempo, as grandes corporações também lançaram mão de estratégias globais e conseguiram, nas últimas décadas, estabelecer redes complexas de fornecimento e produção no mundo todo – na produção de automóveis, artigos eletrônicos e artigos de marca, tais como calçados esportivos –, e também enormes redes varejistas. Exemplos incluem fabricantes estadunidenses, como a Apple, marcas, como a Nike, ou grandes varejistas, como o Walmart – isso sem esquecer os terceirizados, por exemplo, em Taiwan, que organizam a produção no continente chinês, em Lesoto ou na Guatemala. Esse tipo de ação global é conhecido como "redes globais de commodities" (Gereffi et al., 2005). Ações globais corporativas possuem níveis diferentes de uniformização global e de diferenciação em termos de mercados. A Toyota e os japoneses são os líderes do mercado automobilístico global – conquista que a Ford está, agora, tentando emular (*International Herald Tribune*, 11/1/2010, pp. 1, 16).

No próximo capítulo, o tema das ações globais será retomado por ocasião da análise dos principais atores do palco mundial atual.

PROCESSOS NACIONAIS

Os processos nacionais não deixaram de ser importantes. Os índices de crescimento econômico não apontam para uma convergência global. Entre 1975 e 2005, o PIB *per capita* subiu 8,4% ao ano na China, 3,4% na Índia, 2% nos EUA, 2,2% no Japão, 2% na Alemanha – que por vezes será mencionada como representante da União Europeia –, 3,9% na Indonésia e 0,7% no Brasil; e diminuiu 0,7% na Rússia e 0,1% na Nigéria (UNDP, 2007a: tabela 14). A crise atual, embora global, demonstrou que as nações individuais desempenham um papel indispensável na economia mundial. Entre a segunda metade de 2008 e a segunda metade de 2009, o PIB dos EUA retraiu 2,5%; o do Japão, 8,8%; o da Rússia, 9,5%; o do Brasil, 1,8%; e o da Alemanha, 4,8%. Por outro lado, o PIB da China aumentou 6,1% no mesmo período; o da Índia, 5,8%; e o da Indonésia, 4,4% (*The Economist*, 27/6-3/7/2009, p. 105). As populações nacionais também estão trilhando seus próprios caminhos (ver tabela 2.3).

Tabela 2.3 Crescimento populacional por país no período 2000-2008 (porcentagem anual)

Rússia	-0,4
Alemanha	0,0
Japão	0,1
China	0,6
EUA	0,9
Brasil	1,2
Indonésia	1,3
Índia	1,4
Nigéria	2,4

Fonte: World Bank, 2010: tabela 1

O crescimento populacional mundial desacelerou – de seu pico histórico, nos anos 1960, de 2% ao ano (Livi-Bacci, 2007: tabela 5.1) até os atuais

1,1%. As taxas de natalidade, no entanto, não parecem convergir na escala global. De fato, entre 1900 e 2000, a tendência foi que elas divergissem (Therborn, 2004: 293-4). No norte da Nigéria, o número de filhos até hoje considerado ideal pelas mulheres é oito, enquanto, na prática, ele costuma cair para sete (Nigerian National Bureau of Statistics, 2006: tabela 80). A população dos antigos países comunistas da Europa está em declínio devido às taxas de natalidade baixíssimas, ao forte aumento nas taxas de mortalidade na Rússia e em outros países da antiga União Soviética e, por fim, à emigração. Esse declínio foi interrompido (temporariamente?) na Rússia em 2009, sobretudo graças à imigração. Também a população da União Europeia tem sido mantida estável graças aos imigrantes. Já o Japão, que é, em grande medida, fechado à imigração, começará a acusar uma redução populacional aguda nos próximos anos. Dentre os países ricos, somente os EUA conseguem manter seu nível populacional por meio da reprodução de seus próprios habitantes – graças à alta fertilidade de suas enormes comunidades hispânicas.

Distribuições globais, nacionais e subnacionais

O colonialismo e o industrialismo europeus – em proporções ainda indefinidas e controversas – acarretaram um grande aumento na desigualdade econômica mundial. De um viés analítico, a questão é a importância relativa dos mecanismos de desigualdade – sobretudo o capitalismo industrial e a exploração e exclusão coloniais praticadas pelo Atlântico Norte, o que garantiu a ascensão dessa região apenas (ver Therborn, 2006). Sejam quais forem os mecanismos, uma boa resposta às questões da pobreza e da afluência é a seguinte: você é pobre/rico hoje porque seu país era pobre/rico 150-200 anos atrás (Maddison, 2007: tabela A7).

O processo de descolonização, após a Segunda Guerra Mundial, alterou os parâmetros da economia mundial. Mais de um século de estagnação na China e na Índia viraram crescimento. A lacuna a ser preenchida, todavia, era grande. A média salarial urbana na Índia em 1961 estava proporcionalmente abaixo da média em Agra em 1595 (Allen, 2005: 121). Na escala global, a desigualdade econômica retraiu nos anos 1950-1960 (Bourguignon e Morrison, 2002). A

DINÂMICA MUNDIAL

partir de 1980 mais ou menos, o rápido crescimento econômico da gigante e pobre China implicou um maior equilíbrio global, visível aproximadamente em 1990 e fortalecido pelo crescimento da Índia.

Mas o mundo polarizou-se no último quarto do século XX, visto que a maior parte da África não acompanhou o ritmo mundial. O PIB *per capita* chegou a diminuir no período de 1975 a 2005 na África Subsaariana – 0,5% na média anual –, ao passo que nos países de alta renda houve um aumento de 2,1% (UNDP, 2007a: tabela 14). Só que a África não foi a única vítima das décadas de "globalização". No ano 2000, o quintil* mais pobre da população da América Central e da América do Sul contava com apenas 84% de sua renda média registrada em 1980. Já para o quintil mais pobre do Leste Europeu e da Ásia Central, a porcentagem era ainda mais baixa – 70%. Sua grande perda foi sofrida depois de 1990, como resultado da queda do comunismo, ao passo que, nas Américas, foi na década de 1980 que os mais pobres tiveram de abrir as carteiras em consequência do capitalismo. A década de 1980 também marcou o quinto mais pobre dos norte-americanos, quando sua renda retraiu (Berry e Serieux, 2006: tabela 10).

No geral, as desigualdades globais provêm, em primeiro lugar, da história mundial. Até que ponto a desigualdade econômica atual é produto dos processos recentes de globalização é uma questão diferente, para um debate inconclusivo. Há duas outras questões, no entanto, que são bastante evidentes. Primeiro, a distribuição desigual de renda está disposta também de forma desigual pelo planeta. Segundo, tamanho e distância são fatores que têm pouco impacto sobre a desigualdade de recursos visível no mundo de hoje. Os habitantes de uma cidade, ou os cidadãos de um país, podem ser tão desiguais entre si quanto os habitantes do planeta. Em outras palavras, são os processos subglobais que dominam o atual sistema de (re)produção dos padrões desiguais de distribuição de renda. O coeficiente de Gini é o recurso mais utilizado na medição da desigualdade – ele vai de zero, ou igualdade total, até cem, ou desigualdade total, na qual uma entidade só possui tudo (ver tabela 2.4).

---

* N. T.: Na Estatística Descritiva, cada quintil representa um quinto da amostra em questão.

Tabela 2.4 Desigualdade na distribuição de renda do planeta em nações e cidades em meados dos anos 2000 (coeficiente de Gini)

Mundo	70
Nações	
África do Sul	58[a]
Alemanha	30
Brasil	57
China	47
Dinamarca e Suécia	23
EUA	38
Índia	37[a]
Indonésia	34[a]
Japão	32
México	47
Nigéria	44[a]
Rússia	40[a]
Cidades	
Brasília	64
Cidade do México	56
Johanesburgo	75[a]
Nova York	>50
São Paulo	61
Washington D.C.	>50

Observações: [a] Dado relativo à distribuição de gastos domésticos, que é menos desigual do que a renda. Na Índia, por exemplo, análises comparativas revelaram coeficientes de renda 8 a 10 pontos acima dos coeficientes de gastos.

Fontes: Mundo: B. Milanovic, 2008: tabela 3; Países da OCDE: OECD, 2007a: tabela 1.A2.3; países restantes: UNDP, 2008: tabela 15; cidades: UN Habitat, 2008, pp. 63, 69, 75.

A despeito dos esforços heroicos de coleta e análise dos dados exibidos na tabela 2.4, é preciso tomá-los com certa cautela, deixando espaço para uma margem de erros. Até mesmo dentro da Europa, diferentes centros estatísticos fornecem dados levemente díspares para um mesmo país. Porém, feita a advertência, parece claro que a desigualdade entre os habitantes de Johanesburgo está pelo menos no mesmo nível, senão até acima, da média mundial – dado obtido por meio da combinação de pesquisas nacionais dos gastos domésticos, que por sua vez tornam comparáveis o poder aquisitivo da população. Países em desenvolvimento variam consideravelmente em termos de desigualdade, mas a América Latina e o sul da África ocupam o topo da lista de desigualdade nacional – resultado do legado histórico deixado pela subjugação e exploração de indígenas e, no Brasil, de escravos importados, instauradas pelos colonizadores europeus. O fato de que os dados referentes à Índia levam os gastos domésticos em consideração, enquanto os dados relativos à China referem-se à renda, significa que a desigualdade econômica de fato entre os dois países é mais ou menos a mesma. (Os dados urbanos chineses subestimam consideravelmente a desigualdade real, entre outros mecanismos, através da exclusão de migrantes urbanos. Por isso, não foram utilizados aqui.)

O cotejo entre nações em termos de seu PIB *per capita* fornece a razão de 39 para 1 entre os dez por cento mais ricos e os dez por cento mais pobres do mundo (Milanovic, 2008: 425). Essa razão global dos países mais ricos em relação aos mais pobres é ainda mais desigual no nível nacional em nove países latino-americanos e em cinco africanos. Dentre os domicílios do mundo, Milanovic encontrou uma razão de 98 para 1 entre os dez por cento mais ricos e os dez por cento mais pobres. Dentre os cidadãos da Bolívia, a razão entre esses dois decis chegou a 168 para 1 em 2002. Pesquisas individuais em Lesoto e Namíbia revelaram razões de 105 e 130 para 1, respectivamente (UNDP, 2008: tabela 15). Em outras palavras, sejam quais forem as forças históricas globais e os processos globais atuais, muito da desigualdade humana está sendo produzida e preservada dentro das fronteiras nacionais e municipais. Os dados referentes à Escandinávia e aos EUA, por exemplo, revelam a amplitude da desigualdade dentro do rico mundo da OCDE.

Em suma, a história nacional e a política nacional parecem ter impacto mais decisivo sobre a distribuição de renda do que os fluxos globais de capitalismo.

O PALCO MUNDIAL ATUAL

Em uma obra célebre da década de 1970, Immanuel Wallerstein nos ensinou que existe um sistema capitalista moderno mundial governando Estados, nações e classes. No entanto, ainda não se decidiu, de maneira conclusiva, em que medida isso realmente é ou foi um sistema. Para mim, as diferentes partes do globo são significativamente autônomas e, por isso, não devem jamais ser negligenciadas em qualquer tentativa de se explicar o mundo. O capítulo anterior destrinchou o sistema mundial e a onda atual de globalização em processos globais e subglobais, e revelou seu peso relativo. Um tema menos controverso, e também menos explorado, é a existência de um palco mundial – um cenário global no qual atua uma série de atores, desde Estados, alianças internacionais e corporações até políticos individuais, jogadores de futebol e cantores pop. E por mais que esses atores estejam, por definição, à altura dos padrões internacionais, nem por isso eles deixam de ter sido influenciados pelo seu contexto subglobal específico.

O palco mundial é, na realidade, um grande teatro, no qual diversas peças são exibidas simultaneamente a plateias do mundo todo. Boa parte desse conjunto de peças é formada por diferentes repertórios multiculturais – o repertório político do Conselho de Segurança da ONU, das assembleias gerais, das reuniões de cúpula entre as grandes potências e dos teatros de operação de guerra; o repertório econômico, representado de forma mais ostensiva nas reuniões anuais do Fórum Econômico Mundial em Davos, na Suíça, mas também presente diariamente nos noticiários, sobretudo na parte dos mercados financeiros; o repertório cultural, com seus dois destaques anuais: o Prêmio Nobel, em Estocolmo, e o Oscar, em Los Angeles; o vasto repertório esportivo, com os Jogos Olímpicos e as Copas do Mundo de futebol roubando a cena periodicamente; além dos desfiles de celebridades, irregulares, mas sempre recorrentes e frequentes. Também irregulares e frequentes são as histórias horrendas de desastres e catástrofes. Por fim, no palco mundial há ainda atrações paralelas e espetáculos especiais de todos os tipos.

Não há crítico de teatro no mundo que dê conta de um repertório desses. O foco aqui serão os principais atores políticos, econômicos e sociais. Vejamos antes, porém, um pouco de cenografia e sua história.

CENOGRAFIA: O CENÁRIO MUNDIAL

O cenário do palco mundial é marcado pelo seu contexto histórico, que, por sua vez, é influenciado pela geografia do planeta – com seus conectores e divisores. Planícies e rios são conectores. As civilizações clássicas floresceram às margens dos principais rios e se espalharam pelas planícies em torno deles – estreitas entre o Tigre e o Eufrates e amplas em torno do Yang-Tsé e do Ganges. A vasta planície eurasiática constituiu a ponte entre a península europeia e os guerreiros nômades hunos e mongóis – e também as sedas chinesas. As montanhas e desertos são os divisores. Os Himalaias isolavam a Ásia Central do sul asiático – embora um desvio a oeste, pelo Afeganistão e pelo passo de Khyber, oferecesse uma rota de acesso aos guerreiros –, a cordilheira dos Andes dividia a América do Sul e, ao norte, primeiro os Apalaches e, mais tarde, as Montanhas Rochosas representaram barreiras (temporárias) à expansão estadunidense. Os Alpes sempre dividiram a Europa – senão até separaram o norte do sul. O Saara, o Gobi, o Taklimakan e os desertos em torno da região do "crescente fértil" do Oriente Médio dividiam a África e o nordeste e oeste asiático. Os mares e oceanos atuam tanto

O PALCO MUNDIAL ATUAL

como conectores quanto como divisores. O Mediterrâneo e o mar da China Meridional são velhos conectores, sendo que este último atuou também como fronteira. O golfo Pérsico/Arábico e o mar Báltico – e, mais tarde, também o mar do Caribe – são exemplos regionais de divisores-conectores marítimos. O oceano Índico conectava o sul e o oeste asiático pré-modernos com o leste da África, mas, ao mesmo tempo, separava-os. Seu ciclo anual de monções governou o comércio e as viagens na região até boa parte da era do imperialismo europeu (Chaudhuri, 1985: 1990).

O Atlântico Norte desempenhava essas mesmas funções, e suas primeiras travessias principais foram governadas pela elipse de ventos e correntezas descoberta entre Sevilha, as ilhas de Cabo Verde, Havana e depois os Açores, na volta à Ibéria (Benjamin, 2009: mapas 2.6 e 5.1). O Pacífico possibilitou o povoamento da Ilha de Páscoa, do Havaí e, com um empurrãozinho do oceano Índico, também de Madagascar. Todavia, ele atuou ao mesmo tempo como uma espécie de barreira asiática depois das Filipinas – até que a rota fosse aberta pelo lado oeste, pelos estadunidenses. A conexão materializou-se, então, nos grandes bairros chineses de São Francisco e Vancouver, bem como na presença japonesa em Lima.

A navegabilidade intermitente dos principais rios africanos, tais como o Congo, o Níger e o Zambeze, dividiu a África, do mesmo modo que a floresta tropical central e o vasto deserto do Saara – embora caravanas o atravessassem para transportar escravos e ouro até o norte e a cultura islâmica até o sul. O fato de os rios siberianos, como, por exemplo, o Lena e o Ob, correrem para o norte e desaguarem no meio no nada impediu o desenvolvimento socioeconômico da região.

Mas o cenário do palco mundial é produto quase que exclusivo da natureza, ao passo que os contornos de seu espaço aéreo são completamente artificiais. E, muito antes dos avanços na navegação aérea, o velho Grande Canal da China e os mais jovens Canal de Suez e Canal do Panamá conectaram a humanidade de maneiras novas e importantes. Atualmente, em decorrência do aquecimento global e do derretimento das calotas polares – um fenômeno inteiramente artificial –, as tão sonhadas passagens nordeste, para os russos, e noroeste, para os canadenses, estão começando a se abrir.

O *layout* do mundo, separado em continentes, divididos e conectados por vastos corpos de água, mares e oceanos, é eurocêntrico, já que foi inven-

| 173 |

O MUNDO

tado e descoberto por europeus. Somente os europeus poderiam ter tido a brilhante ideia de chamar a saliência no extremo oeste da Ásia de continente. A parte oeste dos vastos territórios da Eurásia não possui nenhuma fronteira leste relevante – os Montes Urais são uma invenção recente e bastante baixa. Esse tema vem perseguindo os debates políticos atuais em torno da União Europeia. Afinal, onde é que a Europa termina?

De qualquer forma, os europeus têm o direito legítimo de serem curiosos – a Europa é, afinal, o continente curioso, como também o oeste asiático arábico havia sido outrora.

OS ATORES PRINCIPAIS

O terreno acidentado dos Estados-nações

Os Estados-nações são frutos das uniões entre estados e nações. Eles foram proclamados, pela primeira vez, pelas Revoluções Francesa e Americana, abalando as estruturas de todo o resto do mundo e atingindo a África no final dos anos 1950 – e também, fatalmente, a União Soviética e a Iugoslávia, na década de 1990. Em algumas ocasiões, os Estados-nações evoluíram gradualmente, deixando para trás sua estrutura dinástica e oligárquica – como foi o caso do Reino Unido ao longo dos séculos XVII e XVIII –, mas raramente sem deixar de incluir algum conflito violento.

Hoje, em 2010, o mundo é composto por cerca de 6,8 bilhões de pessoas, distribuídas internamente por quase 200 Estados (de tamanhos amplamente diferentes), 192 dos quais são membros da ONU – uma alta significativa em comparação aos 60 registrados em 1950. Desde o início da década de 1990, a organização inclui também Estados menores cuja soberania é duvidosa, tais como as relíquias minúsculas da Europa pré-nacional Andorra, Liechtenstein, Mônaco e San Marino – cujas relações exteriores já há muito tempo são conduzidas por seus vizinhos maiores –, e também as ex-colônias do Pacífico, as ilhotas Quiribati, Nauru e Palau. Fora da ONU estão apenas alguns poucos territórios de cuja soberania não se duvida, mas que gozam de pouca legitimidade internacional reconhecida – tais como Abecásia, Kosovo, Chipre do Norte, Ossétia do Sul, Taiwan e Transnístria. Movimentos relevantes que lutam a favor da legitimação de novos Estados-nações existem em todos os continentes, exceto na Oceania. Seja lá o que signifiquem os Estados-nações, sem sombra de dúvida eles não se tornaram obsoletos.

Tabela 3.1 Os países mais populosos do mundo em 2008 (em milhões)

China	1.326
Índia	1.140
EUA	304
Indonésia	228
Brasil	192
Paquistão	166
Bangladesh	160
Nigéria	151
Rússia	142
Japão	128
México	106

Fonte: World Bank, 2010: tabela 1

Neste breve *tour* do mundo, é preciso privilegiar os principais atores, então comecemos enfatizando que o mundo de hoje é, antes de tudo, asiático, tanto em termos de população quanto de habitat – leste-asiático e sul-asiático. À sua frente estão os dois bilionários populacionais, a China e a Índia (ver tabela 3.1).

Dois países, a China e a Índia, abrigam quase dois em cada cinco cidadãos do mundo (37%). A metade da humanidade está concentrada em apenas seis países. Uns bons 60% vivem nos 11 países com mais de 100 milhões de habitantes. Qualquer análise social séria do mundo terá de levar esse fator em conta. A maior parte da população mundial (56%) está concentrada em três regiões – leste, sul e sudeste da Ásia. Juntos, a União Europeia e a América do Norte, o centro do mundo nos séculos XIX e XX, abrigam apenas um em cada oito habitantes do mundo. Os europeus não devem deixar de notar também que, à exceção dos EUA, há ainda 13 países não europeus mais populosos do que a gigante da União Europeia, a Alemanha – além dos países da tabela 3.1, também as Filipinas, o Vietnã, o Egito e, recentemente, a Etiópia, são mais populosos do que a Alemanha. As grandes potências costumam ter também

O MUNDO

grandes dimensões – mais ou menos as dimensões de continentes, na verdade. Mas assim como tudo nesse mundo, o espaço também é distribuído de forma bastante desigual entre os países.

Talvez dê para visualizar as proporções mundiais um pouco melhor se imaginarmos que a Rússia é somente um pouquinho menor do que a China e os EUA juntos; que a Austrália (com seus 21 milhões de habitantes) é mais de duas vezes maior do que a Índia; que, na Grécia, 11 milhões de pessoas têm quase tanto espaço quanto os 160 milhões de habitantes de Bangladesh. Enquanto o país de maior área na Europa Ocidental, a França, tem apenas 552 mil quilômetros quadrados, há 6 países latino-americanos e 11 africanos, incluindo a África do Sul, cuja área é superior a 1 milhão de quilômetros quadrados.

Tabela 3.2 Os maiores países (em 1.000 km²)

País	Área
Rússia	17.098
Canadá	9.985
EUA	9.632
China	9.598
Brasil	8.515
Austrália	7.741
Índia	3.287
Argentina	2.780
Cazaquistão	2.725
Sudão	2.505
Argélia	2.381
Congo (Quinxasa)	2.344
Arábia Saudita	2.000
México	1.964
Indonésia	1.904

Fonte: World Bank, 2009: tabela A1

Os países também se aproximam e distanciam uns dos outros no que concerne ao tamanho de suas economias nacionais e à sua prosperidade. O tamanho das economias nacionais será expresso em dólares de acordo com os valores de câmbio atuais (ver tabela 3.3).

A colocação das grandes potências em termos de economia é praticamente oposta à colocação relativa à população. Os EUA, por exemplo, têm menos de 5% da população mundial, mas embolsa um quarto de sua renda total.

Embora a União Europeia não seja um país, ela constitui um dos principais atores da economia global, sendo responsável por 30% da renda mundial, distribuída entre 7% da população do mundo. A China e a Índia, juntas, dispõem de 37% da população do mundo e 9% da renda. Os chamados países Bric (Brasil, Rússia, Índia e China) até aparecem na tabela 3.3, mas lado a lado com nada menos do que cinco países oeste-europeus e o Canadá. As duas maiores economias africanas, a África do Sul, com 283 bilhões, e a Nigéria, com 176 bilhões, são menores do que as economias da Dinamarca e de Portugal, respectivamente.

Tabela 3.3 As maiores economias do mundo
em termos de produto nacional bruto em 2008

	Bilhões de dólares	Porcentagem do total mundial
EUA	14.466	25
Japão	4.879	8
China	3.899	7
Alemanha	3.486	6
Reino Unido	2.787	5
França	2.702	5
Itália	2.109	4
Espanha	1.457	2,5
Brasil	1.411	2,5
Canadá	1.390	2
Rússia	1.365	2
Índia	1.216	2

Observação: Na segunda metade de 2010, a China ultrapassou o Japão.

Fonte: World Bank, 2010: tabela 1

Do ponto de vista econômico, os últimos tempos testemunharam o retorno ao topo dos núcleos centrais de duas das civilizações asiáticas que, nas vésperas da alvorada do mundo eurocêntrico moderno, eram as mais ricas. Elas retornaram sob a forma de Estados-nações, sendo que a China basicamente manteve a mesma extensão que os mais poderosos impérios dinásticos um dia ocuparam, e a Índia, a unificação pós-colonial sem precedentes do subcontinente indiano. Graças à sua integração supranacional, a Europa ainda é, em termos de economia, umas das regiões centrais do planeta. Porém, o papel de líder e o cetro de missionário da civilização europeia já passaram, há muito tempo, para as mãos dos EUA, a maior conquista da modernidade dos colonizadores europeus. De acordo com a obra que, mais do que qualquer outra, colocou recentemente o tema das civilizações sob os holofotes (Huntington, 1996), a civilização europeia sequer teria existido, tendo sido supostamente sucedida por uma civilização "ocidental", localizada na costa oeste do Atlântico Norte.

A tabela 3.3 inclui duas outras ramificações da modernidade colonizadora europeia – ou seja, o Brasil e o Canadá. A civilização do oeste asiático, por outro lado, permanece fragmentada e fraca economicamente, a despeito dos grandes lucros trazidos pelo petróleo na região. De fato, a economia egípcia é menor do que a romena, e a saudita, semelhante à austríaca. Até hoje, a África jamais constituiu um centro econômico intercontinental e permanece bastante marginal – apesar de o século XXI ter começado com o pé direito por lá, com o crescimento do PIB superando o crescimento populacional.

Se quisermos avaliar os padrões de vida mundiais, é melhor recorrermos a uma outra medida, o produto nacional bruto *per capita* (PNB) em termos da paridade do poder de compra (PPC) dos cidadãos, convertida em dólares. A PPC é calculada com base no preço de uma grande cesta de produtos em diferentes países – em outras palavras, a pergunta é: "quanto se pode comprar com tantos dólares?". Nivelar esses preços corretamente é um processo trabalhoso, sobretudo nos países maiores, em que a variação interna de preços é também maior. Em 2005, o Banco Mundial efetuou uma conferência rígida de seus procedimentos e constatou que havia sérios erros em estimativas anteriores – por exemplo, que a renda dos chineses em PPC era de fato 40% menor do que o valor registrado pelo método antigo, ao passo que a renda nigeriana era, na verdade, maior do que o estimado (Che e Ravaillon, 2008). Dizer agora que o método perfeito foi encontrado seria uma conclusão apressada. É preciso ter cautela, mas os dados apresentados anteriormente refletem os melhores métodos disponíveis em termos do cotejo mundial do quesito renda (ver tabela 3.4).

Tabela 3.4 Os países mais prósperos e a renda das grandes potências. Produto nacional bruto *per capita* em paridades do poder de compra em 2008 (em dólares)

	PNB *per capita*	Múltiplo da média mundial
Noruega	58.500	5,6
Singapura	47.940	4,6
EUA	46.970	4,5
Suíça	46.460	4,5
Hong Kong	43.960	4,2
Holanda	41.670	4
Japão	35.220	3,5
Rússia	15.630	1,5
México	14.270	1,4
Brasil	10.070	1
China	6.020	0,6
Indonésia	3.830	0,4
Índia	2.960	0,3
Paquistão	2.700	0,3
Nigéria	1.940	0,2
Bangladesh	1.440	0,1
Alemanha	35.940	3,5
África Subsaariana	1.991	0,2

Fonte: World Bank, 2010: tabela 1

O dado mais notável talvez seja quão prósperos Singapura e Hong Kong realmente são, ultrapassando quase todos os países da Europa Ocidental e constituindo as duas únicas ex-colônias a aparecerem no topo da lista de prosperidade. Mas talvez os leitores que já tenham testemunhado a rotina em Singapura e em Hong Kong, com seus incontáveis *workaholics* muito bem organizados e sempre em ritmo frenético de compras, não fiquem tão abismados. A média mundial do produto nacional *per capita*, levando também em conta o poder aquisitivo da população, é atingida no Brasil e na América Latina como um todo, com a África do Sul ficando logo abaixo. Os países mais pobres da Europa, tais como a Moldávia, a Bósnia-Herzegovina e a Albânia, encontram-se muito abaixo desse nível, e a Macedônia está quase na média.

O MUNDO

Dentre os 11 países mais populosos do mundo, cada um dos quais com mais de 100 milhões de habitantes, os produtos nacionais *per capita* e o poder aquisitivo de seis estão abaixo da média mundial, e somente os de quatro estão acima. A razão entre o mais rico e o mais pobre, dos EUA a Bangladesh, é de 33 para 1.

Os Estados-nações não são simplesmente pequenos ou grandes, ricos ou pobres. Eles também se agrupam em alianças geopolíticas que se sobrepõem e cujos significados variam amplamente. De fato, recentemente, uma enorme profusão de líderes de Estados-nações parece pular de uma reunião de cúpula para a outra.

Uma das razões disso são os esforços interestatais de ação global. Nesse âmbito, a ONU é a organização mais célebre, mais universal e, por isso, também a mais intrincada. A Organização Mundial do Comércio é uma organização vasta, porém não universal, cujos estatutos têm valor legal. Justamente por isso, ela acaba sendo o palco de conflitos sérios, mas pacíficos – o único palco, por sinal, em que a União Europeia ousa peitar os EUA. Um terceiro exemplo desse tipo de organização é a série de reuniões de cúpula entre países que se consideram incumbidos da tarefa de governar o mundo. Tudo começou, no final do século passado, com o G7, ou o grupo das sete maiores economias mundiais, para o qual a Rússia foi, mais tarde, em 1990, cordialmente convidada – gesto que não custou nada, oferecido a uma ex-superpotência que, na altura, estava adotando o capitalismo. Porém, com as evidentes mudanças geoeconômicas dos anos 2000, essa fórmula deixou de funcionar. Na crise financeira de 2008-2009, o G8 já havia sido superado por um agrupamento maior, o G20, que, para além dos mais ricos e maiores (e um voto extra para a União Europeia), inclui também uma série de países emergentes de peso – a Arábia Saudita e o Egito, do Oriente Médio; a Indonésia e a Coreia do Sul, juntamente com a China e Índia, da porção leste da Ásia; a Argentina, o Brasil e o México, da América Latina; assim como a Austrália e a África do Sul. Esperam-se futuras artimanhas para tentar arranjar um convite.

O segundo tipo de aliança são os agrupamentos territoriais de países. O mais bem-sucedido é, de longe, a União Europeia (UE), que conta, atualmente, com 27 membros, além de fortes instituições supranacionais. Organizações semelhantes em escalas mais ou menos continentais incluem a

O PALCO MUNDIAL ATUAL

americana OEA (Organização dos Estados Americanos), mais antiga do que a UE, porém prejudicada pelo descompasso entre os EUA e o restante; a União Africana, abertamente espelhada na UE e adaptada a partir de uma antiga aliança pós-colonial (a Organização da Unidade Africana), embora muito mais fraca do que a UE; e, em terceiro lugar, a sudeste-asiática Asean (em português, Associação de Nações do Sudeste Asiático), que respeita muito mais a soberania nacional do que a UE. A União Africana teve pelo menos um importante impacto, que foi o reconhecimento e, portanto, a pacificação das arbitrárias fronteiras coloniais, livrando a África de guerras entre países vizinhos – guerras que, por sua vez, devastaram os Bálcãs repetidas vezes na primeira metade do século XX.

No mundo todo, há também agrupamentos territoriais menores de países. Antes de a UE dividi-lo, o mais avançado talvez fosse o nórdico – abrangendo a Dinamarca, a Finlândia, a Islândia, a Noruega e a Suécia –, graças ao qual, já em 1950, os passaportes e o mercado de trabalho haviam sido unificados. Em 2008 o Brasil lançou, com sucesso, o Unasur, agrupando os 12 países da América do Sul e deixando a influência dos EUA de fora – embora a Colômbia, para a grande irritação do governo brasileiro, tenha aberto uma série de bases militares aos EUA. A pós-soviética Comunidade dos Estados Independentes não deu muitos frutos, sobretudo porque a Rússia não tem sido generosa e sutil o suficiente para oferecer uma liderança consistente. A Liga Árabe remonta aos tempos da crise palestina após a Segunda Guerra Mundial, mas sempre se demonstrou fragmentada e ineficaz.

Em terceiro lugar, há também os movimentos e as alianças ideológicas inte-restatais. Deixando de fora as relações bilaterais entre patrocinadores e clientes, a única aliança que retém algum poder é a Otan (Organização do Tratado do Atlântico Norte), iniciativa dos EUA no início da Guerra Fria que abrange o antigo núcleo de uma série de alianças militares anticomunistas internacionais. Após o declínio da sua razão de ser, a União Soviética, a Otan não fechou as portas. Muito pelo contrário – ela se expandiu, recrutou os antigos satélites da URSS e estendeu suas ambições militares para muito além do Atlântico Norte. Atualmente, ela parece desempenhar duas funções principais. A primeira delas é a consolidação de um alinhamento político pró-EUA em toda a Europa, dando seguimento ao objetivo da Guerra Fria de "deixar os russos para fora e os es-

| 181 |

tadunidenses no controle". A segunda função, mais recente, é o fornecimento de auxiliares oriundos de uma "comunidade internacional" simbólica para as guerras estadunidenses em diversas partes do globo, ocasionalmente provendo ajuda mais substancial – como é o caso da guerra no Afeganistão hoje –, ainda que sempre secundária.

Diante dos mísseis, bombas e "forças especiais" bastante concretas da Otan, as outras organizações ideológicas estatais parecem nada mais do que conversa para boi dormir – tais como o amplo Movimento dos Países não Alinhados da geração anticolonial de Bandung (1955), a Conferência de Estados Islâmicos e, mais recentemente, o grupo Alba (Aliança Bolivariana para os Povos da Nossa América), para uma "alternativa bolivariana" na América Latina – iniciativa de Hugo Chávez, cujos recursos trazidos pelo óleo venezuelano lhe possibilitam alguma concretude.

Enquanto as organizações interestatais econômicas e ideológicas costumam refletir principalmente os interesses e preocupações de décadas recentes, a maior parte das organizações territoriais possuem raízes mais profundas. A UE abrange os núcleos da civilização europeia, bem como os principais caminhos rumo à modernidade europeia. A americana OEA foi a pioneira dentre os países do Novo Mundo. As raízes da Liga Árabe e da União Africana remontam às civilizações antigas correspondentes, bem como a experiências de modernidade semicolonial e colonial, respectivamente. A Asean corresponde mais ou menos à extensão do sistema familiar do sudeste asiático e ao ponto de encontro entre as civilizações sínica e índu. Porém, a política, ou melhor, a economia da antiga sinosfera parece ter sido irreparavelmente desfeita pelo agressivo processo de modernização reacionária empreendido pelos japoneses – do mesmo modo que a história civilizacional comum do sul asiático foi irreparavelmente desfeita pela partição de 1947.

Os atores principais que dominam o palco mundial hoje são os Estados-nações. Diante dessas grandes potências, os outros não passam de "atores coadjuvantes". Agrupados em conjuntos, contudo, esses atores coadjuvantes são também extremamente significantes. Vejamos, a seguir, dois desses conjuntos – as corporações, incluindo também as cidades corporativas, e os movimentos sociais.

Corporações

Corporações capitalistas que operam globalmente são, é claro, um dos traços mais distintivos da economia contemporânea. Atualmente, existem duas listas distintas das maiores corporações, baseadas em critérios diferentes e não completamente coincidentes em termos temporais. Uma delas é a estadunidense *Fortune* Global 500, cujo ranking é baseado na receita das corporações; a segunda é a britânica *Financial Times* 500 (FT) cujo critério é o valor das ações, ou o valor de mercado das corporações. Ambas concordam que as corporações estadunidenses dominam o mundo. Na lista do FT de 2009, as corporações estadunidenses ocupavam 6 das 10 primeiras colocações (incluindo a primeira, que foi à Exxon), 23 das 50 primeiras colocações e 181 das 500. Esses dados representam uma queda, no entanto, de 57% nos rankings da FT do final da década de 1990 para 36% em 2009 (*Financial Times*, 25/7/2008). Na lista da *Fortune* de 2009, a Shell ocupa a primeira posição, mas, ainda assim, 4 das 10 primeiras são estadunidenses – além de 16 das 50 primeiras e 140 das 500.

O petróleo domina a lista baseada em receita, 7 de 10 corporações, ao passo que a lista de valor de mercado menciona apenas 3 companhias petrolíferas (ver tabela 3.5). Em vez de petrolíferas, a lista por valor de mercado menciona 4 fabricantes, ao passo que na lista da *Fortune* aparece apenas um. Ambas mencionam um banco e uma rede varejista entre as 10 primeiras colocações, além de uma empresa de telefonia celular na lista da FT.

O valor de mercado total das corporações listadas na FT500 representa cerca de 10% a mais do que o PIB dos EUA. As corporações estadunidenses são responsáveis por uma fatia relativamente maior do valor de mercado do que do número de corporações listadas, mas o segundo lugar, ocupado pela China, merece destaque. Essa colocação permaneceria inalterada mesmo que as empresas de Hong Kong fossem contadas separadamente – algo que já não parece mais justificável.

O MUNDO

Tabela 3.5 As 10 maiores corporações do mundo em 2009 (em bilhões de dólares)

Valor de mercado	
Exxon Mobil, EUA	337
PetroChina, China	287
Walmart, EUA	204
Ind. & Com. Bank of China	188
China Mobile, Hong Kong	175
Microsoft, EUA	163
AT&T, EUA	149
Johnson & Johnson, EUA	145
Royal Dutch Shell, Reino Unido	139
Procter & Gamble, EUA	138
Receita	
Royal Dutch Shell, Holanda	458
Exxon Mobil, EUA	443
Walmart, EUA	406
BP, Reino Unido	307
Chevron, EUA	263
Total, França	235
ConocoPhilips, EUA	231
ING, Holanda	227
Sinopec, China	208
Toyota, Japão	204

Observação: A colocação da velha petrolífera anglo-holandesa, a Shell, é diferente nas duas listas, presumivelmente porque sua inscrição principal é na bolsa de valores de Londres, ao passo que sua matriz fica em Haia, na Holanda.

Fontes: Valor de mercado: *Financial Times*, 30-31/05/2009, www.ft.com/Ft500; Receita: *Fortune*, http://money.cnn.com/magazines/fortune/global500/2009/full_list

Tabela 3.6 Ações de capitalização de mercado entre países em 2009 (porcentagem do valor de mercado total das corporações listadas na FT500)

África do Sul	0,6
Índia	1
Rússia	1
Brasil	2
Alemanha	4
França	5
Japão	7
Reino Unido	7,5
China (incl. Hong Kong)	12
União Europeia	24
EUA	40

Fonte: Cálculos baseados em www.ft.com/Ft500

A China aparece mais forte na lista da FT, ocupando, claramente, a segunda colocação em termos de valor de mercado, abocanhando 3 dos 10 primeiros lugares (incluindo a PetroChina na segunda colocação), 7 dos 50 primeiros e 41 dentre os 500 (incluindo as corporações de Hong Kong). De acordo com a *Fortune*, uma corporação chinesa está entre as dez maiores, 3 entre as 50 e 37 (menos que a França, com 40, e que a Alemanha, com 39) entre as 500. Os japoneses se saíram muito melhor na lista estadunidense, levando 1 dos 10 primeiros lugares, 3 de 50 e – o segundo maior número – 68 de 500. Já na lista da FT apareceu apenas uma corporação japonesa entre as 50 maiores – a Toyota, em 22º lugar.

Comparadas às superpotências, as corporações são nanicas. Quando seus ganhos atingiram o pico, em 2006, as corporações listadas na *Fortune* US 500 registraram lucros correspondentes a 16% da arrecadação total de impostos do governo estadunidense. A receita bruta das 10 maiores corporações do mundo juntas corresponde a um pouco mais de um décimo da carga tributária estadunidense (dados relativos a impostos oriundos da OCDE, http://stats.oecd.org).

O maior empregador privado do mundo é, de longe, a rede varejista antissindical estadunidense Walmart, com cerca de 2 milhões de empregados no mundo todo. Esse número representa, todavia, menos de um décimo de todos os cargos do setor público civil dos EUA, registrado em 22,6 milhões em 2009 (www.bls.gov/news.release), e pouco mais da metade dos empregos da iniciativa pública alemã (OECD, 2009: 30). As corporações são grandes, ricas em

| 185 |

O MUNDO

recursos e poder, mas é só compará-las com países que elas já não se mostram mais tão dominantes.

Na última onda de globalização, muitos acadêmicos e consultores tentaram transformar cidades em redes corporativas, as chamadas "cidades globais", ou então em partes de "redes mundiais de cidades" (Sassen, 2001/1991; Taylor, 2004, respectivamente). Embora essa perspectiva não lance muita luz sobre as cidades enquanto ambientes construídos para a vida humana urbana, ela revela aspectos importantes e interessantes do mundo corporativo.

Em primeiro lugar, a obra de Sassen demonstra que o capitalismo corporativo globalizado repousa firmemente sobre os fluxos de capital, e não apenas paira sobre eles. Além disso, esse capitalismo corporativo globalizado possui "centros de comando" em poucas localidades. Duas dessas localidades destacam-se como centros financeiros capitalistas de serviços empresariais – Londres e Nova York. Sassen também incluiu Tóquio no trio de tops das "cidades globais", mas o declínio do capitalismo japonês em geral e, mais especificamente, do setor bancário japonês, tornou essa categorização obsoleta. De fato, em um ranking extensivo recente (2009), encomendado pela City de Londres, o aspecto mais notável talvez nem seja o fato de que Londres apareça no topo, com Nova York logo atrás, mas sim a queda de Tóquio à 15ª colocação. Frankfurt aparece em oitavo lugar, depois de Singapura, Hong Kong, Zurique, Genebra e Chicago (www. cityoflondon.gov.uk).

Na Universidade de Loughborough, na Inglaterra, Peter J. Taylor desenvolveu uma ampla pesquisa e extensos bancos de dados relativos à difusão e às conexões entre firmas e suas subsidiárias nas cidades do mundo. Os resultados fornecem uma visão diferente e muito interessante da hierarquia espacial do capital global (ver tabela 3.7). Os dois principais centros de serviços empresariais e financeiros continuam localizados em ambas as costas do Atlântico Norte; porém, na segunda fileira, seis dos sete núcleos mencionados ficam na porção oeste do Pacífico, Hong Kong parece estar se beneficiando com a crise financeira no Atlântico de 2008-2009 (*Time*, 1/02/2010, "Big City Shake-Out", pp. 38 e ss). Vale ressaltar também que, das 17 corporações mencionadas nas listas das 10 maiores – parcialmente coincidentes – da *Financial Times* e da *Fortune* (ver tabela 3.5), somente uma tem sede em Londres (a BP, ou British Petroleum), e nenhuma em Nova York.

Tabela 3.7 Hierarquia urbana global de serviços empresariais em 2000 e 2008

	2000	2008
Cidades alpha ++	Londres Nova York	Londres Nova York
Cidades alpha +	Hong Kong Paris Tóquio Singapura	Hong Kong Paris Singapura Sydney Tóquio Xangai Pequim

Fonte: Taylor, 2009

Missões e movimentos

O palco mundial ainda conta, é claro, com muitos outros atores para além de Estados e corporações. Aliás, existe até, desde meados da década de 2000, um anuário da "sociedade civil global", cuja definição é "a esfera de ideias, valores, instituições, organizações, redes e indivíduos localizados entre a família, o Estado e o mercado, operando para além dos confins das sociedades nacionais" (Kaldor et al., 2009: 2). A União de Associações Internacionais registrou, em 2005-2006, 36 mil organizações internacionais ativas, cinco mil organizações intergovernamentais e 31 mil organizações não governamentais (www.iua. org/statistics) – as quais também estão reunidas em um anuário, cujo preço é exorbitante para não membros.

Por um lado, existe, em certa medida, uma sociedade mundial mediada por meio da qual organizações profissionais bastante pequenas podem chamar a atenção pública para temas de importância global, tais como os direitos humanos e as ameaças ambientais; por outro lado, entretanto, a maioria dessas organizações internacionais são atores menores, cujos papéis são pequenos, restritos a uma área e de impacto limitado. Há, de todo modo, quatro exceções.

Uma delas é a Igreja Cristã Católica que, com seus 1,13 bilhões de fiéis, constitui, de longe, a maior organização não estatal do planeta. Trata-se provavelmente da mais antiga organização não governamental – mais velha do

O MUNDO

que qualquer país hoje, embora se pudesse argumentar que a China é mais velha, a despeito de seus regimes descontínuos. O catolicismo é muito mais do que apenas uma religião – é também uma organização presente no mundo todo, cujos líderes, o papa e o Colégio dos Cardeais, são aceitos universalmente. O papa é uma figura bastante respeitada e popular; sua autoridade, contudo, é limitada. Os líderes de Estados cristãos ignoraram, por exemplo, os pedidos de paz do papa nas vésperas das Guerras do Kosovo e do Iraque, e até mesmo na Itália as opiniões da Igreja quanto ao divórcio e ao aborto são, em grande medida, ignoradas. De todo modo, a Igreja Católica permanece um ator mundial de peso.

Os trabalhos missionários, adotados por diversas organizações religiosas, estão em alta desde as duas últimas décadas – inclusive nas novas áreas reabertas após a queda do comunismo. Lá, a Igreja Católica é a principal perdedora, visto que os trabalhos missionários maiores e mais bem-sucedidos foram conduzidos pela Igreja Pentecostal e outras organizações protestantes "evangélicas" semelhantes – em grande parte ou até mesmo exclusivamente para o detrimento da Igreja Católica. A partir da segunda onda de globalização, a Igreja Protestante também fez grandes progressos na América Latina, sob o domínio católico já há 400 ou 500 anos. No final da década de 1990, os protestantes representavam 30% da população guatemalense, 20% da chilena, 13% da brasileira e 6-7% da mexicana (Martin, 1997: 6). O impulso para tal partiu das organizações protestantes dos EUA e tem muito a ver com o "espírito do capitalismo" tipicamente estadunidense (Micklethwait e Wooldridge, 2009: 216 e ss) – organizações que, porém, sofrem mutações e logo se transformam em ramificações locais. Essas ramificações locais, por sua vez, podem também se tornar globais. Por exemplo, a Igreja Protestante da Coreia do Sul – que remonta às missões do século XIX, cujo centro regional era, até a Segunda Guerra Mundial, Pyongyang – possui cerca de 16 mil missionários no exterior. Outro exemplo é uma Igreja nigeriana, que, recentemente, inaugurou, com sucesso, uma filial na Ucrânia (Roy, 2008: 214-5). O mormonismo, outra religião estadunidense, também produziu missionários de sucesso, contando, hoje, com aproximadamente tantos fiéis quanto o judaísmo (Roy, 2008: 213).

As religiões mundiais restantes não recorreram tanto aos trabalhos missionários. O islamismo não tem sido exatamente passivo, mas se porta de maneiras diferentes no cenário global. Uma dessas maneiras inclui os incentivos governamentais, oriundos, sobretudo, da Arábia Saudita e dos outros Estados do golfo Pérsico, e investidos na construção de mesquitas – desde no oeste da África até na Ásia Central e na Europa, incluindo a cidade universitária sueca de Uppsala, minha antiga base. O Corão, bem como outros materiais religiosos, é distribuído com abundância. Os incentivos do governo também cobrem o fornecimento de imames à Ásia Central, à região do Cáucaso e à Europa, vindos sobretudo da Turquia e dos países do norte da África. Também faz parte do pacote o auxílio financeiro aos peregrinos a Meca (*haj*, em árabe) e aos estudantes dos Estudos Islâmicos, seja em Al-Azhar, no Cairo, ou então em outras instituições. Trabalhos missionários de fato ocupam um lugar secundário nesses incentivos estatais, mas não deixam de desempenhar seu papel. A Irmandade Muçulmana, com sede no Egito, fornece catequizadores e pregadores. O movimento fundamentalista sul-asiático Tablighi Jammat utiliza o trabalho missionário ativamente, assim como diversas outras irmandades sufistas mais místicas, tanto africanas quanto oeste-asiáticas. No Ocidente, os maiores progressos islâmicos foram feitos dentre os afro-americanos. O islã atingiu seus sucessos mais marcantes, no entanto, entre os índios de Chiapas, no sul do México, possibilitados por missionários espanhóis convertidos (Roy, 2004: cap. 3 e passim; Roy, 2008: 213 s).

O budismo voltou com força total na China, onde cerca de 10 mil templos e monastérios foram (re)construídos desde o início dos anos 1980 (Croll, 2006: 290). O processo parece, todavia, ter sido organizado sobretudo internamente, praticamente sem envolver trabalhos missionários. Já os trabalhos missionários de Taiwan concentraram-se mais na diáspora chinesa (Poceski, 2009: 265 e ss). Diferentes formas indefinidas de hinduísmo também formaram organizações para reafirmar uma espécie de fé endireitada e visões de mundo morais na diáspora ocidental, e diversos gurus indianos se demonstraram concorrentes de sucesso no universo bastante pequeno do movimento ocidental "New Age" (Roy, 2008: 230 e ss).

O MUNDO

"Deus está de volta" ao mundo moderno, só que mais comedido por causa dos desafios pós-modernistas, como argumentam os jornalistas Micklethwait e Wooldridge (2009) do *Economist*.

A Igreja Católica e as missões são dois dos principais atores não governamentais e não corporativos do palco mundial. Há ainda dois outros que constituem forças de oposição ao capitalismo globalizado. Um deles, o Fórum Social, é, de acordo com sua carta de princípios de 2002, um espaço global de encontro para movimentos "que se opõem ao neoliberalismo e ao domínio do mundo pelo capital e por qualquer forma de imperialismo" (www.forumsocialmundial.org.br). O segundo é a principal organização trabalhista do mundo, a Confederação Sindical Internacional.

O Fórum Social Mundial (FSM) foi lançado em 2001 como alternativa direta ao capitalista Fórum Econômico Mundial de Davos – resultado da confluência de sindicatos e movimentos sociais radicais brasileiros, de um lado, e intelectuais empreendedores esquerdistas do jornal mensal parisiense *Le Monde Diplomatique*, de outro (Cassen, 2003). Tudo começou na cidade de Porto Alegre, então liderada por um governo de esquerda, em janeiro de 2001. Seu sucesso foi instantâneo, gerando um conselho internacional, uma longa lista de fóruns sociais regionais e nacionais, além de encontros globais periódicos da multidão radical ao longo de toda a década de 2000. Na primeira vez que o FSM arriscou colocar o nariz para fora da América Latina, em 2004, em Mumbai, o evento foi um sucesso, e sua regionalização global em 2006 – em Bamako, Caracas e Karachi – também correu muito bem. Após um fórum menos exitoso e mal organizado em Nairóbi em 2007, e após um certo abatimento europeu – por conta de uma separação interna na francesa Attac (Associação pela Tributação das Transações Financeiras para Ajuda aos Cidadãos), importante componente internacional do FSM, fundada na França em 1998 –, o FSM deu a volta por cima em grande estilo na cidade brasileira de Belém em 2009, registrando 133 mil participantes, incluindo os presidentes de centro-esquerda do hemisfério sul. À exceção do de Nairóbi, todos os seus fóruns centrais atraíram pelo menos 100 mil participantes – em Porto Alegre, em 2005, estima-se que o dobro desse número tenha participado (Glasius e Timms, 2005: 200). O conselho internacional do FSM decidiu reunir-se, mais uma vez, no fórum mundial em 2011, dessa vez em algum lugar da África.

A Confederação Sindical Internacional (CSI) foi fundada em 2006, no âmbito da reunião histórica de sindicatos seculares e cristãos, processo já iniciado em nível nacional na década de 1960. Com seus 166 milhões de membros distribuídos em 156 países (www.icftu.org), a CSI é um dos principais atores globais – porém, mais como movimento de solidariedade e apoio do que como organização internacional. Ora, boa parte das ações dos sindicatos é restrita ao âmbito local ou nacional, da mesma maneira que suas políticas de tomada de decisão. Essa parceria entre organizações seculares e religiosas não conseguiu, entretanto, superar a divisão da Guerra Fria – a Federação Sindical Mundial segue vivendo sua existência obscura mesmo após a implosão do comunismo no Leste Europeu. Um terço dos membros de todos os sindicatos do mundo está na Europa (Waterman e Timms, 2004: 183), onde vive cerca de um décimo da população mundial.

O número de membros constitui, todavia, um indicador transnacional escorregadio da força sindical de um país. Em primeiro lugar, porque o número costuma ser superfaturado por conta da existência de sindicatos heterônimos; em segundo lugar, porque ele costuma ser subfaturado por não levar em conta a relevância de alguns de seus seguidores não membros – característica importante da ação industrial francesa, por exemplo. Sendo assim, talvez a melhor maneira de se estimar a força de um sindicato seja de acordo com a extensão dos acordos coletivos salariais firmados.

Negociações coletivas conduzidas por sindicatos constituem uma conquista durável, sobretudo dos sindicatos europeus – embora sua presença na América do Sul também seja notável. A Argentina e o Uruguai, por exemplo, possuem uma forte cultura sindical, abrangendo não só a tradicional indústria frigorífica, as montadoras de veículos argentinas e a iniciativa pública, como também os colarinhos-brancos, tais como os funcionários de bancos. Os funcionários das minas de estanho da Bolívia constituíram uma força social exemplar no período após a Segunda Guerra Mundial, e, mais tarde, quando as minas foram fechadas, eles levaram suas habilidades de organização para outras áreas – sobretudo às lavouras de coca, a base central do atual presidente Evo Morales. Na Índia, ao contrário, nada mais do que 1% dos empregos é regulado por acordos coletivos (Venkata Ratnam, 1994: 6). (A seguir, os temas do trabalho e das classes sociais na Índia e na China serão retomados.)

O MUNDO

Tabela 3.8 Cobertura dos acordos
coletivos sindicais em 2007 (porcentagem de empregos)

Menos de 15%	15%-50%	51%-70%	Mais de 70%
Turquia	Polônia, Reino Unido	Alemanha	França e maior parte da UE
			Rússia, Ucrânia
EUA	Canadá		
Coreia			
China			
Sudeste Asiático			
Brasil, Chile			Argentina, Bolívia, Uruguai
	África do Sul		

Fonte: ILO, 2008b: tabela 3 e 39 e ss.

A organização de sindicatos ainda é uma atividade violentamente contestada na maior parte das Américas. O impedimento, por parte das corporações, de organizações trabalhistas coletivas permanece a regra nos EUA – além de constituir um ramo de consultoria lucrativo –, à exceção das indústrias mais antigas e dos sindicatos da construção civil no norte do país. De fato, ao sul do rio Grande, na fronteira com o México, centenas de sindicalistas são mortos todos os anos. Uma estimativa internacional de violações de direitos trabalhistas – que, muito discretamente, deixa os EUA de fora – releva índices constantemente baixos na Europa Ocidental e altos na América Latina e no Oriente Médio (Mosley, 2007: figura 5.2).

Em geral, os sindicatos têm ficado na defensiva nas últimas décadas. Dá para contar seus avanços recentes nos dedos, embora, em si, esses avanços tenham sido importantes. Foram os sindicatos de trabalhadores que desempenharam um papel fundamental tanto na reta final da dissolução do Apartheid na África do Sul, quanto no processo de democratização da Coreia do Sul, ambos na década de 1980. Outro caso simultâneo e bastante especial foi o da Solidarnosc, da Polônia, um exemplo memorável da importância da lógica política na dinâmica social. O Solidarnosc, um movimento essencial e genuinamente da classe operária, tornou-se o líder da campanha global anticomunista por conta de seu antagonismo com relação ao governo polonês da época. O movimento ganhou o apoio generoso do Vaticano e dos governos antissindicais de Reagan e Thatcher.

| 192 |

Novos movimentos de cidadãos explorados e/ou prejudicados não conseguiram de fato compensar o enfraquecimento sofrido pelos sindicatos e pelos direitos trabalhistas, sobretudo na China e na Índia. Entretanto, eles deram aos contornos sociais do mundo uma dimensão positiva. Populações indígenas do mundo todo, por exemplo, uniram-se de diversas formas – a Organização das Nações e Povos não Representados, voltada à ONU, acolhe muitas delas. Desde 1996, existe também a confederação que reúne associações de moradores de favelas de três continentes, a Shack/Slum Dwellers' Internacional, atualmente com 3,5 milhões de membros. Em Durban em 2002, foi fundada a Streetnet International, uma confederação que reúne 300 mil vendedores de rua (Scholte e Timms, 2009). Essas e outras organizações semelhantes, tais como o movimento de camponeses latino-americano Via Campesina, são fortalecidas por sua participação em fóruns sociais.

Até aqui, analisamos os atores de peso do palco mundial – os Estados-nações, as corporações capitalistas, as organizações religiosas e suas respectivas missões, bem como os fóruns sociais mundiais e os sindicatos internacionais. Alguns deles são poderosos e agressivos; outros precisam ter jogo de cintura para não saírem de cena; por fim, outros têm na crença em seus ideais uma fonte de obstinação. Alguns deles constituem o sistema mundial de poder político-econômico; outros, sua maior resistência e seu maior crítico. As grandes corporações e os movimentos sociais são produtos do capitalismo e da política recentes. Suas localizações, todavia, possuem raízes históricas evidentes – as corporações na América do Norte, no nordeste da Ásia e do noroeste da Europa, e os movimentos sociais internacionais na Europa e nas Américas.

Os principais Estados-nações de hoje, por outro lado, passaram por uma gestação mais longa – a China está por aqui há mais de dois milênios, e o Ashoka Chakra na bandeira da Índia reivindica ascendência semelhante para a Índia, ambas Estados modernos oriundos de civilizações clássicas. O Japão tem pelo menos um milênio e meio nas costas. Comparadas às asiáticas, as potências europeias e americanas parecem um tanto juvenis em uma escala temporal absoluta, mas sua formação histórica longínqua não deve ser ignorada. O domínio dos francos, na atual França, data de pelo menos mais de um milênio atrás, e a Rússia e a Grã-Bretanha, de mais de meio milênio. A Alemanha moderna pode até ter apenas um pouco mais de cem anos de vida, mas, antes disso, houve os 844 anos do Sacro Império Romano-Germânico, de 962 a 1806. As regiões americanas colonizadas pelos europeus constituíram um "Mundo Novo" e, hoje, os EUA e o Brasil contam um pouco mais e um pouco menos, respectivamente, de dois séculos de vida – já muito mais do que uma vida humana. O nascimento da Indonésia colonial e da África do Sul dos colonos, por outro lado, ainda está ao alcance da memória – muito embora ambas estejam reivindicando a importância de eventos históricos e conquistas que tiveram lugar muito antes disso.

A idade das religiões mundiais contemporâneas e da filosofia moral abrangente do confucionismo varia de 1.400 anos (islã) até cerca de 3.000 anos (hinduísmo). Elas sofreram mutações, criaram ramificações e se dividiram; porém, seus textos sagrados, os *Analectos* confucionistas, a Bíblia e o Corão, bem como o equivalente hindu, o épico *Ramaiana*, entre outros, continuam sendo estudados com afinco – e suas interpretações continuam sendo debatidas com fervor. Para compreender a incrível complexidade histórica do palco mundial atual e dos seus atores principais, a abordagem da geologia sociocultural se faz imperativa.

O período de uma única vida humana é muito mais curto, até mesmo na melhor das circunstâncias. No entanto, nós, seres humanos, também carregamos história mundial e geologia global dentro de nós. Todos nós nascemos no seio delas, e foram elas que determinaram, em grande medida, nossas chances de vida. Todos nós aprendemos fragmentos selecionados delas.

NOSSO TEMPO NA TERRA: TRAJETÓRIAS DE VIDA

As consequências de todos os fatores mencionados anteriormente – história, dinâmica e palco mundial – são produtos de vidas e mortes humanas. Independentemente de como ou de onde vivemos, todos nós possuímos um ciclo de vida que, se completo, se estenderá do nascimento e da infância à adolescência e à juventude, depois à idade adulta e, finalmente, à terceira idade e à morte. Para muitos, esse ciclo da vida é encurtado drasticamente, por vezes já no primeiro ano de vida. Em diversas áreas de estudo, as trajetórias de vida são analisadas, com frequência, de forma probabilística, com base em certos episódios determinantes na vida de um ser humano – a conclusão dos estudos, a entrada no mercado de trabalho, o casamento ou a vida a dois, o nascimento do primeiro filho etc. As comparações permanecem, via de regra, restritas a poucas amostras de populações nascidas na mesma altura e a poucos países, normalmente semelhantes (ver Mayer, 1990; Blossfeld et al., 2005). Os métodos costumam envolver altos custos, são trabalhosos e demorados; porém, aparando-se suas arestas com cuidado e despindo-os da textualidade profusa típica das autobiografias e dos *Bildungsromane* (ou romances de formação), esses métodos revelam que as estruturas sociais e a formação da geologia cultural nada mais são do que trajetórias de vida concluídas.

Nesse âmbito, não se pode acompanhar os indivíduos em seus itinerários pessoais, mas se pode tentar mapear os caminhos que têm diante de si hoje, no início do século XXI. As pessoas têm o poder de escolha e, inevitavelmente, toparão com a sorte pelo caminho – boa ou má. Sendo assim, a tendência é que esses mapas reflitam os contornos de trajetórias de vida individuais, do mesmo modo que as estradas maiores e menores de um mapa rodoviário refletem a provável distribuição do tráfego.

Nosso mapa global de vida pode ser considerado uma projeção de três fontes. Em primeiro lugar, ele advém de estágios de vida humana geneticamente programados, mas socialmente alterados. Ele começa com o nascimento, que é sucedido por uma infância longa, vulnerável e, por vezes, roubada. Depois vem a maturidade sexual, que pode ou não fazer parte dos períodos de transição chamados adolescência e juventude, dando lugar, mais tarde, à idade adulta, com todas as suas expectativas em torno da reprodução, do sustento e, frequentemente – porém não sempre – também de um novo habitat. Depois dela, o que se segue é um período cujo ritmo é menos acelerado – aposentadoria (com ou sem remuneração), declínio gradual e dependência crescente –, até, por fim, a morte, que constitui um evento cultural de impacto, bem como um desfecho biológico.

Em segundo lugar, nosso mapa global de vida é uma projeção de tudo que sabemos acerca da formação geológica do universo social – sua topografia, suas divisões e seus conectores. As principais civilizações, juntamente com os sistemas familiares oriundos delas ou a elas relacionados, têm impacto sobre os diferentes *status* dos gêneros ao longo da infância e da adolescência, sobre as escolhas na idade adulta e sobre as alternativas na terceira idade. Além disso, traços das civilizações e de seus respectivos sistemas familiares dão origem a trajetórias de vida padronizadas – sempre diferenciadas pela questão dos gêneros e, quase sempre, também por questões de etnia e classes sociais. As ondas de globalização e os caminhos rumo à modernidade dão forma às nossas crenças religiosas, à nossa competência linguística e à nossa noção de cidadania na idade adulta. A história da modernidade nos fornece diferentes oportunidades e perspectivas com relação à vida adulta. Graças a ela, o mundo foi dividido, em meados do século XIX, em desenvolvido e aquilo que chamamos eufemisticamente de em desenvolvimento. Essa divisão ainda permeia nossas chances de sobrevivência, desde o nascimento até a terceira idade.

Em terceiro e último lugar, nossas trajetórias de vida são oriundas da dinâmica mundial atual, de seus impulsos fundamentais, de suas *dramatis personae* mais extraordinárias, norteando nossas aspirações juvenis, nossa atitude aberta ou fechada diante de certos temas, nossas motivações na idade adulta, além de boa parte de nossas alternativas na idade adulta e também depois dela.

A vida é a jornada do nascimento à morte. O objetivo aqui será apontar os itinerários mais importantes, mais frequentes nessa jornada.

NASCIMENTO E SOBREVIVÊNCIA

Todo ano, acontecem cerca de 128-9 milhões de nascimentos – mais ou menos 350 mil nascimentos todos os dias. Uma pequena porção desse total, três milhões desde 1978, foi gerada artificialmente com a ajuda de técnicas de procriação medicamente assistida, sobretudo na Europa Ocidental e nos EUA (www.eshre.com). A média de filhos por mulher neste início de século XXI é de 2,5, um declínio histórico notável em comparação a um século atrás, quando as asiáticas, africanas, latino-americanas e boa parte das europeias costumavam dar à luz cinco ou seis vezes ao longo da vida – sendo que, nos EUA, a média era 4 e, na Rússia, 7 (Therborn, 2004: tabela 8.7). Atualmente, os dois polos opostos da fecundidade são, de um lado, a África Subsaariana – com uma média de aproximadamente 5 filhos por mulher, como é o caso na Nigéria e na Etiópia, ou até mesmo 6 ou mais, como se observa no Congo e em Uganda – e, de outro lado, as áreas mais desenvolvidas do nordeste asiático, além das regiões leste e sul da Europa – cuja média é um pouco mais que 1. A população do Leste Europeu está em declínio e a da Europa como um todo estagnou, ao passo que a maior parte da África vem crescendo 2,5%-2,6% ao ano. O Japão deverá começar a contrair muito em breve, mas as populações asiáticas e americanas totais continuam aumentando – pouco mais de 1% ao ano, igual à média mundial (UNFPA, 2009: 86 e ss).

A partir do último quarto do século XIX, um movimento de controle de natalidade ilegal e clandestino começou a espalhar-se por todo o continente europeu, bem como pelas colônias além-mar. Um século mais tarde, o controle de natalidade – dessa vez com o apoio do governo e financiado pelos países ricos – conquistou o planeta em um processo global de fluxo de informação,

O MUNDO

atingindo, gradualmente, o Terceiro Mundo e ocasionando um entrelaçamento entre instituições globais e nacionais. O controle de natalidade chegou à África na década de 1990, mas o alto valor que a civilização africana atribui à fertilidade persiste, até mesmo entre a classe média urbana. Diante das taxas de mortalidade e da ausência de assistência, para além do domínio familiar, nos casos de necessidade, as altas taxas de fecundidade funcionam também como uma espécie de apólice de seguros.

Com relação aos gêneros, os nascimentos passam por um controle natural sistemático. Por causa das desvantagens biológicas dos meninos, é natural que as populações humanas deem à luz 105-106 meninos para cada 100 meninas. Mas os dois países mais populosos do mundo, a China e a Índia, possuem índices de natalidade bastante discrepantes no que concerne aos gêneros – a China com 120-121 meninos para cada 100 meninas em 2004-2008 (*Global Times*, 27/11/2009), e a Índia com 112 meninos para cada 100 meninas em 2004-2006. Nas províncias e estados mais misóginos, essa razão costuma ser ainda mais destoante, chegando a 124 e 121 em Punjab e Haryana, na Índia, respectivamente – ambas compartilham a mesma capital modernista, Chandigarh. Na China, a razão atinge 132 para 100 nas províncias centrais de Anhui e Shanxi (Guilmoto, 2009: 521; cf. Li e Peng, 2000: 68-71). A Albânia, na Europa, as três repúblicas da região do Cáucaso, o Paquistão e o Vietnã também possuem um coeficiente de nascimentos que denota misoginia, entre 112 para 100 (na Geórgia, no Paquistão e no Vietnã) e 121-122 para 100 (na Armênia e no Azerbaijão). Talvez isso não passe de uma onda temporária, decorrente das técnicas modernas de controle de natalidade associadas à preferência natural por filhos meninos. A razão de natalidade entre os sexos na Coreia do Sul, por exemplo, voltou ao normal em 2007 – 107 para 100 (Guilmoto, 2009). A dúvida, no entanto, continua no ar.

Tradicionalmente, tanto na China quanto na Índia, o infanticídio e a negligência pós-parto eram praticados por motivos de gênero. Atualmente, todavia, os abortos seletivos são mais importantes – que, embora ilegais na Índia, estão disponíveis a preços baixos –, bem como o descuido pós-parto com relação a vacinas e assistência médica. A política do filho único – uma norma de controle de natalidade rigorosamente implementada na China –, em associação a novas normas de planejamento familiar que preveem menos filhos, vem agravando seriamente o déficit de meninas tanto na Índia quanto na China. A atual preferência pelo sexo masculino é um fenômeno moderno que se intensificou nos últimos tempos; ele é mais urbano do que rural, mais difundido em províncias abastadas do que nas mais pobres. De fato, na Índia ele vem se espalhando também ao sul do tradicional cinturão patriarcal no norte (Srinivasan e Bedi, 2009).

O desleixo pós-parto com relação a bebês meninas, apesar de menos comum do que o aborto seletivo, constitui um traço marcante de cinco países do mundo – sobretudo quando a comida, o tempo e o dinheiro para o tratamento médico são escassos. São eles o Afeganistão, a China, a Índia, o Nepal e o Paquistão – lá, mais meninas do que meninos não passam dos 5 anos de vida. Em todos os outros países, as taxas de mortalidade infantil tendem a ser significativamente mais altas entre os meninos, ou então equilibradas (UNFPA, 2008: 90 e ss).

Filhos são colocados no mundo sob condições e presságios extremamente diversos. Nos países menos desenvolvidos, 1 em cada 11 crianças não viverá para ver seu primeiro aniversário. Nos piores casos, como em Serra Leoa, no Afeganistão e em Angola, 1 em cada 4 crianças morrerá antes de completar 5 anos. No Congo – país grande, com seus mais ou menos 60 milhões de habitantes –, 1 em cada 5 crianças morre antes de completar 5 anos – o mesmo índice que o registrado na Nigéria. Já na Índia, a morte antes dos 5 anos de idade atinge 7 ou 8 crianças em cada 100; na China, 2 ou 3; nos países ricos, por outro lado, os índices variam de 4 a 9 crianças em cada mil (Unicef, 2008).

No geral, contudo, a expectativa de vida das crianças vem, sem dúvida alguma, melhorando, especialmente graças à onda de globalização após a Segunda Guerra Mundial, que incluiu muito mais do que apenas a Guerra Fria. Ela testemunhou também as iniciativas populacionais da ONU, a fundação da OMS (Organização Mundial da Saúde) e até mesmo a injeção de investimentos significativos, por parte das grandes potências imperiais, em medicamentos para doenças tropicais – tais como sprays contra o mosquito da malária e vacinas. Entre 1970 e 2005, a taxa global de mortalidade infantil antes dos 5 anos caiu pela metade, de 148 a 76 em cada 1.000 crianças. No entanto, em termos proporcionais, houve progressos mais significativos nos países mais ricos. De

O MUNDO

fato, nos países de alta renda, esses índices passaram de 32 a 7 crianças em cada 1.000; nos de renda média, de 127 a 35; e, nos de baixa renda, de 209 a 113. As chances relativas de sobrevivência da mãe no parto também melhoraram. A expectativa de vida ao nascer é equilibrada entre os sexos no Afeganistão e no Paquistão, e, na Índia, é um pouco mais alta para o sexo feminino, embora ainda atipicamente baixa (UNFPA, 2008: 87).

As classes sociais e, com frequência, também os fatores étnicos têm forte impacto sobre a infância, sobre as chances de sobrevivência – bastante díspares entre as classes sociais na América Latina, a região economicamente mais desigual do planeta – e sobre as chances de um desenvolvimento normal, sem os prejuízos causados pela desnutrição e, é claro, pela escassez de educação. Mesmo aqueles que sobrevivem ao parto correm o risco de ter seu desenvolvimento natural prejudicado – por exemplo, pela desnutrição infantil –, deixando no adulto uma predisposição a doenças e à fraqueza. O déficit grave de peso, de acordo com padrões considerados normais, atinge uma em cada quatro crianças no mundo todo – no sul asiático são duas em cada cinco crianças, índice pior do que o africano, que se encontra mais ou menos na média mundial (Unicef, 2008: tabela 2). As configurações socioculturais subglobais deixam marcas inapagáveis na infância humana. A cruel ironia divina – ou talvez terrena – acaba colocando um grande número de crianças extremamente vulneráveis, filhas de mães pobres, jovens e com baixos níveis de instrução, nos habitats tropicais mais perigosos.

Porém, as chances de sobrevivência das pessoas não dependem apenas do país onde acabaram nascendo; dependem também da classe social dos pais e da região exata do nascimento. Esse fato aplica-se a todos os países, inclusive aos menos desiguais em termos de distribuição de renda, como a Suécia. De fato, lá as taxas de mortalidade infantil variam, de acordo com a Statistics Sweden, de 7,3 em cada 1.000 crianças, nas cidades médias, a 1,5 em cada 1.000, nos pequenos municípios com menos de 12.500 habitantes. De todo modo, as diferentes classes sociais têm impacto maior sobre as taxas de mortalidade infantil nos países pobres ou em desenvolvimento. Comparando o quintil mais pobre e mais rico de todos os pais – uma faixa muito mais estreita do que aquela entre a classe média alta e os pobres, mas que reflete bem a diferença entre as "pessoas comuns" mais abastadas ou menos abastadas –, a razão da mortalidade infantil antes dos 5 anos é de aproximadamente um para três. Na Índia, isso quer dizer que 10% das crianças do quintil mais pobre de toda a população morrem antes de completar 5 anos – e 7%-8% na Indonésia e no Brasil. Mas há exceções, como, por exemplo, Uganda – país pouco desenvolvido, mas relativamente organizado –, onde não há diferença entre esses quintis. Por outro lado, no Peru – país conhecido por suas desigualdades, mas cuja taxa geral de mortalidade é bem mais baixa do que em Uganda –, a razão entre a taxa de mortalidade de crianças cujos pais pertencem ao quintil de alta renda e daquelas cujos pais pertencem ao quintil de baixa renda é de um para seis (UNDP, 2007a: tabela 8).

As chances de sobrevivência de acordo com regiões subnacionais podem ser tão pronunciadas quanto, ou até mesmo mais pronunciadas do que as chances de sobrevivência de acordo com a distribuição de renda. Dentre os estados da Índia, a mortalidade infantil antes do quinto ano de vida varia de 19 crianças em cada 1.000, na costeira Kerala – bem organizada socialmente, com um governo de esquerda, com baixos índices de analfabetismo e baixa dominância masculina para padrões sul-asiáticos, mas, ainda assim, não abastada em termos econômicos –, a 138 em cada 1.000, em Madhya Pradesh (Nanda e Ali, 2007: tabela 2.7), estado patriarcal do centro-norte assolado pela miséria, cuja capital, Bhopal, é conhecida por seus altos níveis de poluição (causados pela fábrica da Union Carbide). A diferença na expectativa de vida ao nascer entre esses dois estados é de 18 anos, sendo 73 anos em Kerala e 55 em Madhya Pradesh. Na China, essas diferenças regionais são menos aberrantes, indo de 64 anos no Tibete e 65 em Yunnan, nas regiões oeste e sul, até 75 em Guangdong e no leste de Zhejiang – ou 78 anos se incluirmos a província metropolitana de Xangai (www.stats.gov.cn). No entanto, é sobretudo o estado de Kerala o responsável pela diferença sino-indiana. Deixando Délhi de fora, o segundo estado a oferecer trajetórias de vida mais seguras é Punjab, oferecendo 12 anos de vida a mais do que Madhya Pradesh, e 10 anos a mais do que Uttar Pradesh, ao norte, e que Orissa, ao leste.

O Brasil é um país bastante polarizado regionalmente. O Nordeste é pobre e pouco desenvolvido, e está pagando até hoje a alta dívida deixada pela escravidão, ao passo que o Sudeste é próspero – embora desigual –, beneficiado pelo cultivo do café por uma mão de obra desprovida de sindicatos e, mais tarde, pela industrialização. A razão da mortalidade infantil entre as duas regiões era de quase 2,5 para 1 nos anos 1990. Essa discrepância, todavia, foi

O MUNDO

ofuscada pela defasagem educacional entre as mães das duas regiões. De fato, a razão era de 10 para 1 entre as mães analfabetas (3,5 milhões em idade fértil) e aquelas com 12 anos ou mais de escolaridade (www.ibge.gov.br, "Evolução e Perspectiva da Mortalidade Infantil no Brasil": tabelas 1 e 7). Na Nigéria, assim como na maioria dos países do oeste da África, as desigualdades estão distribuídas no eixo norte-sul. Assim, crianças do território iorubá, na região sudoeste, e do território ibo, na região sudeste do país, possuem uma chance de sobrevivência 2,5 vezes mais alta do que crianças nascidas nas regiões nordeste e noroeste da Nigéria, onde um quarto do total não completará 5 anos de vida (www.nigeriastat.gov.ng).

A expectativa de vida é, em grande medida – especialmente nos países pobres –, determinada pelo que acontece nos cinco primeiros anos de vida. Porém, o stress na idade adulta, somado às maneiras de lidar com ele, também desempenha um papel importante. Por causa disso, a expectativa de vida transcende as fronteiras nacionais e os níveis de desenvolvimento nacionais, sendo influenciada também por questões de classe social e etnia – e seus respectivos entrelaçamentos com padrões culturais. A tabela 4.1 ilustra justamente esse ponto. Os dados referem-se apenas aos homens porque costumam variar mais entre eles do que entre as mulheres, por mais que elas também estejam expostas às mesmas diferenças apresentadas.

Diferenças locais entre as classes sociais do Reino Unido se traduzem em uma defasagem de 28 anos na expectativa de vida – defasagem maior do que entre a África Subsaariana e os países de alta renda, que é de 26 anos (World Bank, 2010: 379), ou entre os aborígenes e os colonos australianos. Visto de fora, um bairro de Glasgow a leste do centro da cidade, Calton, com seus 20 mil moradores, não parece especialmente precário – aliás, os edifícios baixos de tijolinho à vista recém-construídos em algumas partes do bairro dão um ar de beleza à região. No entanto, quase 60% da população economicamente ativa está desempregada e a pobreza relativa é alta – fatores que são agravados pelo alcoolismo e pelo uso de drogas (ver Hanlon et al., 2006). Já Lenzie é uma aldeia próspera do subúrbio de Glasgow, e Kensington e Chelsea, bairros abastados de Londres. O condado estadunidense de Montgomery, localizado a norte-noroeste de Washington D.C., é predominantemente branco e bastante populoso e urbanizado. Já a maioria dos moradores da capital dos EUA é afro-americana e relativamente pobre. Em termos raciais, a diferença na expectativa de vida dos cidadãos estadunidenses é de seis anos, a mesma registrada em 1950. Já a diferença entre as cidadãs caiu

| 202 |

pela metade desde então, mas permanece em quatro anos. A defasagem entre as classes sociais é menor – 4,5 anos somando-se ambos os sexos –, mas subiu de 1980 para cá (Congressional Budget Office, Issue Brief, 17/4/2008).

Tabela 4.1 Expectativa de vida ao nascer entre os homens de acordo com classe, etnia/raça e país do início a meados da década de 2000 (em anos)

Nigéria	46
Calton, Glasgow	54
Aborígines da Austrália	56
Rússia	59
Índia	62
Afro-americanos em Washington, D.C.	63
Brasil	69
Afro-americanos dos EUA	70
China	71
Brancos dos EUA	76
Cuba	76
Reino Unido	77
Austrália	79
Condado de Montgomery (EUA)	82
Lenzie, Glasgow e Kensington/Chelsea, Londres	82

Fontes: Glasgow, Londres, aborígenes australianos, Washington, condado de Montgomery: WHO, 2008a: 30, 32; Brancos e negros dos EUA: US Dept. of Health and Human Services, 2008: tabela 26; dados restantes: World Bank, 2009: tabelas 1 e 5.

INFÂNCIA

A infância ocupa lugares distintos na vida social de diferentes países do mundo. Na África Subsaariana como um todo, 43% da população total é de crianças com menos de 15 anos e, em Uganda e no Congo, quase a metade. Na Índia, essa faixa etária constitui um terço da população; no Brasil, um quarto; na China e nos EUA, um quinto; na Alemanha e na Rússia cerca de um sétimo; e, no Japão, um oitavo (World Bank, 2010: tabela 1).

O MUNDO

Paternidade/maternidade

Se, por um lado, é verdade que são necessários um homem e uma mulher para fazer um filho, por outro lado, inúmeras crianças estão crescendo hoje sem o pai ou a mãe. Enquanto fenômeno em larga escala, mães solteiras são produto da cultura escravagista das Américas – visto que os escravos não podiam casar e o comércio de escravos não respeitava casais ou famílias. Após a emancipação, os afro-americanos adquiriram o direito ao casamento, mas, para mantê-lo, era necessário certa estabilidade financeira. Nas últimas décadas, a segregação dos negros, a classe mais baixa das sociedades, em guetos nos EUA, por exemplo, ou em favelas no Brasil – segregação exacerbada pela cultura do narcotráfico e pela pobreza quase constante do Caribe, por exemplo –, criou uma cultura de pais ausentes. Na Europa – leste e oeste –, entre os brancos das Américas e nas favelas urbanas da África, os nascimentos fora dos laços do matrimônio e o divórcio produziram uma maioria de crianças sendo criadas por mães solteiras – menos frequentemente por pais solteiros. Na Ásia, esse fenômeno permanece raro. As ilhas britânicas estão desengonçadamente ancoradas entre dois polos – de um lado está seu número exorbitante de descendentes norte-americanos e, de outro, os europeus continentais, bem compostos, mas já em idade avançada, levemente desprezados ou até temidos. No Reino Unido, observam-se padrões familiares anormais, tais como a pobreza infantil. Atualmente, os pais de um sexto de todas as crianças britânicas estão desempregados – o pior índice registrado na Europa (Stewart, 2009: figura 13.3).

A morte – não o divórcio – constitui o maior estorvo à família, deixando marcas profundas em crianças do mundo todo até o século XX. Antigamente, o parto representava uma aventura arriscada às mães de todos os países. Nos dias de hoje, o parto apresenta riscos significativos apenas no Afeganistão e na África. Na Nigéria, assim como em diversos outros países africanos, uma em cada cem mães morre no parto; em Serra Leoa, esse número chega a uma em cinquenta (UNDP, 2007a: tabela 10). A aids também está tornando órfãs um número colossal de crianças. Atualmente, uma em cada oito crianças africanas perdeu o pai ou a mãe – ou ambos – antes dos 18 anos. Uma em cada 14, na América Latina, e 1 em cada 16, na Ásia, passaram pela mesma experiência traumática (Unicef, 2006: figura 3.2).

É comum que crianças africanas vivam com parentes e não no seio de sua família nuclear. Em torno do ano 2000, cerca de um quinto das crianças nigerianas e etíopes de 10 a 14 anos morava longe do pai e da mãe, situação que aflige apenas 1 em cada 9 crianças brasileiras e 1 em 25 crianças estadunidenses. Ser criado por pai e mãe é um privilégio do qual apenas uma minoria no sul da África pode se dar ao luxo – região assolada pela aids e dividida pela migração laboral de longa distância e de longo prazo. No outro extremo do espectro familiar mundial, as crianças asiáticas costumam ser criadas por ambos os pais, assim como 80% a 90% das crianças indonésias e turcas, por exemplo – sendo que, frequentemente, trata-se de um filho único ou uma filha única. Dois terços das crianças estadunidenses e suecas são criadas por ambos os pais (Therborn, 2004: 180).

Os avós desempenham um papel importante em todo lugar, ao passo que a presença e a relevância dos irmãos e irmãs, primos e primas, e tios e tios variam consideravelmente. Um quarto dos 20 milhões de crianças indianas nascidas em 2000 já possuía três irmãos e irmãs ou mais, experiência rara hoje na Europa, na América do Norte e na China. Parentes costumam ser considerados importantes na maior parte do mundo – também entre as comunidades de imigrantes, tais como os judeus, os armênios, os gregos e os chineses. Exceções a essa regra podem ser observadas na Europa Ocidental, na América do Norte e entre os descendentes de europeus na Oceania. Dentre as classes populares do Chile, por exemplo, que desde há pouco também têm acesso ao sistema de saúde, é comum que, quando alguém precisa ir ao hospital fazer exames mais sérios ou operações, um grande grupo de familiares acompanhe o paciente.

Ao que tudo indica, as crianças africanas têm os pais mais autoritários do mundo. Com base nos valores que os pais consideram essenciais e se esforçam para passar aos filhos, é possível calcular a diferença entre os pais que exigem obediência e aqueles que privilegiam a independência dos filhos – os resultados dessa subtração estão expostos na tabela 4.2 a seguir. Os dados revelam algumas tendências regionais – obediência africana, de um lado, e independência leste-asiática, norte-germânica e norte-americana, de outro. Na América Latina, as duas tendências coexistem – há um eixo de obediência que se estende do México até o Brasil, e também a tendência a uma abordagem mais equilibrada no sul, do Uruguai ao Chile. Já na Europa há muita variação, sendo que não se pode traçar uma linha imaginária no eixo leste-oeste, como no caso de outros aspectos familiares, mas sim no eixo norte-sul. Os portugueses, cuja pontuação é +17, possuem a mais forte cultura de obediência do continente. No sul asiático, não são só a língua (bengali) e a distância geográfica que separam Bangladesh (o antigo Paquistão Oriental) do Paquistão. Dentre os pais dos países muçulmanos árabes, os egípcios destacam-se como surpreendentemente liberais.

Tabela 4.2 Valores passados aos filhos pelos pais – porcentagem que exige obediência menos porcentagem que privilegia independência

África subsaariana[1]	42
Paquistão	31
Brasil, México e Peru (média)	25
Argélia e Marrocos	19
Rússia e Ucrânia	3
Argentina	1
Índia e Vietnã	0
Grã-Bretanha	-4
Egito	-20
América do Norte	-30
Bangladesh	-57
Alemanha e Escandinávia[2]	-60
China, Coreia e Japão (média)	-64

Observações:
[1] Média entre Nigéria, Tanzânia, Uganda e Zimbábue.
[2] Média entre Dinamarca, Noruega e Suécia. A Finlândia obteve -28.

Fonte: R. Inglehart et al., 2004: tabelas A029 e A042.

Escolaridade

Hoje em dia, quase todas as crianças frequentam algum tipo de escola por algum período de tempo. Cerca de 87% das crianças da faixa etária relevante estão matriculadas no primeiro ciclo do ensino fundamental – na África Subsaariana, são 72%. Com base em dados dos EUA e da Europa Ocidental, sabe-se que até mesmo muitos anos de escolaridade não garantem a alfabetização funcional – problema que, nos países mais pobres, é ainda mais grave. Aproximadamente a metade de todas as crianças nigerianas e paquistanesas, um terço das indianas, mas apenas 10%-15% das indonésias, egípcias e mexicanas não atingem a quinta série. Não há dados atuais referentes à China, mas, já em 1991, 83% das crianças atingiram a quinta série (calculado com base em UNDP, 2007b: tabela 12). Na década de 1990, a zona rural chinesa sofreu um declínio em termos educacionais, o que parece ter produzido um número significativamente mais elevado de analfabetos – fato descrito de forma humorística e satírica no filme *The Teacher* (Huang, 2008: 238).

Em muitos lugares do mundo, as meninas sofrem discriminação no primeiro ciclo do ensino fundamental. De fato, a frequência escolar dos meninos é 11% mais alta do que a das meninas no Paquistão, 8% na Nigéria, 7% na Índia e mais equilibrada no Egito, no Irã e na Turquia. Em Bangladesh, na Indonésia, no Vietnã e no leste e sul da África, a frequência escolar de meninos e meninas no primeiro ciclo do ensino fundamental é igual – e provavelmente na China também, embora não haja dados quanto à frequência em si, somente quanto às matrículas (Unicef, 2006: tabela 5).

O segundo ciclo do ensino fundamental, por outro lado, está além do alcance da maioria das crianças africanas – somente 20% do grupo relevante frequentavam a escola entre 1996 e 2004; na Nigéria, um terço; no sul e oeste asiático e no norte da África, duas em cada cinco crianças. Até mesmo na América Latina, um pouco menos da metade dos jovens na faixa etária em questão frequentava o segundo ciclo do ensino fundamental no período apontado. Lá, os números relativos à frequência escolar são mais altos para as meninas, de maneira bastante notável no Brasil, por exemplo, ao passo que exatamente o contrário parece ser o caso no sul e oeste asiático e no norte da África. Os dados chineses quanto ao número de matrículas no segundo ciclo do ensino médio revelam um cenário mais favorável lá do que na América Latina e na Índia – 70% ao todo, com números equilibrados entre meninas e meninos, ao contrário da Índia, onde apenas 58% dos meninos e 47% das meninas estavam matriculados na escola no período mencionado (Unicef, 2005: tabela 5).

As maneiras pelas quais as desigualdades sociais são reproduzidas em decorrência do acesso desigual à educação constituem uma das principais matérias-primas da pesquisa sociológica empírica, apesar de ela tender a se concentrar nos países ricos (por exemplo, Shavit e Blossfeld, 1993; Müller e Kogan, 2010). O cenário global, que é bem mais complexo, ainda foi pouco explorado. A Índia, por exemplo, possui um sistema potente de discriminação positiva no ensino superior e no funcionalismo público, por meio do qual as castas menos privilegiadas são favorecidas. A Nigéria conta com um sistema de cotas raciais que, em vista da história do país, não tem condições de superar o preconceito com relação a classes sociais, mas pode ter desdobramentos étnicos significativos. Também o Brasil vem tentando inserir um sistema de cotas raciais; até agora, contudo, os resultados obtidos são duvidosos e incertos. De todo modo, o sistema educacional elitista do Brasil certamente é responsável por boa parte da famigerada desigualdade que assola o país. No final do século XX, quase a metade da população negra ou mulata do Brasil possuía menos de quatro anos de escolaridade, ao passo que, entre os brancos, a proporção era de um quarto (Chronic Poverty Research Centre, 2004: 81). No entanto, o governo Lula propiciou, na primeira década deste século, enormes melhorias para as crianças e jovens pobres e de baixa renda.

Na escala global, existem hoje mais mulheres do que homens no ensino superior, sendo que a discrepância é ainda maior nos países de alta renda, nos antigos países comunistas do Leste Europeu e na América Latina. As exceções são o Japão, a Alemanha e a Coreia. O ensino superior vem corroendo o patriarcado muçulmano conservador do Irã e do norte da África, e até mesmo dos países do golfo Pérsico. Assim como em outros âmbitos, também nesse âmbito as mulheres estão em desvantagem na África Subsaariana e no sul asiático (UNDP, 2007a: tabela 30). Todavia, a tendência de uma maior inclusão feminina no ensino superior é claramente global, e tem, por vezes, se demonstrado forte o suficiente – sem dar muito na vista – para superar o machismo nacional.

Os investimentos que os pais de classe média coreana injetam na educação de seus filhos provavelmente não tem igual no mundo. Dentre meus estudantes na Coreia, muitos haviam sido enviados ao exterior ainda crianças, em torno dos 10-11 anos, para estudar em um país anglófono – os menos abastados, à Austrália ou Nova Zelândia; os mais privilegiados, aos EUA ou Canadá. Alguns foram sozinhos; outros foram acompanhados por um de seus pais ou algum parente. O objetivo de todos era aprender inglês bem e, mais tarde, candidatar-se a uma vaga em uma universidade estadunidense. Porém, o recurso e o investimento em escolas particulares especiais – por vezes já na altura da educação infantil –, a fim de impulsionar os filhos na carreira futura, são traços típicos da classe média de países que dispõem de uma rede particular prestigiada de instituições de ensino.

Em boa parte dos países, a nata do ensino superior, diferentemente da nata do ensino fundamental, são as universidades públicas – com algumas exceções célebres nos EUA. No Brasil, onde quase todos os estudantes ambiciosos e da classe média frequentam escolas particulares ao longo do ensino fundamental e médio, as universidades particulares são normalmente consideradas de segunda ou terceira classe – à exceção de algumas poucas católicas.

Trabalho

O trabalho infantil, traço distintivo da Europa ao longo do processo de industrialização, diminuiu gradualmente a partir do final do século XIX, em decorrência da introdução do ensino obrigatório, das mudanças nas tecnologias industriais e das campanhas dos sindicatos e reformadores sociais.

Porém, o trabalho ainda faz parte da infância no Terceiro Mundo, seja sob a forma de tarefas domésticas – limpar, capinar, buscar água, cuidar dos irmãos mais novos – ou realizar trabalho externo – carregar mercadorias de um lugar para outro, servir clientes ou, em casos mais raros, realizar trabalhos pesados, tais como de tecelagem ou construção civil, ou no revoltante tráfico sexual. A Unicef (2005: tabela 9) estima que um terço de todas as crianças entre 5 e 14 anos da África Subsaariana trabalhem, seja em longas tarefas domésticas ou então fora de casa, pelo menos ao longo de períodos curtos. Quanto às outras localidades, os números indicam que cerca de uma em cada sete crianças trabalha no sul asiático, e uma em cada dez no leste asiático (excluindo-se a China), na América Latina e no Caribe. Nos países africanos mais pobres (tais como Burkina Faso, Serra Leoa e Togo), até 60% das crianças entrevistadas estavam fazendo algum tipo de trabalho na semana anterior à pesquisa. Já os dados indianos – assim como os de outros lugares – estão, provavelmente, aquém da realidade. Em torno do ano 2000, cerca de um terço das crianças entre 9 e 11 anos executavam alguma forma de trabalho nos principais estados indianos, tanto no sul (Tamil Nadu e Karnataka) quanto no norte (Bihar, Uttar Pradesh e Bengala Ocidental) (John e Narayanan, 2006: 183).

As crianças brasileiras que não conseguem, no fim do dia, levar para casa o esperado, ou então que se encontram nas mãos de padrastos cruéis, podem acabar virando meninos e meninas de rua, tornando-se, assim, presas fáceis para a violenta polícia do país. Até mesmo em Accra, em Gana – país que muito valoriza a família –, crianças de rua estão começando a aparecer. No entanto, atribuir toda a culpa da existência de crianças de rua na América Latina à "globalização", assim como faz a excelente historiadora da família Elizabeth Kuznesof (2005: 866), parece não ter cabimento e constitui, mais uma vez, um exemplo de uso desmedido do termo "globalização". Motivos muito mais pertinentes incluem a emigração contínua do Nordeste do Brasil – a antiga região dos meeiros e trabalhadores rurais, hoje bastante pobre –, a "flexibilização" informal e neoliberal do trabalho, a versão local da ampliação e da fragilização das relações sexuais e, por fim, o embrutecimento das ruas em decorrência do narcotráfico.

O significado social e as consequências do trabalho infantil variam amplamente. Em um dos extremos, trabalho infantil significa trabalho forçado e servidão por dívidas, o tráfico de crianças para fins de prostituição e o trabalho em pequenas indústrias – por exemplo, de tapeçaria e de fabricação de bolas de futebol, como na Manchester do início do século XIX. No extremo oposto, o trabalho infantil representa simplesmente uma contribuição à subsistência da família, por meio da realização de tarefas domésticas e do trabalho na lavoura ou como vendedor ambulante. Cidadãos bem informados de países que praticam o trabalho infantil defendem uma abordagem diferenciada, levando também em consideração as principais limitações impostas pela miséria, bem como as poucas opções que ela deixa. Uma política social de sucesso foi implementada no México e, mais notavelmente, no Brasil, por meio da qual subsídios em dinheiro e alimentos são cedidos a crianças pobres, desde que elas frequentem a escola. Essa medida reduziu consideravelmente a necessidade do trabalho infantil, e vem sendo adotada em outros países da América Latina e em desenvolvimento.

JUVENTUDE: SEXO E CULTURA

Na história social, a juventude é definida, em primeiro lugar, em termos sexuais, como o período entre o desenvolvimento da capacidade sexual – incluindo as transformações do corpo, a chegada da menstruação e a puberdade –, de um lado, e a legitimação e regularização absolutas da sexualidade através do casamento, de outro – e, hoje em dia, também através da coabitação sem casamento. Sobretudo nas sociedades africanas tradicionais, a chegada da puberdade constitui um rito de passagem fundamental – é a preparação, de forma reclusa e frequentemente dolorosa, para a idade adulta. A Igreja Protestante também oferece um rito de passagem à adolescência, embora, hoje em dia, ele tenha perdido a maior parte de seu significado social. Porém, já na década de 1950, na completamente secular Suécia, a *konfirmation* – realizada aos 14 anos, no final do ensino fundamental – ainda era celebrada como o arremate da infância. Tratava-se de uma preparação levemente religiosa para a idade adulta, cujo desfecho era a primeira comunhão – rito também de vital importância aos católicos, mas realizado muito mais cedo.

A adolescência é um período de liberdade e aventura, de emancipação da infância sem, no entanto, incluir o peso da idade adulta – e também sem a autonomia completa da idade adulta. É um período de força física e, na maioria das culturas, é também o período do desabrochar de uma beleza humana toda especial, masculina e feminina; uma fase em que se cultua o próprio corpo e se exibe sexualmente – hoje em dia também por meio da internet. Por outro lado, trata-se também de um período marcado pela frustração e pela raiva – geralmente devido à falta de reconhecimento e compreensão de que se goza na idade adulta –, bem como em virtude da sensação de ter sido deixado de fora dos privilégios das gerações mais velhas – ou seja, um emprego, uma casa própria, além de poder e influência na sociedade (Um panorama europeu recente, cujo foco é a atual exclusão social e participação política dos jovens, é traçado em Tezanos, 2009).

Não é de se admirar, então, que as culturas políticas modernistas – prestes a transformar o mundo em algo jamais visto antes – exaltassem a juventude como seu tema predileto. Na década de 1830, Giuseppe Mazzini fundou um movimento republicano nacional chamado Jovem Itália e Jovem Europa, que logo deu origem a diversos outros movimentos "jovens" também fora da Europa – na década de 1860, surgiram os Jovens Otomanos; em 1907, os Jovens Tunisianos; em 1910, os Jovens Turcos; e em 1928, os Jovens Indonésios, com seu Juramento da Juventude. O fascismo italiano foi, de forma mais clara do que o nazismo – que também se deixou inspirar pelo reacionarismo do Romantismo alemão –, a corrente modernista mais carrancuda, a despeito de suas concordatas pragmáticas com a monarquia e a Igreja. Seu hino de guerra chamava-se *Giovinezza*, "juventude". A rebelde geração estadunidense de 1968 propôs uma demarcação moral entre os jovens e o resto – "não confie em ninguém com mais de 30!". Nas revoltas anticomunistas do Leste Europeu, em 1989, a força mais militante e mais de direita de toda a Hungria se autodenominava *Fidesz*, "jovens democratas", o mesmo partido que conquistou a maioria no Parlamento húngaro em 2010, ainda com o mesmo líder à sua frente – agora já não mais tão jovem assim, mas sim de meia-idade. O pôster mais célebre do partido em 1989 exibia os líderes anciãos do Partido Comunista, Brezhnev e Honecker, beijando um ao outro à moda russa e, abaixo, um jovem casal também se beijando. O slogan dizia "Escolham, por favor!". O comunismo foi, assim, descartado como homossexualidade entre idosos.

Historicamente, a política moderna dos jovens era, acima de tudo, a política estudantil. Apesar do seu então número reduzido, os estudantes desempenharam um papel crucial nas revoluções de 1848. No século XX, frequentemente foram eles que tomaram a frente dos movimentos anticoloniais. Agora já em números consideravelmente maiores, foram também os jovens estudantes que tomaram a dianteira dos protestos de 1968 – um movimento de escala quase mundial da segunda metade da década de 1960 –, liderando também os protestos chineses em 1989.

Porém, o cenário político de hoje é mais variado. São poucas as universidades que são tão radicalmente politizadas quanto a de Buenos Aires. Mesmo assim, os estudantes desempenham um papel relevante nas atuais revoltas da classe média, de Caracas até Bangkok. Entretanto, a imagem que vem à mente hoje quando se pensa em protestos de jovens também inclui a figura do agitador desempregado, filho de imigrantes e morador da periferia de uma grande cidade, digamos, da França ou da Suécia.

Ao mesmo tempo, a formação superior tornou-se um traço marcante da juventude contemporânea. Atualmente, na média dos países ricos, cerca de dois terços de toda uma geração frequentam o ensino superior – seja a universidade ou escolas técnicas. Os grupos correspondentes nos EUA e na Coreia do Sul, por exemplo, chegam a atingir mais de 80%. Já na Índia e na China, por outro lado, somente 11% e 13%, respectivamente, estavam matriculados no ensino superior em 2003, número que chega a 8% na Nigéria. Na América Latina, mais jovens frequentam o ensino superior – 18% no Brasil e 21% no México no mesmo ano. Esses dados, no entanto, permanecem claramente abaixo dos sudeste-asiáticos, registrados em 27% para a Malásia, 31% para as Filipinas e 37% para a Tailândia (World Bank, 2005: tabela 2.11). A extensão dos níveis de instrução da população para além do primeiro ciclo do ensino fundamental constitui uma parte vital das exitosas estratégias leste e sudeste-asiáticas de desenvolvimento.

Na política africana atual – continente onde a porcentagem jovem da população é a mais alta do planeta –, o ministro da Juventude e/ou o líder da organização de jovens do partido do governo é um homem poderoso (até agora, nunca, ou quase nunca, uma mulher), ainda que de segundo escalão. No entanto, em termos gerais, a juventude já não mais constitui um tema político de peso. A cultura jovem perdeu suas conotações políticas, dando lugar às associações de lazer e de divertimento. Mesmo assim, a juventude representa uma espécie de ameaça aos líderes políticos em Washington. A chamada "explosão de jovens" dá muita dor de cabeça aos arquitetos por trás do domínio mundial e da "segurança nacional" estadunidense em Washington, fenômeno que vem ganhando um quê acadêmico nos trabalhos de Gunnar Heinsohn (2003) – que, por sinal, também atua como consultor da Otan.

Essa "explosão de jovens" refere-se, de um lado, ao aumento repentino da população jovem, sobretudo dos homens entre 15 e 25 ou 30 anos e, de outro, à sua provável contestação e revolta contra a ordem social. E isso não é paranoia pura. Afinal, o "*baby boom*" após a Segunda Guerra Mundial gerou, 20 anos mais tarde, a base dos radicais movimentos estudantis e dos movimentos jovens da década de 1960. Na África, bem como no oeste e sul asiático, as lutas dessas novas legiões de jovens por empregos e por uma maior participação política no cenário mundial deverão balançar os regimes políticos e a ordem social vigente em seus países – havendo também a possibilidade de facções dessas legiões jovens virarem-se, de forma violenta, umas contra as outras. A "explosão de jovens" é mais patente na África Subsaariana, onde a faixa etária dos 15 aos 24 anos compõe um bom terço da população adulta total – ou seja, excluindo-se os menores de 15 anos. No início dos anos 1990, essa proporção de jovens quase foi atingida em todo o Terceiro Mundo, da China à América Latina, incluindo os alvos primários da Otan no oeste asiático e no norte da África. Fora da África, no entanto, esses números vêm caindo atualmente (ILO, 2008a: figura 7).

De todo modo, para além dos confins do Pentágono e da Otan, o significado da cultura jovem mudou consideravelmente, incorporando hoje associações

O MUNDO

ao hedonismo e ao divertimento e, somente em raras ocasiões, à política. Essa noção de divertimento envolve pegadinhas, aventuras e pavoneamento, além de encontros amorosos com uma forte carga erótica – senão até frequentemente sexual. Tal comportamento juvenil tem uma longa história na cultura jovem, sobretudo nas grandes sociedades relativamente liberais do noroeste da Europa. A tradição, por exemplo, dos bailes de jovens das classes populares noroeste-europeias e norte-americanas data de mais de um século. Além disso, a prática de esportes sofreu um forte aumento repentino na segunda metade do século XIX, arrebanhando também plateias enormes, tanto de jovens quanto de não tão jovens assim. Porém, foi na década de 1960 que a cultura jovem atingiu novos patamares – e isso não é favoritismo meu por ser a minha geração –, graças a uma geração produto de grupos afluentes da década 1940. A música pop estava no centro dessa cultura, tendência que foi impulsionada por uma potente confluência de mídias e por uma indústria musical altamente profissional – que, rapidamente, evoluiu do EP ao LP e à fita cassete –, somadas à espetacular *mise-en-scène* de concertos, ao rádio, aos filmes, à televisão, aos CDs e aos vídeos. Nas décadas de 1970 e 1980, esses avanços se transformaram em uma onda cultural jovem de globalização que, por sinal, vem se desenvolvendo até hoje.

A novidade nos anos 2000 é o meio eletrônico pelo qual a cultura musical se locomove – o formato MP3, os iPods e outros aparelhos. Só que mais importante, do ponto de vista social, é a intensa dinâmica virtual dos chats e do compartilhamento de imagens, as interações entre todas as partes do planeta no Facebook, no MySpace em outras redes sociais. Aos membros das gerações mais velhas, não é fácil entender o apelo dessa cultura fervente de exposição excessiva – embora sua intensidade tenha lá suas semelhanças com as antigas relações adolescentes entre melhores amigas. A julgar pela quantidade de convites que recebo, de colegas da minha geração, para me inscrever nessas plataformas, há algo dessa tênue intimidade virtual que acabou chamando a atenção de alguns adultos também; todavia, essa cultura pertence, acima de tudo, às gerações jovens da década de 2000.

A cultura jovem é global, mas apresenta variações locais e pontos de intersecção em todo o planeta. Seu centro hegemônico é a Europa Ocidental e a América do Norte, especialmente o Reino Unido e os EUA, onde estão localizados os principais estúdios de televisão, cinema e gravações musicais, ao qual

| 214 |

a origem das ideias mais bem-sucedidas remonta e de onde a maior parte das estrelas vem. Na sequência, vêm as regiões e os centros regionais – na América Latina, são o Brasil e o México; no leste asiático, há a centralidade contestada do Japão; no sul asiático, Mumbai; no mundo árabe, o Cairo é centro primário, desafiado pela afluência dos países do golfo; na África Subsaariana, onde o cenário musical é especialmente vibrante, mas todos os centros são efêmeros, o Congo-Quinxasa e a Nigéria vêm se destacando.

Em outras palavras, a história cultural global ainda se impõe de maneira incisiva à cultura jovem contemporânea e aos seus novos mecanismos. Uma tendência semelhante pode ser observada na revolução sexual – outra conquista dos jovens da década de 1960.

Geografia sexual do mundo jovem

A "revolução sexual" dos anos 1960 e 1970 não foi universal, mas sim em grande medida "ocidental". Com certo atraso, as transformações também atingiram as grandes cidades do leste asiático – Tóquio, Taipei, Xangai, entre outras –, mas lá elas adquiriram formas bastante específicas. A crise econômica que atingiu a África no final da década de 1970 prejudicou o controle familiar, afetando as tradições e práticas sexuais africanas de maneira decisiva. A América Latina e o Caribe sempre apresentaram uma abordagem mais informal e positiva ao sexo do que os puritanos da América do Norte. Porém, justamente por isso – e também por conta dos efeitos remanescentes dos processos de formalização e estabilização que se seguiram ao desenvolvimento econômico de meados do século XX –, é difícil detectar transformações drásticas nesse âmbito. No geral, a rigidez e o controle extremos do sul asiático, bem como das regiões oeste-asiática e norte-africana, parecem ter se abrandado em certa medida, mas somente dentro dos seus próprios limites.

O amplo espectro da sexualidade africana

Os hábitos sexuais africanos antecedem, e muito, a revolução sexual ocidental. Nessa região, o sexo sempre foi visto como um prazer humano legítimo. As intricadas regras matrimoniais em geral incluíam uma dose considerável de flexibilidade diante de questões de sexo antes e fora do casamento – desde que houvesse discrição e que determinados tabus fossem respeitados. A paternidade biológica sempre veio em segundo lugar, sendo subordinada aos direitos do pai social, determinados pela linhagem. A maior parte das culturas africanas também costuma valorizar a castidade antes do casamento, mas sua colocação entre as regras matrimoniais vem muito abaixo de questões de fertilidade e capacidade de trabalho.

Na África, a tendência não parece ser que a iniciação sexual ocorra cada vez mais cedo – nesse sentido, não houve nenhuma "revolução" no continente, embora a prática do sexo antes do casamento tenha se tornado mais comum entre os adolescentes do sul e da costa oeste. Porque a tradição por lá sempre foi casar cedo, a grande maioria das mulheres nascidas em torno de 1950 já era sexualmente experiente aos 18 anos, sendo que as etíopes, as ruandesas e as zimbabuenses são as únicas exceções de que se tem notícia. O perfil sexual das mulheres nascidas em torno de 1980 é semelhante, apesar de a idade na altura do casamento ter aumentado. No contexto global, os africanos ainda casam bastante cedo – a maioria antes dos 20 anos e, no Sahel e em Uganda, antes dos 18, que é a média de idade no casamento na Etiópia.

Do ponto de vista dos padrões sexuais do noroeste da Europa, a maioria das meninas africanas solteiras inicia suas atividades sexuais bastante tarde. Dentre as moças nigerianas nascidas em torno de 1980, apenas uma em cada cinco praticou sexo antes do casamento com menos de 18 anos e, na África do Sul, a metade das entrevistadas. Somente na região muçulmana do Sahel – com uma tolerância um pouco maior em Burkina Faso e em Mali – e nas cristãs Etiópia e Ruanda, as primeiras experiências sexuais costumam coincidir com o matrimônio. Muito mais jovens africanas do que asiáticas, por exemplo, já tiveram experiências sexuais e, principalmente, praticaram sexo antes do casamento. Ao contrário da maioria das jovens sul-asiáticas, as africanas têm o direito de aproveitar sua juventude, e sua mobilidade e sexualidade são claramente menos limitadas em comparação à situação de suas irmãs oeste-asiáticas e norte-africanas.

A crise econômica devastadora da década de 1980 trouxe à tona um fenômeno notável – ainda que minoritário – de autonomia e, ao mesmo tempo, dependência sexual das mulheres africanas. O resultado foram os inúmeros laços sexuais forjados entre colegiais e homens bem mais velhos e endinheirados.

Um exemplo nacional curioso é o católico Ruanda (e provavelmente também o católico Burundi, com relação ao qual não disponho de dados), que apresenta raros casos de sexo, gravidez e casamento na adolescência. No extremo oposto desse espectro estão Botsuana e Namíbia, onde o sexo e a gravidez na adolescência são lugares-comuns, mas o casamento, raro. Em vista das condições locais, fortemente marcadas pela era da aids, essa junção de fatores vem se demonstrando fatal. O casamento antes dos 20 anos é norma para as muçulmanas da região do Sahel, e uma expectativa em Moçambique e Uganda. Muitas adolescentes africanas são mães – cerca de um quinto em diversos países e, na África do Sul, até um terço (1998).

Noivos e pais são, via de regra, consideravelmente mais velhos, tanto na Ásia quanto na África. Em outras palavras, os jovens quase sempre podem gozar de um período de juventude.

O jeito asiático: controle e/ou discrição

A sexualidade e o casamento na Ásia (e no norte da África) ainda permanecem regidos por um conjunto de regras claramente definido. No entanto, é possível distinguir, na virada do milênio, duas variantes principais distintas. Uma delas é marcada pelo rígido controle da sexualidade feminina – sobretudo nas áreas mais pobres do sul asiático, onde as meninas passam diretamente da infância ao casamento, e nas regiões oeste e central da Ásia, bem como no norte da África, onde a cultura jovem é rigorosamente fiscalizada. Devido a essa fiscalização, boa parte das pesquisas comparativas realizadas entre os jovens do oeste e do sul asiático absteve-se de incluir perguntas explícitas acerca de experiências sexuais.

Na Turquia do final da década de 1990, autoridades escolares costumavam submeter jovens de comportamento suspeito a testes de virgindade e, caso fosse detectado que já não eram mais virgens, eram expulsas da escola – incluindo jovens aprendizes de enfermeira. Foi somente no ano de 2002 que o Ministério da Educação turco excluiu a cláusula da castidade como motivo legítimo para a expulsão de meninas do sistema escolar. No sul asiático, a maioria das meninas não pode gozar de um período de juventude, e o mesmo vale para as jovens da Indonésia, da Ásia Central, do oeste asiático e da região norte da África – muito embora até haja umas poucas moças fumando narguilé nos cafés unissex da alta sociedade no Cairo.

O MUNDO

Entretanto, há hoje, no leste e no sudeste asiático, uma segunda variante asiática que inclui níveis consideráveis de liberdade sexual e autonomia juvenil, associadas a medidas bastante difundidas de decoro e discrição, bem como à manutenção das inibições normativas tradicionais – fora, é claro, dos circuitos sexuais comerciais. Esses circuitos formam parte importante da cultura masculina local, sobretudo na Tailândia, não se dirigindo apenas aos turistas sexuais. No leste e no sudeste asiático ainda perdura, em grande medida, a cultura da autodisciplina juvenil, desprovida da vigilância severa típica do sul e do oeste asiático. Outro traço marcante dessa segunda variante é a iniciação sexual relativamente tardia, normalmente após a adolescência, bem como a coabitação sem casamento – fenômeno ainda marginal, mas em discreta ascensão. Nascimentos fora do casamento permanecem raros nessa variante. Graças à sua vantagem socioeconômica histórica, o Japão é quem determina o ritmo das transformações sociais, ao passo que a China, em virtude de seu peso, constitui o paradigma. A Coreia do Sul é o país que possui as instituições mais fortemente tradicionalistas da região. Por exemplo, no outono de 2008, a Corte Constitucional coreana declarou, pela quarta vez seguida, a permanência da lei que criminaliza o adultério (www.news.bbc.co.uk, 26/11/2008).

A média de idade das noivas chinesas estava um pouco acima dos 22 anos em 1990 (a idade oficial mínima), com o primeiro quartil casando logo antes de completar 21 anos. Até recentemente, o sexo antes do casamento era reprimido no país por meio de sanções penais – como foram os casos, por exemplo, em 1987, em uma residência universitária e, em 1988, em uma comuna sexual em Xangai. Desde então, a China – e, sobretudo, Xangai, sua capital sexual que remonta a períodos anteriores ao comunismo – está "mais aberta", oferecendo um amplo repertório de encontros sexuais. Para a maior parte das chinesas nascidas em torno de 1980, entretanto, as práticas sexuais têm início a partir do casamento – ou então logo antes, com o noivo. Já um quarto dos chineses admitiu ter tido outras experiências sexuais.

Desigualdades crioulas

A América Latina é, do ponto de vista econômico, a região mais desigual do planeta. Também as desigualdades de ordem sexual se estabeleceram por lá no início da era colonial. A prática do sexo por prazer fora do casamento e as uniões informais são hábitos comuns e bem difundidos, que coexistem com o conservadorismo católico oficial – evidente, por exemplo, na limitação legal extrema do direito ao aborto (incluindo sua recente proibição total na Nicarágua como parte de um acordo obscuro do líder sandinista Daniel Ortega com a direita). Porém, nesse cenário crioulo tipicamente dualista – muito mais pronunciado na América Latina do que nos EUA –, há também uma separação entre o centro e a periferia, cuja natureza não só tem a ver com as classes sociais, mas que é também étnica e territorial. Atualmente, o liberal Caribe e o recatado – pelo menos de fora – Chile constituem os dois polos opostos do espectro sociossexual da região, abrangendo, entre esses extremos, um complexo mosaico, diversificado por regiões subnacionais, etnias/raças e classes sociais.

As primeiras experiências sexuais da latino-americana média nascida na década de 1970 aconteceram por volta dos 19 anos, idade semelhante à registrada entre sul-europeias, mas superior à das jovens da região do Atlântico Norte. À exceção do Brasil, essa idade vem permanecendo estável desde a década de 1940, sem indicar tendências de baixa. Já a média de idade na primeira união é cerca de dois anos mais tarde, entre os 21 e 22. Na Cidade do México e em Buenos Aires, em torno do ano 2000, os meninos e as meninas haviam tido sua primeira relação sexual aos 17 e 18 anos, respectivamente. Em Buenos Aires, a metade dos meninos ainda tem sua iniciação sexual com uma prostituta, costume latino clássico tanto na América quanto na Europa. Regiões periféricas da América Latina – espalhadas desde as bordas do planalto central mexicano, descendo até o norte da Argentina e a Patagônia, áreas em grande medida habitadas por indígenas e/ou marcadas pela cultura indígena – registram a iniciação sexual mais precoce, assim como a união sexual e gravidez precoces. Lá, a primeira relação sexual costuma acontecer no início ou em meados da adolescência.

Quatro variantes "ocidentais"

Esse *tour* sexual do mundo será concluído com um resumo de alguns dos aspectos da estrutura sociossexual atual – sobretudo do ponto de vista da interface entre a juventude e a idade adulta – da Europa e da América do Norte.

O MUNDO

Noroeste da Europa: sexo informal e precoce

Nessa região, os meninos e as meninas costumam iniciar sua vida sexual entre 16 ou 17 anos, mas a gravidez na adolescência é rara, ocorrendo entre 1% ou menos das jovens de 15 a 19 anos. Os jovens de 20 e poucos anos costumam ir morar juntos antes do casamento, sendo que muitos acabam nunca casando. O número de pais ou mães solteiras não é muito elevado e, na Suécia, por exemplo, ele até recuou nas últimas décadas. As populações "arquetípicas" dessa variante sociossexual são as nórdicas, mas o que a torna uma das principais variantes europeias (e não só uma tendência periférica ártica) é o fato de praticamente o mesmo padrão ser observado também na França, nos Países Baixos e, com algumas adaptações – tais como maiores índices de gravidez na adolescência, mais mães e pais solteiros e taxas menores de coabitação sem casamento –, na Grã-Bretanha, além de na Europa Central germânica – também com índices bastante menores de coabitação sem casamento.

A Escandinávia talvez seja a única parte do mundo onde questões sexuais não fizeram parte do movimento estudantil de 1968. Lá, as instituições de ensino superior não funcionavam como pais *in loco* – os estudantes eram tratados feito adultos. Quando eu, por exemplo, entrei para a Universidade de Lund, na Suécia, em 1960, parecia óbvio que os dormitórios dos estudantes fossem unissex, e não havia fiscalização alguma quanto a quem visitava quem a que horas. De todo modo, isso não impediu que prevalecesse uma forte sensação de repressão sexual. Na França e nos EUA, ao contrário, as reivindicações de liberdade sexual do movimento estudantil dos anos 1960 eram ferrenhas.

Sul da Europa: o vulto dos pais

Essa variante parece predominar em todo o cinturão sul da Europa, que se estende da Grécia até Portugal. Os jovens costumam viver na casa dos pais até o casamento, que, hoje em dia, tem acontecido cada vez mais tarde – em torno dos 25 em Portugal e 28 na Itália e na Espanha. A vida sexual começa mais tarde em relação à variante nórdica – em torno dos 19 ou 20 anos para as moças nascidas na década de 1960 – e apresenta diferenças uniformes entre os gêneros, com os moços começando um ou dois anos antes. No entanto, as diferenças regionais também desempenham seu papel por lá. Entre as regiões de Emilia e Toscana, de um lado, e o Mezzogiorno italiano, ao sul de Nápoles, do outro, há, em média, uma diferença de dois anos na iniciação sexual, com as sulinas recatadas, é claro, começando mais tarde.

LESTE EUROPEU: LIBERDADE SEXUAL EFÊMERA

Nessa região, as atividades sexuais acontecem relativamente tarde, e o casamento, relativamente cedo em comparação com a região a oeste da linha imaginária entre Trieste e São Petersburgo. Portanto, o período para o sexo antes do casamento é o mais curto da Europa. É normal sair da casa dos pais diretamente para o casamento. E mesmo o casamento – pelo menos na Rússia – implica, com frequência, viver junto com os pais ou sogros – como era o costume antes do comunismo.

EUA: DUALISMO ENTRE O CASAMENTO E A SOLTEIRICE

Típico dos EUA é o dualismo – entre a sexualidade e seus opostos, entre a virgindade matrimonial e a fecundidade adolescente, e entre a independência precoce e o casamento também precoce. A média de idade dos estadunidenses em sua primeira relação sexual era provavelmente um pouco mais alta, na década de 1990, do que em partes da região noroeste da Europa, mas a média de idade ao casar era mais baixa. Sendo assim, a brecha para o sexo antes do casamento era mais estreita. Mais notável, todavia, é o dado de que cerca de um quinto das estadunidenses de 18 a 24 anos e aproximadamente 1 em cada 7 jovens estadunidenses de 25 a 34 anos casaram virgens – um fenômeno praticamente extinto na Grã-Bretanha e no resto do noroeste da Europa. Os mais altos índices de gravidez na adolescência de todos os países ocidentais são registrados nos EUA, fenômeno mais comum entre os afro-americanos – mas também os índices que se referem aos brancos são muito mais altos nos EUA do que na Europa Ocidental (Therborn, 2004: 211 e ss; Haavio-Mannila e Rotkirch, 2010).

Casamento e o fim da juventude

A juventude, enquanto fase de solteirice individualista, possui durações distintas em diferentes partes do globo. Nem todo mundo casa, mas, na Ásia, onde vive a maioria da população do planeta, quase todo mundo casa. A profunda e prolongada crise socioeconômica que vem afligindo a África desde meados da década de 1970 acabou com a universalidade do casamento, o que não significa que ele tenha perdido seu lugar central nas trajetórias de vida da maioria. Os norte-americanos e os leste-europeus sempre foram, do ponto de vista histórico, extremamente comprometidos com a instituição do casamento. Ela passou, todavia, por um sério processo de desvalorização – no Leste Europeu, em decorrência da crise socioeconômica após a queda do comunismo e, nos EUA, em virtude da revolução sexual da década de 1960, porém com menos vigor do que no Leste Europeu. Sobretudo nos EUA, entretanto, a instituição do casamento sobreviveu. Na Europa Ocidental, bem como na América crioula indígena e africana, a opção de permanecer solteiro e, na América crioula e no noroeste da Europa, a opção de viver a dois em regime de coabitação informal constituem, já há muito tempo, alternativas legítimas. Mesmo assim, historicamente elas só foram mais numerosas do que o casamento nas antigas áreas de escravidão e servidão por dívida. Seja como for, o casamento ainda representa, para a grande maioria da humanidade, o fim da juventude e o início da idade adulta.

Em toda a Ásia, os casamentos constituem um rito de passagem extravagante e exorbitantemente caro. Um amigo e colega de profissão da universidade em Baku, por exemplo, deu uma festa para 500 convidados por ocasião do casamento de uma de suas filhas alguns anos atrás. Um jovem amigo coreano de classe média, assistente de administração em uma universidade, recebeu 900 convidados em sua festa de casamento há dois anos. Um país tão vasto quanto a Índia possui, obviamente, variações internas – motivadas tanto por fatores geográficos quanto de *status* social. Uma de minhas alunas do norte da Índia, por exemplo, teve todas as festividades tradicionais de casamento em sua cidade natal; porém, em Bengala Ocidental, o estado natal de seu noivo, o casal organizou apenas uma "pequena recepção" para 200 convidados. Casamentos grandiosos entre membros da alta sociedade certamente também têm lugar na África, muito embora, tradicionalmente, os casamentos não sejam assim tão importantes na África Subsaariana, perdendo em termos de relevância e investimento para os funerais (Goody, 1976: 10). Já o dote pago pelo noivo à família da noiva, por outro lado, é assunto seriíssimo e envolve grandes montantes na África – apesar de o processo de pagamento em si ser bastante enrolado. Na Europa – excluindo-se famílias reais, aristocratas e celebridades –, os casamentos não passam, em geral, de festividades um tanto corriqueiras. Na Suécia, por exemplo, a maior festa da vida de uma pessoa acontece, provavelmente, em seu aniversário de 50 anos.

A idade dos noivos e as condições em torno do casamento constituem um marco essencial em qualquer estudo comparativo de trajetórias humanas. No interior do sul asiático e da África Subsaariana, onde vivem dois terços da população dos dois continentes, a metade de todas as jovens vê sua juventude acabar-se com o casamento antes de completarem 18 anos (Unicef, 2006: figura 3.3). Entre a população da zona urbana, a juventude dura um pouco mais, mas, mesmo assim, um quarto casa-se antes dos 18 anos. De acordo com a Pesquisa Nigeriana de Demografia e Saúde de 2003, a média de idade das noivas é de 17 anos, no âmbito nacional, e de 15 anos, na região norte do país.

Como parte das regras rigorosas de controle de natalidade chinesas, oficial-mente não é permitido casar antes dos 22 anos; todavia, no início dos anos 1990, um quarto das chinesas havia casado antes de completar 21 anos ou com 21 anos completos (Zeng, 2000: 94). A média de idade das noivas latino-americanas está entre os 20 e 25 anos, dado semelhante aos registrados no Leste Europeu e nos EUA. Em diversas áreas rurais da América Latina, contudo, muitos jovens põem um fim à sua juventude casando-se antes dos 18 anos – sobretudo nas regiões indígenas, como já mencionado anteriormente (Unicef, 2005: tabela 9).

A população da Europa Ocidental sempre se costumou casar mais tarde em relação à média mundial, e essa tendência permanece – nos principais países, na média as mulheres casam com 28, e os homens, com 31 anos, sendo que nos países nórdicos essa média é ainda um ou dois anos mais alta. Na África, América do Norte e Ásia, para poder casar, geralmente bastava preencher dois requisitos – a idade mínima, que variava de região para região, e o consentimento dos pais, que então executavam as transações financeiras cabíveis. Na Europa, a oeste da linha Trieste-São Petersburgo (a antiga Leningrado), esses dois requisitos não eram suficientes. O jovem casal precisava ainda dispor de meios próprios para montar seu novo lar, independente dos pais. Ao que tudo indica, trata-se de um costume medieval, presente nos assentamentos germânicos do Leste Europeu. A neolocalidade, como os antropólogos chamam o estabelecimento de um novo lar após o casamento, era uma norma germânica – os eslavos não a seguiam (Kaser, 2000). Essa norma acabava trazendo consigo casamentos tardios, visto que os casais, fossem eles pobres fazendeiros, serviçais ou trabalhadores, precisavam primeiro economizar dinheiro para poderem estabelecer sua próprio residência. Essa norma também é responsável por uma minoria significativa que nunca casava.

Os padrões familiares milenares da Europa Ocidental e Oriental permaneceram, à revelia da chegada e do declínio do comunismo. A tradição leste-europeia de casamento precoce e praticamente universal sobreviveu à revolução bolchevique, ao terror e à industrialização stalinista, ao desenvolvimento social depois de Stalin e, por fim, à implosão do regime. Se ela sobreviverá também à reintrodução do capitalismo e às revoltas a ele associados ainda não se sabe. Mas a tendência dominante do casamento permanece viva na maior parte dos países, incluindo os maiores – tais como Rússia, Polônia e Ucrânia.

Os norte-europeus costumam deixar a casa dos pais logo após seu 21º ou 22º aniversário, e só muito raramente antes disso – após concluírem o ensino médio aos 18 anos. Nessa idade, viver de maneira independente dos pais é considerado normal e importante ao desenvolvimento humano, tendência que é facilitada pelas bolsas de estudos, pela assistência social e pela existência de um mercado imobiliário de aluguéis. A coabitação sem casamento constitui uma forma absolutamente legítima de vida a dois e, na Escandinávia, nascem tantos primogênitos de pais nesse regime quanto de pais casados. Os europeus do sul, por outro lado, costumam permanecer na casa dos pais por uma década a mais. De fato, no sul da Europa, bem como no Japão, os jovens solteiros costumam permanecer na casa dos pais até muito depois de seu 30º aniversário.

A população da região oeste-asiática e norte-africana, do sul asiático e de boa parte da África, além de uma proporção ainda significativa da população do leste asiático, costuma ir viver com os pais do noivo após o casamento. Os leste-asiáticos e, sobretudo, as leste-asiáticas, têm o hábito de permanecer na casa dos pais até o casamento.

A América do Norte – talvez por ter conquistado prosperidade já muito cedo – apresenta médias de idade na altura do casamento mais baixas do que as registradas na Europa Ocidental, apesar de a população de lá também seguir a norma de neolocalidade. A idade adulta tanto dos americanos crioulos africanos quanto dos americanos crioulos indígenas sempre foi precoce sexualmente e informal, não apresentando ritos de passagem nem indígenas, nem africanos – tampouco as cadernetas de poupança ou os diplomas de conclusão de estudos, ambos típicos na Europa. Suas únicas marcas eram, basicamente, as naturais – traços corporais e maturidade sexual. A tendência matrimonial estadunidense é marcada por um dualismo pronunciado – da mesma forma que os valores da juventude estadunidense. De um lado, há os valores familiares conservadores, fortemente divulgados e alardeados e, de outro, índices altíssimos de pais e mães solteiras; de um lado, a exibição pública e ostentosa da família nuclear e, de outro, a sexualidade exacerbada dos guetos, evidente nas "famílias aleatórias" matrilineares; de um lado, altos índices de casamento e, de outro, os maiores índices de divórcio do planeta.

Em muitas partes do mundo, o início da vida de casados e o casamento em si dependem do apoio dos pais. No grande estado de Bihar, no norte da Índia (cuja população passa dos 80 milhões, igual à Alemanha), há muito mais maridos e mulheres do que domicílios, e somente a metade de todos os casais dispõe de um quarto separado para si (Census of India, 2001: tabela H7).

Os pais exercem forte influência sobre a escolha do cônjuge em 40% da população mundial – no sul asiático, nas zonas rurais da China e da Índia, na maior parte da África Subsaariana (à exceção do sul e da costa oeste), em grandes porções da Ásia Central e na maior parte do oeste asiático (exceto nas zonas urbanas da Turquia) e do norte da África (Therborn, 2004: 129-130).

As possibilidades de escolha costumam ser especialmente limitadas para as meninas ou mulheres. A sabedoria matrimonial dos pais ainda goza de legitimidade por toda parte, até mesmo entre mulheres com altos índices de instrução do sul e do oeste asiático. Minhas alunas em Teerã, no início da década de 1990, por exemplo, eram veementemente a favor do papel decisivo – ou, pelo menos, importante – dos pais na escolha do cônjuge. A ex-primeira-ministra do Paquistão, a falecida Benazir Bhutto, com sua personalidade forte e sua educação britânica, teve seu casamento arranjado pelos pais – casamento, por sinal, duradouro.

O espectro de possibilidades da juventude mundial se estende das zonas rurais da África e do sul asiático, de um lado, ao noroeste da Europa, de outro. No primeiro extremo, as meninas vão da infância – que, geralmente, inclui mais trabalho do que divertimento – diretamente ao casamento, já em meados ou final da adolescência. Os maridos, que têm 20 e poucos anos, ainda vivem com pais e, provavelmente, após o casamento, os casais irão também morar junto com os pais do noivo. No outro extremo, a fase da juventude inclui prolongados períodos de habitação independente dos pais, com sexo antes do casamento e meios para se sustentar – mesmo que as perspectivas do mercado de trabalho pareçam, hoje, piores quando comparadas às perspectivas da geração do "*baby boom*".

IDADE ADULTA

A chegada da idade adulta sempre implica o direito indiscutível de começar uma família – justamente por isso que, aqui, o fim da juventude é atribuído ao casamento, muito embora, no noroeste da Europa, ele nunca tenha sido obrigatório, e a recente revolução sexual tenha reduzido ainda mais sua relevância.

Mas, uma vez atravessada a fronteira entre a juventude e a idade adulta, seja com ou sem o casamento, o que é que o futuro nos reserva? Para além de questões familiares, a idade adulta impõe duas tarefas básicas. A primeira é construir ou encontrar uma residência, e a segunda, ganhar a vida – tarefa que, para o sociólogo, pode ser dividida em duas partes: encontrar uma ocupação e receber uma remuneração por ela. Em outras palavras, as questões da idade adulta a serem discutidas aqui giram em torno da moradia e do habitat, do trabalho e da renda. Agora, ainda que deixemos de fora o tema do "entretenimento para adultos", é evidente que a vida adulta envolve muito mais do que apenas uma casa/apartamento, um emprego e um salário. Há também, hoje em dia, a dimensão do lazer – férias remuneradas, fins de semana de folga e o consumo discricionário. E essa dimensão também se encontra disponível às massas e não só à "classe ociosa" – ou seja, os ricos que não trabalham –, teorizada há um século pelo economista estadunidense Thorstein Veblen.

Onde morar: a urbanização do planeta

Quando da preparação deste livro, a metade de todos os adultos do mundo levava uma vida que, de acordo com padrões de seus respectivos países, era considerada urbana – e a tendência é que muitos mais passem a fazer o mesmo. O habitat humano está hoje dividido mais ou menos igualmente entre áreas urbanas e rurais, só que as definições do que seja urbano e rural variam muito – tudo o que se tem são indicadores aproximados. O Banco Mundial (World Bank, 2009: 55) desenvolveu, recentemente, uma medida mais uniforme da urbanização, chamada "índice de aglomeração" – ou a proporção da população de um dado país que vive em cidades com, pelo menos, 50 mil habitantes e cuja densidade demográfica esteja acima de um determinado nível. Considerando o mundo como um todo, as diferenças, em termos dos índices de urbanização, entre o banco de dados da ONU e o novo índice do Banco Mundial não são tão significativas. No ano de 2000, conforme o banco de dados da ONU, 47% da população mundial vivia em áreas urbanas e, segundo o índice do Banco Mundial, 52%. Entretanto, em virtude das diferentes definições de zona urbana, as discrepâncias são maiores no nível nacional, especialmente nos países menores, mas também nos maiores, como a Índia. De todo modo, ambos os métodos desempenham seu papel – o índice de aglomeração do Banco Mundial serve de padrão internacional, e o índice de urbanização da ONU reflete as noções nacionais de urbanização, fator importante aos direitos e às oportunidades oferecidas à população, principalmente na China.

As partes mais pobres do mundo permanecem, em grande medida, rurais, a despeito do crescimento espantosamente rápido de Quinxasa e de outras cidades africanas, bem como de Dhaka e de outras megacidades asiáticas. O caráter predominantemente rural da África Subsaariana é bem representado (ainda que de forma levemente exagerada) pela Etiópia e pelo Congo, o segundo e terceiro países mais populosos da região, ao passo que a Nigéria, com suas grandes cidades – já na era pré-colonial – de Kano e Ibadan, constitui a exceção urbana. As diferenças mais gritantes entre as duas definições de urbanização – uma administrativa e a outra por aglomeração – revelam-se nos países mais densamente populosos – como Bangladesh, no delta do Ganges, o Egito, no vale do Nilo, e o Japão – e nos países com centros regionais altamente

O MUNDO

populosos – por exemplo, a Índia, o Paquistão e o Vietnã. No Brasil, nos EUA, no México e no Reino Unido as discrepâncias entre os dois índices vão justamente na direção contrária, talvez por causa das pequenas cidades no interior espalhadas por esses grandes países, e também em virtude dos subúrbios de baixa densidade demográfica.

Tabela 4.3 Urbanização dos principais países na década de 2000 (porcentagem da população urbana)

	Índice nacional (2007)	Índice de aglomeração (2000)
Alemanha	75	80
Bangladesh	26	48
Brasil	81	64
China	42	37
Congo (Quinxasa)	33	26
Egito	43	90
Etiópia	16	12
EUA	81	72
Índia	29	52
Indonésia	50	55
Japão	66	91
México	77	68
Nigéria	50	41
Paquistão	36	54
Reino Unido	90	84
Rússia	73	65
Vietnã	27	47

Fonte: Urbanização em 2007: UNFPA, 2007: 90-3; Índice de aglomeração: World Bank, 2009: tabela A2

Nos últimos 50 anos, a urbanização acarretou mudanças impactantes no habitat humano global. Em 1950, um quarto da população mundial vivia em cidades. Recentemente, o mundo parece ter embarcado em uma jornada de urbanização semelhante à euro-americana do final do século XIX, início do século XX, ou à japonesa da primeira metade do século XX – ambas desdobramentos das oportunidades oferecidas pela modernidade. A taxa mundial de urbanização dobrou entre 1950 e 2010, do mesmo modo que a britânica na primeira metade do século XIX, e a europeia continental na segunda metade. Entre os anos de 1800 e 1900, o índice britânico de urbanização aumentou de 19% para 68%. O estadunidense foi de 13%, em 1850, para 35% meio século mais tarde, e depois, em 1950, para 54%. Já o índice de urbanização chinês cresceu mais ou menos o mesmo número de pontos percentuais que o britânico, só que em ritmo muito mais acelerado. Entre 1950 e 2007, ele passou de 12% – um nível inicial mais baixo do que o britânico – para 42%. Na África, as taxas de urbanização foram de 12% a 39% no mesmo período (dados de 1800-1950 de Bairoch, 1988: tabelas 18.1, 19.1, 31.1; para 2007, ver UNFPA, 2007: 90 e ss; as definições de urbanização das duas fontes podem até não ser idênticas, mas sua comparabilidade aproximada é evidente).

Hoje se sabe, graças aos trabalhos de Friedrich Engels sobre Manchester e de Upton Sinclair sobre Chicago, entre outras fontes, que, a despeito de todo seu desenvolvimento industrial e acúmulo de capital, essas cidades euro-americanas em rápida ascensão ofereciam aos seus novos moradores uma vida geralmente indecente, precária e curta. Por isso, a pressão sobre as novas metrópoles africanas e asiáticas, com seu fluxo de imigrantes muito mais intenso e, no caso da África, com seu desenvolvimento econômico muito mais lento, é enorme. Também é verdade que – como os geógrafos econômicos do Banco Mundial (World Bank, 2009) não se cansam de apontar –, historicamente, a urbanização trouxe consigo o crescimento das favelas. Porém, a atual quantidade de favelas no mundo não tem par na história da humanidade. Condições de superpopulação e/ou habitações aquém de padrões rudimentares – desprovidas de material de construção durável e do acesso a água potável, saneamento básico e eletricidade – são consideradas favelas pelo Programa Habitat da ONU – cuja sede está convenientemente localizada em uma luxuosa área fechada e rodeada de jardins em Nairóbi, com acesso fácil a duas das maiores favelas da África (UN Habitat, 2007, 2008).

Acesso a água potável e a saneamento básico são as condições mínimas para um habitat humano decente. E como essas condições estão longe de ser predominantes no mundo, elas constituem um dos Objetivos de Desenvolvimento do Milênio, estipulados por líderes internacionais no ano 2000. Muito embora os progressos a partir da década de 1990 tenham sido colossais, ainda falta muito chão pela frente. Em meados da década de 2000, somente uma minoria (37% em 2004) da população da África Subsaariana e do sul asiático – onde a casta especial dos chamados "intocáveis" tinha a incumbência de administrar os dejetos humanos – tinha acesso a instalações sanitárias. Quanto à água potável, um pouco mais da metade da população da África Subsaariana e a grande maioria dos sul-asiáticos tinha acesso a uma fonte de água "mais segura" (UNDP, 2007a: tabela 7).

De todo modo, a despeito dessas dificuldades, os pobres das zonas urbanas tendem, atualmente, a levar uma vida melhor do que a de seus compatriotas rurais, e a prova mais contundente disso são as taxas de mortalidade. Ao longo da maior parte do século XIX, as cidades europeias – com relações às quais existem dados históricos confiáveis – apresentavam taxas de mortalidade mais altas e expectativas de vida mais baixas do que os dados registrados nas áreas rurais. Aliás, muitas dessas cidades em expansão não eram capazes de manter sua população de forma natural, visto que as taxas de mortalidade superavam as de natalidade (Clark, 2009: 160 s, 282). Hoje em dia, esse não é mais o caso. Todos os dados disponíveis indicam que, pelo menos levando em conta a população das megacidades africanas como um todo, a vida urbana apresenta vantagens reais, e não só uma promessa de futuro – apesar da miséria da grande maioria. Nas cidades, o acesso a ajuda profissional no parto, a vacinas, a pequenas clínicas, à saúde pública e ao ensino fundamental (isso sem falar no ensino superior) é muito mais fácil do que no interior, "no meio do mato" – e isso também para os mais pobres (UN Habitat, 2007). Esses avanços recentes devem ser colocados, sob a forma de novos fluxos de informação sobre saúde e medidas profiláticas, na caderneta de poupança das últimas ondas de globalização, e depois investidos no desafogo do descompasso criado entre o meio rural e o urbano. Tal descompasso foi gerado justamente pela concentração do Terceiro Mundo, em sua ânsia por independência, nas suas capitais e grandes cidades em geral, em detrimento do meio rural.

De fato, a defasagem em termos de renda e consumo entre o meio urbano e o rural é imensa. Na Índia do início da década de 2000, a razão entre o consumo na zona urbana e na zona rural era de 1,9 para 1. Na China, a razão entre a renda urbana e a rural era de 3,1 para 1 (para Índia, ver National Sample Survey Organization, 2003: 7; para China, ver China Statistical Yearbook, 2008: dados estatísticos principais, www.stats.gov.cn/english).

Historicamente, as habitações precárias – ou seja, as favelas – sempre foram um dos efeitos colaterais do desenvolvimento urbano. O descompasso entre a urbanização rápida e a industrialização lenta ou inexistente traz à tona um novo contexto social, sobretudo na África; lá, o contexto é mais volátil, mais violento e mais mágico quando comparado às selvas que, historicamente, Manchester, Chicago e suas cidades contemporâneas representavam. O desfecho dessa história permanece incerto, mas a visão cuidadosa e sombria que Mike Davis fornece em seu merecido sucesso de vendas *Planet of Slums* (2006 – *Planeta favela*) oferece um bom ponto de partida.

As favelas, no entanto, não constituem um traço típico de todas as grandes cidades. Se, por um lado, as discrepâncias entre os bairros mais humildes e os mais privilegiados costumam estar presentes em todas as grandes cidades, por outro, poucas pessoas encontrariam favelas na Europa contemporânea, por exemplo. Os urbanistas de Santiago do Chile afirmam, de forma relativamente plausível, que conseguiram criar uma cidade livre de favelas – dado laboriosamente extraído de apresentações orais na oficina interamericana intitulada "Justice and the City", no Instituto de Arquitetura da Universidade Católica, em março de 2008. Além disso, a última favela reminiscente que vi em Seul, em 2007, era um pequeno bairro da periferia sudeste da cidade.

O habitat humano está mudando – a zona rural, abatida, e a zona urbana, alçando voos altos. A previsão mais recente do poderoso Banco Mundial (World Bank, 2009) anuncia mais urbanização pela frente. Em todas as regiões ricas do globo – incluindo o golfo Pérsico/Arábico e partes relevantes da China –, os olhos estão voltados, atualmente, para o desenvolvimento urbano – e não suburbano. A atenção gira em torno de construções à beira-mar, dos densos condomínios a preços acessíveis, da reciclagem de antigas zonas industriais, bem como de cidades ecologicamente sustentáveis. A demanda pela arquitetura icônica nunca foi tão alta, mas o intuito costuma ser a promoção da cidade, e não tanto o desenvolvimento de um design urbano de transformação social, como era o caso da linha modernista do século xx. É interessante observar ainda que, entre os círculos da classe média contemporânea do leste asiático, os altos edifícios residenciais foram aceitos e estabeleceram-se como o seu habitat natural.

Como ganhar a vida I: tipos de trabalho

Para as classes populares da África e da maior parte da Ásia e da América Latina, o processo de entrada no mercado de trabalho costuma ser gradual e

O MUNDO

irregular, frequentemente tendo início já antes da puberdade, como já vimos por ocasião da análise da infância. Boa parte desse processo é governada não pelo mercado de trabalho em si, mas sim por questões familiares – por exemplo, a necessidade de ajuda na subsistência da família por meio do trabalho na lavoura ou da realização de algum ofício (tais como cerâmica ou tecelagem); ou então o trabalho fora para ajudar no orçamento familiar, como vendedor ambulante ou em alguma pequena indústria (de tapeçaria, por exemplo). Com frequência, o acesso ao trabalho industrial, como na indústria têxtil ou em montadoras terceirizadas de artigos eletrônicos, também é influenciado por relações familiares, por questões de classe social, ou então por contatos pessoais. Um interessante estudo comparativo em andamento entre Paris, São Paulo e Tóquio revela que, por exemplo, para obter um emprego em São Paulo, geralmente é preciso ter contatos pessoais, através de amigos ou familiares. Em Tóquio e na Île-de-France (a região administrativa francesa à qual Paris pertence), por outro lado, é no próprio mercado de trabalho que se consegue um emprego, quer através do contato direto com o empregador, quer por meio de anúncios e agências de empregos (Guimarães, 2009: 69 e ss). Só de brincadeira, talvez dê para arriscar uma daquelas generalizações bem vagas e dizer que, em termos da obtenção de um emprego, o Terceiro Mundo começa em São Paulo, a capital econômica da América Latina. Diante da instabilidade institucional do atual mercado de trabalho chinês, o papel desempenhado pela *guanxi*, ou redes de contatos e relações pessoais, vem ganhando cada vez mais importância na procura por um emprego ("The increasing role of guanxi in China's transitional economy", palestra da professora convidada Janjie Bien no Departamento de Sociologia da Universidade de Cambridge, realizada em 26/02/2010 – com base em pesquisas no mercado de trabalho).

Nos países nos quais dois terços da população vivem na zona rural, tais como Bangladesh, Índia e Paquistão, ou ao menos mais da metade, como é o caso da China, da Indonésia e da Nigéria, a posse e a herança de terras são os principais fatores norteadores do universo do trabalho. Na China, os camponeses têm o usufruto da terra – direito que vem sendo desrespeitado, de forma marginal, por esquemas de desenvolvimento do capitalismo industrial. Já no sul asiático, por outro lado, ainda existem as classes dos dominantes proprietários de terras e agiotas, de um lado, e a dos dominados trabalhadores rurais, sem terra, pobres e endividados, do outro – embora, desde a independência, tenham surgido números consideráveis de pequenos proprietários rurais e de trabalhadores rurais de subsistência com mais recursos. A importância relativa dessas relações agrárias ainda é alvo de debates acadêmicos (Jodhka, 2006). Além disso, a legislação que regula os direitos de herança varia de um país para outro; todavia, por mais que a legislação nacional privilegie a igualdade entre os sexos, na prática, as filhas e viúvas continuam sendo discriminadas, tanto na África quanto no sul asiático e na China (Therborn, 2004: 111-23).

Na maior parte dos países do mundo todo, os trabalhos remunerados são realizados por uma maioria masculina, sendo que as mulheres costumam assumir os trabalhos domésticos, não remunerados. Nos ricos países da OCDE, a defasagem entre os gêneros em termos da inserção no mercado de trabalho chega a 20% – o índice de participação das mulheres é apenas três quartos do dos homens. Esse descompasso se deve, em grande medida, ao Japão, aos membros mais recentes da OCDE – tais como a Coreia e o México – e a países europeus como a Alemanha, a Itália e a Espanha. Nos EUA, a diferença é de 10 pontos percentuais – equilíbrio superado apenas pela Escandinávia. Em virtude do legado comunista, a China e a Rússia são semelhantes à Escandinávia no que concerne à distribuição dos gêneros no mercado de trabalho. O Brasil está mais próximo da Itália do que do México, mas a defasagem entre os sexos ainda é de 25%. Nas cidades indianas, os empregos realizados por mulheres constituem um pouco mais de um quarto dos realizados por homens. Porém, as diferenças mais alarmantes entre os gêneros em termos da realização de trabalho remunerado encontram-se no oeste asiático e no norte da África, seguidos do Paquistão e da Índia, ao passo que, na menos patriarcal Indonésia e em Bangladesh, esse descompasso é consideravelmente mais ameno – a importante indústria têxtil deste último país emprega, sobretudo, jovens mulheres (ver OECD, 2007a: tabela 1.A1; World Bank, 2005: tabela 2.2; os dados apresentados nessas duas fontes não são diretamente comparáveis).

Em 2009, estima-se que 3 bilhões de pessoas no mundo todo estivessem empregadas – mais ou menos o mesmo número de moradores das zonas urbanas ou das zonas rurais do planeta. O número oficial de desempregados estava entre 200 e 220 milhões – mais do que a população do Brasil. A Organização

Internacional do Trabalho estima que o número de desempregados deve aumentar em 50 milhões por causa da crise financeira de 2008-2009 (ILO, 2010: figuras 3 e 4). Esse número – 50 milhões – equivale à população da Argentina e excede as populações da África do Sul, da Coreia do Sul ou da Espanha, por exemplo – uma amostra aterrorizante das dimensões colossais do poder retido por um punhado de apostadores desleixados no topo de uns poucos bancos estadunidenses e britânicos.

Os dados da OIT relativos ao mundo e suas regiões, exibidos na tabela 4.4 a seguir, são apenas estimativas, e devem ser tomados com o pé atrás, pois se referem a tendências gerais. Vale lembrar também que as regiões apresentam variações internas. No Censo nigeriano de 1991, por exemplo, a parcela da população economicamente ativa no setor da agricultura foi registrada em 45% (Nigerian National Bureau of Statistics, 2006: tabela 208), número bastante inferior à média africana atual. De todo modo, a tendência mundial pode ser resumida da seguinte forma. Em primeiro lugar, existem dois polos opostos no que concerne ao trabalho no mundo – um agrícola, na África e no sul e sudeste asiático, e um de serviços, nas abastadas economias da OCDE. Em segundo lugar, recentemente houve uma mudança do polo industrial mundial do Atlântico Norte para o mar da China.

Tabela 4.4 O trabalho nas regiões no mundo em 2008

	Agricultura (%)	Indústria (%)	Serviços (%)
Mundo	34	23	43
Economias desenvolvidas e UE	4	25	71
África Subsaariana	62	10	28
Norte da África	32	24	44
Oriente Médio	17	25	58
América Latina	16	23	61
Leste asiático (excl. Japão)	37	28	35
Sul asiático	47	22	30
Sudeste asiático	44	19	36
CEI, Bálcãs fora da UE e Turquia	19	25	56

Observação: A sigla CEI (Comunidade dos Estados Independentes) refere-se a todas as antigas repúblicas da União Soviética, excluindo a região báltica. Para propósitos estatísticos, a UE, incluindo seus membros mais pobres do leste, é considerada parte do mundo desenvolvido.

Fonte: ILO, 2009: tabela A6

Nos séculos XIX e XX, a parte rica do planeta era chamada "industrial", formada por países "industrializados". Até mesmo os países cujo setor predominante nunca foi a indústria – nem mesmo com a divisão em três setores, o da agricultura, o da indústria e o dos serviços –, tais como os EUA e o Japão, eram, via de regra, classificados como industriais simplesmente porque sua prosperidade advinha, sobretudo, de sua dinâmica industrial.

Atualmente, a Europa está perdendo seu lugar central no planeta. Após a inclusão de países do Leste Europeu, nem todos os membros da União Europeia podem ser considerados, conforme padrões globais, "desenvolvidos"; porém, como é mais prático tratar a UE como uma unidade estatística única, a OIT criou uma nova categoria, "economias desenvolvidas e UE" (a Organização Internacional do Trabalho é membro da família de organizações da ONU, da geração da Liga das Nações, de logo depois da Primeira Guerra Mundial). A estrutura social do capitalismo mundial passou por transformações profundas. A industrialização nos países da OCDE atingiu o pico, em termos de força laboral, em meados da década de 1960, dando início a um processo de desindustrialização a partir da década de 1970. Nenhum país do mundo jamais terá um mercado de trabalho dominado pelo setor industrial, como a Europa teve outrora. Até mesmo na China, os serviços já superam a indústria.

Somente 17% dos empregos do setor industrial (manufatura, mineração, construção e energia) do mundo todo estão localizados na categoria "economias desenvolvidas e UE" – menos que no sul asiático (19%) e no leste asiático (um terço do total) (calculado com base em ILO, 2008). De fato, quando o assunto são os empregos relacionados à manufatura, a China ofusca todos os outros países. Estatísticas oficiais chinesas registraram, em 2002, 83 milhões de empregos, ao passo que todos os países ricos e grandes juntos (o G7) tinham 53 milhões. Incluindo também os empregos e oficinas rurais pré-industriais, autônomos ou com sede no próprio domicílio, os estatísticos laborais estadunidenses registraram 109 milhões de empregos chineses em 2002 e 112 milhões em 2006 (Banister, 2005; Lett e Banister, 2009). Uma parte significativa desses empregos – segundo uma estimativa, dois terços – pertence a imigrantes laborais, isto é, emigrantes rurais desprovidos de direitos plenos de residência na cidade em questão (Cooke, 2005: 197).

O MUNDO

Mesmo assim, a produção industrial em si permanece centralizada no hemisfério norte, com a Europa Ocidental (UE15) produzindo um quarto, e os EUA, um quinto de todas as manufaturas. Em termos nacionais, a China era, em 2006, o segundo maior fabricante do mundo, sendo responsável por 12% do total mundial registrado em 2007, seguida pelo Japão, com 10%, e pela Alemanha, com 7% (US Department of Labor, 2008: gráficos 3.7 e 5.9).

O mundo do trabalho é, portanto, multifacetado, e seu foco está, em termos gerais, sendo transferido da agricultura aos serviços. Em 2002, o número de empregos do setor agrícola mundial foi superado pelo do setor de serviços (ILO, 2008a: figura 3). A trajetória europeia histórica, da agricultura, passando pela indústria, até os serviços, não se verifica no restante do mundo. O setor da agricultura, que sofreu um declínio de 7% na escala mundial desde 1997, tem sido deixado para trás de forma rápida, mais rápida no leste e sul asiático, bem como na África Subsaariana – onde o declínio chegou a 11% e 10%, respectivamente. Já em outras regiões predominantemente agrícolas, tais como o sudeste asiático – onde a Indonésia abriga o maior mercado de trabalho – e o norte da África, essa transição tem sido mais lenta (ILO, 2008a: tabela 4). Nos países em desenvolvimento, o trabalho na lavoura é mais importante às mulheres do que aos homens – muitas costumam trabalhar para os próprios pais e maridos. Na América Latina, no entanto, a tendência entre os sexos é justamente a oposta, e, no sudeste asiático, há mais equilíbrio entre os gêneros nesse setor da economia (ILO, 2007: box 4b).

A importância relativa da estrutura social do trabalho depende do setor econômico em que está inserido. Aqui, mais uma vez, as perspectivas variam de acordo com as diferentes partes do globo.

Apesar de todo o sucesso do capitalismo, é interessante observar que apenas a metade da população empregada do mundo encontra-se em um regime empregador-empregado. A economia doméstica de subsistência ainda permanece um fenômeno central. Além disso, as relações salariais ou de remuneração não são nem de longe todas capitalistas. Há também o funcionalismo público de todos os tipos – desde o tipo repressivo, praticado por meio da administração, até os serviços de ensino e a assistência. As dimensões globais do setor público são difíceis de delinear com exatidão. Porém, montando uma colcha de retalhos com dados relativos à China, à Índia, à Rússia, aos EUA e aos ricos países da OCDE como um todo, e aproveitando também alguns dados do Banco Mundial da década de 1980 relativos ao Terceiro Mundo – dados que ainda parecem refletir a realidade da região, pelo menos nos países verificados –, chega-se à estimativa de 285 a 360 milhões de servidores públicos. Esse número inclui os serviços de utilidade pública e atividades semelhantes, mas exclui, em grande parte, os bancos e as indústrias públicas. O total atingido equivale a 10% ou 12% de todos os empregos do mundo.

Tabela 4.5 Regime de trabalho nas regiões
do mundo em 2006 (porcentagem dos empregos totais)

	Assalariados / remunerados	Empregadores	Autônomos	Trabalhadores familiares não remunerados
Mundo	47	3	33	17
Economias desenvolvidas e UE	84	6	8	2
CEI, Bálcãs fora da UE e Turquia	77	4	16	4
Leste asiático	43	1	38	18
Sudeste asiático	39	2	35	24
Sul asiático	21	1	47	31
América Latina	63	5	27	6
Norte da África	58	10	16	16
África Subsaariana	23	3	49	25
Oriente Médio	62	5	23	11

Fonte: ILO, 2008b: tabela 1

O Anuário de Estatísticas Chinesas de 2008 (www.stats.gov.cn) menciona 43,9 milhões de servidores públicos em 2002, além de 73 milhões de empregados nos serviços de utilidade pública – água, luz etc.; juntos, esses dados correspondem a 14% dos empregos chineses. O Censo indiano de 2001 (www.censusindia.gov.in) registrou 34 milhões de servidores na administração pública e setores afins, dado que provavelmente inclui também servidores privados – mas, em geral, não capitalistas. Uma página da web dedicada a relações industriais (industrialrelations.nuakri-hub.com/employment-in-india) estima que a Índia tinha 18 milhões de servidores públicos em 2004. O instituto de estatísticas estadunidense (o Bureau of the Census – www2.census.gov) registrou, em 2008, 23 milhões de servidores públicos nos níveis federal, estadual e municipal. Para os países ricos em geral, a OCDE (www.oecd.org) apresenta um total de 14% de funcionalismo público para 2005, incluindo os EUA – o que representa, ao todo, 75 milhões de pessoas. Estatísticas oficiais russas acusam 14 milhões de servidores públicos, ou 21% de todos os empregos do país – trabalhando na administração e defesa públicas, na educação, saúde e assistência social (www.gks.ru/bgd/reg1/b209). Com base em um banco de dados do Banco Mundial sobre o mercado de trabalho da década de 1980, Dani Rodrik (1997: tabela 2) constatou que o funcionalismo público na África, no leste asiático e na América Latina representava entre 5% e 10% dos empregos totais. As fontes da OCDE encontraram dados semelhantes para a Coreia e o México em 2005. Se utilizarmos esses dados como base para uma estimativa do funcionalismo público fora da China, Índia, Rússia e dos países da OCDE, chegaremos a 5%-10% de 1,26 bilhões de pessoas, ou seja, de 63 a 126 milhões de servidores públicos.

Em outras palavras, ignorando o capitalismo estatal – fenômeno impactante na China e também bastante significativo na Índia, Rússia e Brasil, bem como em países menores –, nada mais do que 40% da força de trabalho global trabalha diretamente sob um regime capital-trabalho. Ruim, diria um socialista, mas muito mais complexo do que Marx jamais poderia ter antecipado.

Entre 1996 e 2007, o número de empregados subiu 4% no mundo – a despeito da queda de 2% na América Latina em virtude da "flexibilização" neoliberal do trabalho e das crises econômicas. A maioria esmagadora dos autônomos, ou "trabalhadores por conta própria", como a OIT os denomina, são camponeses, pequenos proprietários rurais, vendedores de rua e pequenos comerciantes. A OIT agrupa-os juntamente com seus familiares não remunerados na categoria "trabalho vulnerável", o que reflete a realidade da maioria. Nos países de renda média e alta, todavia, os autônomos estão se dando muito bem. Na América Latina, a linha imaginária entre o trabalho vulnerável e os autônomos de sucesso separa, de um lado, o Chile e a Argentina – ou melhor, a grande Buenos Aires, que costuma figurar em diversas estatísticas latino-americanas como representante do país todo – e, de outro, o restante (Cepal/Ecla, 2008: tabela 24).

Analisando com cuidado e a partir da perspectiva privilegiada do hemisfério norte, os dados da OIT quanto aos regimes de trabalho parecem oferecer um quadro ameno demais. Em uma obra organizada por mim, dedicada às diferentes dimensões das desigualdades globais (Therborn, 2006), um colega norueguês-americano, Arne Kalleberg, contribuiu com um belo capítulo sobre formas precárias de trabalho, as chamadas "não convencionais" – tais como os empregos de meio-período, os contratos temporários etc. Ele se concentrou nos países ricos da OCDE. Nas partes mais pobres do planeta, não há muitos dos preciosos "trabalhos convencionais" à disposição.

A maior parte do trabalho nas regiões mais pobres do planeta consiste em atividades de subsistência ou empregos "informais". Na Índia, em meados dos anos 2000, por exemplo, 14% da população empregada eram de fato assalariados, dos quais apenas 6% estavam regularmente empregados no setor formal, gozando de direitos trabalhistas – ou seja, estavam empregados ou no setor público, ou em empresas privadas registradas com 10 funcionários ou mais. O setor formal indiano sofreu um leve declínio nessas duas últimas décadas de crescimento econômico intenso (Oommen, 2009). Dentre os trabalhadores remunerados urbanos do Brasil, cerca de um terço realiza trabalhos informais, à margem do sistema de previdência social. Esse dado havia permanecido inalterado nos 15 anos precedentes, embora, comparado aos dados de 1990, a proporção tenha aumentado (OECD, 2007a: tabela 1.6). Para o mundo como um todo, a OIT (ILO, 2010: tabela A11) acusou, entre 1998 e 2007, uma leve redução no número do que eles chamam de "trabalho vulnerável". Não há registros oficiais dos empregos informais na China, mas sua difusão pelo país é evidente. Uma pesquisa de 2005 revelou que quase a metade de todos os empregados chineses urbanos não possui um contrato de trabalho escrito e, no setor privado, um terço dos empregados não dispõe sequer de um acordo ou contrato verbal claro. A inadimplência no pagamento de salários é um fardo sobre os ombros dos chineses (OECD, 2010: 169-170; Lee, 2007a: 164). De fato, um estudo comparativo entre empresas taiwanesas na China e no Vietná revelou que o regime de trabalho chinês é muito mais brutal (Taylor, 2008: 22).

O MUNDO

A maioria esmagadora da população mundial trabalha em seus países de origem, ainda que a migração laboral tenha acelerado no final do século XX, alcançando e ultrapassando os índices registrados um século antes. Uma estimativa da OIT de meados dos anos 2000 revela que o número de imigrantes transnacionais economicamente ativos do mundo todo chega a 86 milhões, ou menos de 3% da força laboral global – dentre os quais se estima que 54 milhões estejam em países ricos (ILO, 2008b: 5).

As classes sociais do capitalismo do século XXI

Deixando de lado as tecnicidades e disputas acadêmicas, o conceito de classe possui três significados e usos principais. O primeiro refere-se à cultura, ao *habitus*, como diria Pierre Bourdieu – em um debate público na Grã-Bretanha da década de 1950, sobre estilo, sotaque e educação, falava-se justamente da "classe A(lta) e da não A" (Mitford, 1955). Já Max Weber diria *Ehre* (honra), e os acadêmicos weberianos estadunidenses de mais tarde, *status*. Tirando os códigos de contaminação e punição divina, esse conceito é semelhante à noção bramânica de casta – as castas mais inferiores são simplesmente menos instruídas, menos respeitáveis e, dentro da hierarquia, menos puras culturalmente. Esse conceito de classe é um gesto de "esnobismo" que gira em torno da distinção entre, de um lado, pessoas que pertencem a "boas" famílias e, de outro, o resto.

Em segundo lugar, classe pode implicar vitimização. Nesse sentido, a noção de classe tem mais a ver com "protesto", já que faz sobressair as desigualdades sociais. As chances dos filhos de pais pobres e de baixa escolaridade de estudarem na sofisticada escola particular Eton, na Inglaterra, ou de arranjarem um emprego de sucesso na City de Londres ou em Wall Street, por exemplo, são muito menores. É menos provável que trabalhadores manuais tirem férias no exterior ou que tenham a chance de desfrutar de sua aposentadoria antes de morrerem. Aqui, a noção de classe é uma maneira de criticar os privilegiados e sua apropriação injusta das mordomias da vida, e não uma forma de colocar os menos instruídos em seu devido lugar.

O terceiro conceito de classe é considerado hermético nos dias de hoje, mas, antigamente, era bastante poderoso – e, a meu ver, ele continua sendo o mais interessante dos três. Classe, nesse sentido, é uma força social, com seus respectivos valores, atitudes e/ou interesses. É uma noção de "união".

| 240 |

Historicamente, esse terceiro conceito de classe impôs-se – e foi contestado ou admirado – por meio de duas manifestações principais. A primeira manifestação é a "classe média" – outrora o *tiers état*, ou "terceiro estado", na Revolução Francesa, e o *Bürgertum*, ou "classe média", das terras germânicas, mas raramente a "*bourgeoisie*", ou burguesia. O orgulho e a afirmação da classe média atravessou o globo e perdurou por muito tempo, desde a Grã-Bretanha do início do século XIX até a Lucknow colonial, na Índia, de meados para final do século XIX (Joshi, 2001), e a Bulgária pós-comunista (Tilkidjiev, 1998). A segunda manifestação é a "classe trabalhadora", proclamada pelo movimento trabalhista do segundo quarto do século XIX, teorizada por Karl Marx e posta em cena nas revoluções russas, chinesas e leste-europeias do século XX como protagonista oficial ou diretora – isso sem falar das suas reivindicações mais vazias, do ponto de vista social, no último terço do século, desde Cuba até a Etiópia.

Também os camponeses, ou a classe dos lavradores, tiveram seus cinco minutos de fama. Após a Primeira Guerra Mundial, eles constituíram uma força social e política extremamente significativa, embora quase nunca dominante, no centro-leste europeu, desde a Bulgária até a Finlândia, avançando, no norte, na direção oeste e incluindo toda a Escandinávia e a Islândia. Nas revoluções leste-asiáticas, os camponeses, além de sujeitos sociais, podem até ter sido objetos de manipulação política, mas seu apoio foi decisivo para as vitórias de Mao Tsé-tung e Ho Chi Minh.

Partindo da noção de *plèbe* da Revolução Francesa, surgiu uma força social mais amórfica que, em tempos de revolução social, pode ser genericamente denominada "classes populares". Normalmente, as classes populares incluem tanto trabalhadores quanto camponeses, mas essa designação abre espaço para outro grupo por vezes importante: os pobres das zonas urbanas, os vendedores ambulantes e trabalhadores informais em geral. Esse grupo desempenhou um papel fundamental nos protestos contra o FMI na Ásia e na África na década de 1990. É também ele que costuma ser mobilizado para disputas religiosas ou comunitárias, frequentes no sul asiático após a partição da Índia, mas também na Indonésia e na Nigéria (conflitos entre muçulmanos e cristãos), e no Paquistão e no Iraque (escaramuças entre os sunitas e os xiitas).

Se, por um lado, é óbvio que as noções de classe enquanto esnobismo cultural e desvantagem socioeconômica perduraram, por outro lado, permanece a dú-

O MUNDO

vida – tão importante e interessante justamente por seu caráter incerto – quanto à relevância, no século XXI, da noção de classe enquanto força social. As duas únicas afirmações que os estudiosos sérios podem fazer com alguma segurança são as seguintes: essa noção de classe não pode ser excluída e, se mobilizada, possui um grande potencial. É claro que a classe média permanece a opção mais segura, recentemente visível nas praças públicas do Leste Europeu, do oeste, sul e sudeste asiático e da Ásia Central, bem como da América do Sul. Porém, o potencial das classes populares – no sentido amplo – também foi comprovado recentemente, por exemplo, nos motins que se seguiram à queda do neoliberalismo argentino em 2001, ou nas disputas sociais – "guerras", como dizem os locais – que colocaram Evo Morales na presidência da Bolívia e o mantiveram lá nas novas eleições de 2009. Seu poder latente de orquestrar protestos ferozes e potentes, do qual se teve uma pequena amostra nas recentes crises, vem perseguindo regimes políticos do mundo todo, da França à África do Sul, da Nigéria à China, e da Índia às Filipinas.

Diante dessas informações, parece pertinente traçar um mapa das classes sociais de dois dos principais países do mundo – a Índia e a China –, cujas linhas imaginárias lançarão luz sobre as forças de mudança social em potencial, bem como sobre as forças constantes de crescimento. O método empregado na delimitação dos contornos das classes – e da mobilização e conflitos potenciais entre as classes – será diferente do aplicado às sociedades industriais europeias analisadas pela tradição marxista.

Os camponeses ainda constituem a maior classe em ambos os países, cerca de três vezes maior do que as classes industrial, de trabalhadores, de gerentes e de proprietários juntas. Suas diferenciações internas não poderão ser abordadas aqui, mas vale observar que, principalmente na Índia, emergiu uma camada relevante de fazendeiros capitalistas que contratam mão de obra casual para cultivar suas terras. Em geral, as fazendas desses camponeses são bastante pequenas para padrões norte-europeus – do tamanho de um canteiro de batatas. No início da década de 1990, as terras de camponeses chineses tinham, em média, meio hectare. Na mesma altura na Índia, a porção média registrada foi de 0,3 hectare, segundo um estudioso local. Um relatório do Banco Mundial apresenta um número maior (mas ainda modesto) relativo à média da posse de terras na Índia – 1,4 hectare. Em Bangladesh, camponeses possuem, em média, 0,6 hectare de terra. Já no Brasil, por outro lado, a média são 73 hectares (para China, ver Summerfield, 2006: 189, citando o estudioso chinês Zhou Jian-Ming; para Índia, ver Mukherjee, 2002: 260; cf. World Bank, 2007c: 87).

Outro exemplo asiático interessante é a Indonésia, onde somente um quarto da população economicamente ativa é assalariada, e a classe operária industrial constitui quase 8% do total (Sugyarto et al., 2006: tabelas 6.8 e 6.11; supõe-se que empregados da indústria com ensino médio ou ensino superior completo sejam gerentes).

Tabela 4.6 Classes populares na Índia e na China em meados dos anos 2000 (porcentagem da população economicamente ativa)

	China	Índia
Autônomos ou empregados da própria família	45	57
Dos quais camponeses	39	47
Trabalhadores informais ou casuais remunerados	14	29
Dos quais trabalhadores rurais	(0)	25
Empregados regulares	41	14
Dos quais da zona urbana	19	9
Dos quais funcionários públicos	14	4-6
Classes industriais	24	18

Observação: Em conformidade com a metodologia da OCDE, mas diferentemente da maior parte dos métodos acadêmicos indianos, os empregados regulares exibidos na tabela podem tanto pertencer ao setor informal, desprovido de direitos trabalhistas, quanto ao setor formal, protegido por direitos trabalhistas. O índice mais baixo de servidores públicos registrado para a Índia é oriundo da OCDE (fonte a seguir), enquanto o mais alto provém de fontes indianas, mencionadas nas observações da tabela 4.5. As classes industriais permeiam as outras categorias e, por isso, não devem ser adicionadas a elas. As classes industriais referem-se a todos os funcionários envolvidos na manufatura, mineração, construção e abastecimento de água e energia.

Fontes: Classes empregadas calculadas com base em OECD, 2007a: 1.Al.3. Classes industriais retiradas de dois artigos apresentados em um seminário em 2007, relacionados ao lançamento da fonte mencionada anteriormente (OECD, 2007a) – Nagaraj (2007), sobre a Índia, e Liu Yanbin (2007).

As diferenças sino-indianas advêm, sobretudo, de duas fontes: o legado comunista duradouro na China, e os diferentes níveis de desenvolvimento industrial dos dois países. O legado comunista, nesse caso, revela-se principalmente na estrutura das classes agrícolas – tanto o sistema capitalista e o feudal de posse de terras quanto a existência de um proletariado sem terras foram abolidos. Na China, as terras para cultivo (ainda) não foram privatizadas, a despeito da forte pressão ocidental neoliberal. Atualmente, elas são arrendadas aos lavradores por autoridades municipais. As famílias de imigrantes urbanos costumam alugar suas terras rurais a outras famílias. A revolução chinesa acabou com a "cultura de servidão", produzida e perpetuada pela condição dos sem terra, pelo sistema de castas e pela servidão por dívidas – fenômeno ainda presente na Índia, não só entre os trabalhadores rurais, mas também entre os serviçais domésticos urbanos (Ray e Qayum, 2009). Os serviçais domésticos, todavia, parecem ter retornado à China pós-Mao – cerca de um décimo dos domicílios de Xangai dispõe de seus serviços (Yan Hairong, 2007: 156). Como era de se esperar, o funcionalismo público é mais robusto na China, apesar de a diferença não ser assim tão considerável.

O fato de a China possuir uma proporção consideravelmente maior de trabalhadores assalariados remonta à economia socialista e à fiscalização urbana comunista. Atualmente, porém, esse fator se deve, sobretudo, à quantidade muito superior de empregos do setor industrial no país.

O descompasso entre o trabalho rural de subsistência e o trabalho urbano assalariado é enorme na Índia e na China. Em virtude tanto do processo mais acelerado de urbanização e de industrialização na China quanto da predominância de jovens imigrantes urbanos que mantêm laços com pais e avós deixados no interior, é provável que as disparidades sociais entre as classes populares sejam menores na China. Mesmo assim, a defasagem entre a zona urbana e a rural é patente. "Testemunhamos níveis inimagináveis de miséria e gestos de crueldade inconcebíveis; presenciamos sofrimento atroz e desamparo impensável, resistência inimaginável e silêncio incompreensível", concluiu a enorme Pesquisa dos Camponeses Chineses de 2004 (apud Croll, 2006: 161). Na base da pirâmide indiana, há um proletariado formado por emigrantes rurais sem terras, que se deslocam para lá e para cá entre trabalhos casuais rurais e urbanos mal pagos, guiados por um recrutador (Breman, 2007).

As classes populares da China e da Índia apresentam mais subdivisões internas que suas equivalentes na história europeia moderna – que, por sua vez, também apresentavam suas divisões entre os trabalhadores qualificados e não qualificados, os chamados "respeitáveis" e os "toscos". Na China, o sistema *hukou* de cadastramento urbano distingue entre os trabalhadores dotados de direitos plenos de residência urbana, de um lado e, de outro, os imigrantes laborais "irregulares", vindos do interior. Estes últimos são considerados trabalhadores convidados nas cidades de seu próprio país, dispondo, na melhor das hipóteses, de trabalhos precários e de possibilidades incertas quanto a uma habitação decente e uma vida familiar normal. No início da década de 2000, esses trabalhadores representavam um quinto de toda a força laboral urbana (Hertel e Fan Zhai, 2004: 1).

O descompasso entre os trabalhadores formais e informais também é marcante, mas menos difundido e palpável na China do que na Índia e em outros países do Terceiro Mundo – na América Latina, a divisão é aproximadamente meio a meio, sendo que o trabalho informal cresceu nos anos 1990 (Tokman, 2004: 186 e ss). Essa divisão separa os trabalhadores (em sua maioria homens) que dispõem de direitos trabalhistas reconhecidos pelo Estado e protegidos por sindicatos, de um lado, daqueles que não dispõem de direito algum, de outro. Além disso, os empregados do setor formal e seus sindicatos podem, como frequentemente é o caso na Índia, encarar os trabalhadores informais como concorrentes e ameaças em potencial, à disposição dos capitalistas para serem usados como substitutos no caso de greves (cf. Breman, 2004: 416 e ss; Breman, 2003: cap. 9-10). No entanto, os trabalhadores do setor formal e seus sindicatos podem também empenhar-se em organizar os trabalhadores informais, oferecendo-lhes seus recursos de instituição nacional, como é o caso do National Labour Congress of Nigeria, ou Congresso Trabalhista Nacional da Nigéria (Gunilla Andrae, comunicação no Congresso Mundial de Sociologia em 16/07/2010).

Mas os trabalhadores do setor informal dispõem, em determinados lugares e momentos, de seus próprios movimentos também, como, por exemplo, a famosa organização indiana Self-Employed Women's Association, ou Associação Feminina de Autônomas, uma junção de sindicato com cooperativa que, em meados da década de 2000, contava com 700 mil associadas (Bhatt, 2006: 16). Outro exemplo é a organização internacional de vendedores de rua StreetNet, com sede na África do Sul. Nas cidades industriais do sul da China, há revistas especiais para os trabalhadores imigrantes, cuja mensagem, apesar de individualista, critica as atuais condições (Chang, 2008: 59 e ss).

A defasagem entre o setor formal e o informal pode ser amenizada de três formas diferentes. A primeira consiste na extensão de direitos trabalhistas, pelos quais tanto se batalhou nos conflitos de classes euro-americanos até, finalmente, se tornarem a regra na década de 1980. A segunda medida refere-se a um amplo tema existencial que transcende a questão dos meios de vida fragmentados e

O MUNDO

invoca o apoio dos trabalhadores. Um exemplo dessa medida inclui o fomento da dignidade e do respeito nacionais, elementos presentes tanto no anticolonial Movimento de Quatro de Maio, na China (1919), quanto na luta contra o Apartheid na África do Sul. Nenhuma dessas duas medidas parece estar nos horizontes mundiais, mas também nenhuma deve ser descartada. A terceira alternativa, ao contrário, parece mais factível e já faz parte da agenda de diversos economistas. Ela consiste na generalização da "informalidade", marginalizando os direitos trabalhistas em nome da "flexibilização".

As classes sociais indianas contam ainda com significativas divisões adicionais, impostas por questões de casta e religião – sobretudo entre a parte muçulmana (estimada em um sexto) da população do país e a maioria hindu. As chamadas "castas programadas" (para promoção)* representam também um sexto da população – 16% de acordo com o Censo de 2001. Seus representantes são encontrados aos montes – apesar de não constituírem uma maioria – entre os trabalhadores rurais e os trabalhadores urbanos casuais, mas recebem remuneração da mesma forma que os hindus de outras castas. Já entre os trabalhadores autônomos, sobretudo no setor da agricultura, essas "castas programadas" quase não estão presentes. Os muçulmanos, por outro lado, representam uma boa fatia dos trabalhadores urbanos autônomos e, por conseguinte, são menos numerosos tanto entre os assalariados quanto entre os trabalhadores casuais. Outro fato que ilustra a complexidade da constituição social das classes populares indianas é o seguinte: muçulmanos e membros de "castas programadas", a despeito de suas diferentes distribuições no mercado de trabalho, são igualmente pobres – quase duas vezes mais pobres do que os hindus de outras castas – e a incidência desses índices de pobreza é mais de duas vezes mais elevada nas cidades, levemente menos no interior (Das, 2010: 356 e ss). A hierarquia indiana e a luta contra ela trouxe à tona mais uma categoria de castas, chamada "outras castas atrasadas", OBC (*"other backward castes"*), que estão agora reivindicando direitos compensatórios. As OBCs representam 40% da

---

* N. T.: As chamadas "castas programadas", em inglês *"scheduled castes"*, são todas as castas indianas mais desprivilegiadas que, desde a independência, têm direito a discriminação positiva, ou seja, possuem cotas especiais no ensino superior e no funcionalismo público previstas na Constituição do país. O intuito é fomentar essas castas historicamente prejudicadas para diminuir as desigualdades no país.

| 246 |

população rural e um terço da urbana. Além disso, há também as populações tribais reconhecidas, que constituem um décimo da população rural do país (National Sample Survey Organization, 2003: item 2.18). Muitas delas foram mobilizadas pela insurgência "maoísta".

Existem no mundo aproximadamente 1,4 bilhões de trabalhadores assalariados, dentre os quais um bilhão encontra-se fora das partes ricas e desenvolvidas do planeta (ILO, 2008a). A nova (2006) e unificada Confederação Sindical Internacional conta com cerca de 166 milhões de membros, um terço dos quais está na Europa, como já mencionado anteriormente. Sindicatos autônomos significativos até existem na África, Ásia e América Latina; todavia, à exceção dos latino-americanos, eles são uma raridade. No Brasil, quase a metade de todos os funcionários empregados no setor de manufatura dispunham de um sindicato em 2002; no Canadá, esse número não chega a um terço; no México, um quinto. Na África, os sindicatos, embora pequenos, constituem uma força urbana organizada a ser levada em consideração, sobretudo – mas não exclusivamente – nas regiões sul e oeste do continente. Na Ásia, sua influência permanece restrita a Taiwan, ao Japão e à Coreia, e não atinge as proporções da influência dos sindicatos da Europa Ocidental; sindicatos também estão presentes em países menores, como o Sri Lanka e Singapura, mas sua autonomia é questionável nesses países (Lawrence e Ishikawa, 2005; cf. Felipe e Hasan, 2006: tabela 3.5). Os sindicatos indianos são extremamente fragmentados – são 12 federações nacionais distintas –, mas, se acreditarmos em uma "verificação" recente (2007), eles dão cobertura a um décimo do proletariado, ou 25 milhões de pessoas, incluindo organizações de autônomos – um número muito acima do registrado em 1987 (Oommen, 2009: 88). Enquanto o pequeno setor formal indiano, que abrange apenas 6% dos empregos totais, parece dispor – para o espanto da OCDE (OECD, 2007b: cap. 4) – de mais direitos trabalhistas do que qualquer trabalhador europeu – isso sem falar nos estadunidenses –, por outro lado, a Índia apresenta hoje um padrão curioso em termos das relações trabalhistas no setor industrial. Por duas décadas, desde 1987, os locautes ou greves patronais acarretaram custos mais altos em termos da perda de dias de trabalho do que as greves dos trabalhadores (Datt, 2002: 182-3; Nagaraj, 2007: figura 4).

Os chineses forçaram a rede estadunidense Walmart a reconhecer, pela primeira vez, os sindicatos, mas, na China, eles não constituem uma força autônoma e, na Zona Econômica Especial de Guangdong, eles costumam ser geridos por diretores das próprias empresas. No setor privado local, os sindicatos praticamente não existem – oferecendo cobertura a nada mais do que 4% dos empregos no país (Lee, 2007a: 58-9). Há mais flexibilidade nas relações industriais na Rússia, mas a implosão industrial pós-comunista na região acabou subjugando os trabalhadores (Clarke, 2008). A organização de sindicatos na Indonésia, que emergiu a partir da longa ditadura militar de Suharto, é embrionária e fragmentada (Hadiz, 2001).

O movimento trabalhista, outrora uma força central e soberba do século xx eurocêntrico, é hoje bastante débil. A desindustrialização, ou a reestruturação industrial, somada às ocasionais derrotas, em momentos cruciais, do movimento trabalhista diante do capital e/ou de outros desafios estatais, representou um golpe pesado para as classes trabalhadoras mais organizadas – desde os operários da indústria automobilística e da siderurgia estadunidense até os mineradores de carvão britânicos, poloneses e ucranianos, além dos siderúrgicos e engenheiros do vale do Ruhr, na Alemanha, e de todos os antigos países comunistas da Europa. Os desdobramentos dessas derrotas foram sentidos em outras áreas também, como, por exemplo, entre os operários da indústria têxtil de Mumbai e Ahmedabad e entre os funcionários do setor da indústria pesada do nordeste da China (Sherlock, 2001; Breman, 2003: cap. 10; Lee, 2007a).

Apesar disso, Paul Mason, em uma obra solidária ao movimento trabalhista de impressionante alcance histórico global (2007), argumenta que estamos à beira de revoltas trabalhistas militantes e de ações sindicais semelhantes às heroicas insurreições trabalhistas transcontinentais das décadas anteriores à Segunda Guerra Mundial. Talvez isso reflita mais um desejo do que uma previsão, mas é de fato verdade que os novos processos de industrialização e terceirização globais produziram uma onda de greves, manifestações e motins entre as novas classes trabalhadoras industriais e os terceirizados, desde nos antigos países comunistas europeus até na China – 87 mil "incidentes de larga escala" oriundos de protestos populares foram registrados em 2005 (Lam, 2009: 20; ver também Lee, 2007a, 2007b). A alternativa de recorrer à voz coletiva coexiste, no entanto, com a alternativa de esquivar-se individualmente e, de fato, há uma rotatividade imensa entre os funcionários do aquecido mercado de trabalho do leste da China, que pulam de um empregador para outro (Chang, 2008: 25 e ss). Nos anos 1990, desenvolveu-se, com a ajuda de advogados especializados em direitos humanos, o importante Bangladesh Independent Garment-Workers' Union, ou Sindicato de Trabalhadores Independentes da Indústria Têxtil de Bangladesh (Rock, 2001). Na década seguinte, na segunda metade de 2007 e, depois, na primeira metade de 2008, trabalhadores imigrantes sul-asiáticos orquestraram – à revelia da forte vigilância a que estavam submetidos – greves gerais e motins no golfo Pérsico. Muitos desses protestos obtiveram algum sucesso, traduzido no fortalecimento das causas trabalhistas. Em resposta, as autoridades religiosas de Abu Dhabi solicitaram, no dia 25 de abril de 2008, que todos os imames dedicassem seus sermões de sexta-feira aos direitos dos trabalhadores (estrangeiros). Na África, os movimentos dos sindicatos vêm desempenhando um papel fundamental, cuja importância é maior do que suas dimensões em si – incluindo lutas pela democracia do Zimbábue à Guiné-Conacri e à Nigéria, bem como protestos populares mais amplos, como, por exemplo, na Nigéria na década de 2000 (Okafor, 2009).

Esses movimentos podem muito bem gerar figuras da estatura de um Big Bill Haywood, de um Tom Mann e de outros heróis do início do século XX listados por Paul Mason. Entretanto, transformações sociais radicais não parecem estar nos horizontes do planeta no momento, da mesma forma que, há um século, estavam o anarcossindicalismo e o socialismo marxista. Os movimentos trabalhistas atuais podem, inclusive, trazer à tona um tipo bastante distinto de líder popular, como o ex-presidente do Brasil, Lula – uma figura moderada e tranquila, mas muito decente, que emergiu das lutas dos metalúrgicos de São Paulo, na década de 1970, contra os empregadores e contra a ditadura militar. Esses movimentos podem também ser incorporados, sem muita visão estratégica, em regimes políticos democráticos, mas cautelosos, como foi o caso do Cosatu (em português, Congresso dos Sindicatos Sul-africanos) no governo do partido ANC (em português, Congresso Nacional Africano), na África do Sul.

Até agora, este século tem sido bem mais propenso a revoluções da classe média do que a levantes populares – e, menos ainda, a revoluções da classe operária. As manifestações da classe média tiveram início em Belgrado em 2000, avançaram para Kiev em 2002, para Tbilisi em 2004 e, em 2008, foram parar em Bangkok. Sua presença – senão até seu triunfo revolucionário – é clara nas

O mundo

ruas, desde Beirute, Teerã e Quisinau até Caracas e Buenos Aires. Karachi, Lahore e outras cidades paquistanesas testemunharam um fenômeno semelhante, porém de dimensões limitadas e mais como uma espécie de movimento – bem-sucedido, por sinal – de pressão profissional, por parte de advogados, em prol de um poder judiciário independente. Estudantes universitários – agora lado a lado com seus pais, e não com os empregados dos seus pais, como foi o caso nos anos 1960 –, além de profissionais e empreendedores urbanos, em pessoa e sob a forma de seus recursos financeiros, protestaram contra governos populistas autoritários ou democraticamente duvidosos, por vezes em prol de partidos com credenciais democráticas mais duvidosas ainda, tais como os partidos que perderam as eleições na Tailândia e na Moldávia. Não há nada de inerentemente democrático nessas manifestações da classe média; aliás, foram manifestações desse tipo que prepararam o terreno para o golpe militar no Chile em 1973. Seja como for, as manifestações da classe média tornaram-se um traço distintivo do novo século.

A classe média das grandes cidades é globalizada, marcada por ideais de consumo e informações eletrônicas, e para quem o populismo autoritário constitui não só uma barreira ou ameaça ao estilo de vida almejado como também uma afronta aos seus conhecimentos e visão de mundo. Não existe nem uma definição consensual, nem uma contagem oficial das classes médias sequer no nível nacional – muito menos no nível global. Mas esse tema tem se tornado cada vez mais polêmico, tanto entre escritores políticos liberais em busca de aliados quanto entre corporações e empresas de consultoria desejosas de atender às demandas dos clientes. Uma das definições de classe média mais auspiciosa e séria, vinculada ao consumo global, partiu dos economistas do Banco Mundial Milanovic e Yitzhaki (2002). Segundo essa definição, a classe média é formada por pessoas cuja renda está entre a renda média do Brasil e a da Itália. Fora dos países mais ricos, nos chamados "mercados emergentes", esse agrupamento incluía cerca de 400 milhões de pessoas em 2005, 7% da população total dos países em questão, 5% da indiana (*The Economist*, "Burgeoning Bourgeoisie", 12/2/2009, relatório especial, p. 4).

No ápice da estrutura de classes, está surgindo uma classe capitalista transnacional. O fato de corporações operarem no nível transnacional é uma das manifestações do capitalismo global, mas não necessariamente de uma classe capitalista global. Para essa classe materializar-se, primeiro é preciso que a integração ou unificação global dos atores corporativos executivos tenha se consumado. A obra pioneira de Leslie Sklair (2001) nem sempre é clara com relação a esse ponto, e sua inserção da classe capitalista global nas classes dos "burocratas e políticos globalizantes", "profissionais globalizantes" e "mídia" (p. 17) não me parece acertada. A tendência, no entanto, é indiscutível. Pelo menos desde meados dos anos 1990, existe um mercado de trabalho global para executivos. De fato, investidores estrangeiros no mercado de câmbio são tão importantes quanto os locais, até mesmo em cidades menores, como Estocolmo. As escolas internacionais de economia e administração estão formando os gerentes de amanhã, e a imprensa internacional do setor da economia está definindo os padrões de hoje – por vezes altos, vale salientar. O jornal *Financial Times* é o porta-voz de uma burguesia bem informada no melhor estilo europeu do século XIX.

Londres é o centro dessa nova classe capitalista transnacional, a cidade predileta para as transações de negócios e um dos destinos prediletos também em termos de moradia – depois dos próprios países e dos paraísos fiscais. Os atores principais da City de Londres são todos não britânicos – os mais importantes são bancos de investimentos estadunidenses. De fato, um terço das maiores corporações, de acordo com dados da bolsa de valores de Londres (FTSE), não é britânico. Dentre as 10 pessoas mais ricas do Reino Unido, listadas pelo *Sunday Times* em 2008, somente o duque de Westminster – que ocupa o terceiro lugar e nada mais é do que uma espécie de senhor feudal reciclado, cujas propriedades incluem alguns dos melhores terrenos de Londres – é britânico da cabeça aos pés. Também em grande medida britânico é sir Philip Green, nascido no Reino Unido e dono de redes varejistas, mas residente em Mônaco. O magnata da siderurgia, Lakshmi Mittal, ganhador do primeiro lugar, tem cidadania indiana, e os irmãos Hinduja, na quarta colocação – envolvidos em diversos investimentos internacionais – também são indianos. Outros três são russos que pertencem à abastada era de Yeltsin; outro é um suíço bilionário da indústria farmacêutica nascido na Itália; outro é um sueco cuja fortuna vem da Tetra Pak; e, por fim, o oitavo da lista é um norueguês do ramo dos navios-tanques.

O MUNDO

Por outro lado, na lista da revista estadunidense *Forbes* dos bilionários do mundo todo, cujos critérios são diferentes dos adotados pelo *Sunday Times*, dentre os 53 mais ricos de 2008 (o número quebrado se deve aos empates), somente Lakshmi Mittal e duas das três famílias suecas que figuram na lista residem em países dos quais não são cidadãos registrados (www.forbes.com/lists/2008). (Ao contrário do *Sunday Times*, a *Forbes* conta o oligarca russo dono do clube de futebol inglês Chelsea, Roman Abramovich, como residente na Rússia.)

Atualmente, os diretores executivos, além de outros membros da diretoria de grandes corporações multinacionais, são estrangeiros. No final de 2007, dentre as 100 maiores corporações estadunidenses, por exemplo, os diretores executivos de 15 eram de fora dos EUA – incluindo indianos à frente do grande banco Citigroup e da PepsiCola, assim como um irlandês no topo da gigante do petróleo Chevron (*International Herald Tribune*, 13/12/2007). A recente norma de privatização por meio da qual duas corporações britânicas do setor aeroespacial e de defesa – a BAE e a Rolls-Royce – são obrigadas a terem um executivo britânico à sua frente já é vista como uma anomalia entre os círculos econômicos do Reino Unido, e as empresas estão fazendo campanha contra ela (*The Economist*, 22/3/2008).

Mesmo assim, as multinacionais ainda pertencem, sobretudo, a proprietários locais e são também geridas por cidadãos locais – sempre com um bom bocado de racionalismo econômico. Essa predominância de atores nacionais, no entanto, costuma ser combinada com uma visão global e com a difusão do inglês como o idioma padrão da diretoria das grandes corporações – como é o caso da alemã Siemens, por exemplo. Em 2008, esperava-se que mais da metade das vendas das 500 maiores corporações estadunidenses listadas pela empresa também estadunidense Standard & Poor ocorresse fora dos EUA – em 2001, a porcentagem registrada foi de um terço das vendas totais (*International Herald Tribune*, 13/12/2007). Entre as 32 empresas estadunidenses mencionadas na edição de 2008 da lista da *Fortune* 500, cuja receita superava os 50 bilhões de dólares, as vendas internacionais não eram responsáveis nem por um terço de sua receita (*Fortune*, 5/5/2008, p. 129).

Em muitos casos, o termo "nacional" engloba também um aspecto étnico minoritário. Os mais conhecidos são os chineses (ou descendentes de chineses) do sudeste asiático, que dominam o setor privado da região, desde a Birmânia até as Filipinas. Os nigerianos e os libaneses controlam, em grande medida, a economia urbana do oeste asiático. Carlos Slim, o homem mais rico do México e também da América Latina como um todo – e o segundo mais rico do mundo –, é um imigrante maronita libanês de segunda geração. Como se nota, boa parte do caráter transnacional da classe capitalista global de hoje advém das antigas ondas de globalização.

Como ganhar a vida II: os ricos e os pobres

Para conseguir uma renda decente, não basta trabalhar duro – e às vezes nem é preciso. Sua renda dependerá de onde você nasceu, de quem são seus pais, das suas qualificações, da produtividade do seu setor de trabalho e, por fim, da sorte. O trabalho como manutenção da pobreza é a sina de muitos neste mundo.

O sul asiático – a Índia, o Paquistão e Bangladesh –, principalmente, mas também a África Subsaariana, incluindo a mais bem desenvolvida África do Sul, abrigam a mão de obra mais barata e explorada do planeta. Dois quintos da população mundial ganham dois dólares ou menos por dia de trabalho (valores de 2005) e, no sul asiático e na África, a proporção chega a quatro quintos. No entanto, as coisas estão mudando – de forma gradual, porém dramática. Entre 1998 e 2008, a mão de obra que recebia dois dólares ou menos por dia de trabalho no leste asiático (leia-se na China) foi de 77% para 29%, ao passo que, no sul asiático, ela escorregou de 86% para 80% apenas, e, na África Subsaariana, de 86% a 82%. Em 1998, 57% do sul asiático e 52% do leste asiático embolsavam 1,25 dólares ou menos por um dia inteiro de trabalho. Dez anos mais tarde, os números baixaram para 46% e 11%, respectivamente (ILO, 2010: tabela A12). Se a OIT estiver ao menos relativamente correta, apesar de toda a crueldade do sistema chinês de acúmulo de capital, o mercado de trabalho chinês vem conseguindo se beneficiar desse sistema.

O MUNDO

Tabela 4.7 Trabalho como manutenção da pobreza no mundo em 2008 (porcentagem de pobres do total de empregados)

	<$1,25 ao dia	<$2 ao dia
Mundo	21	40
CEI, Bálcãs fora da UE e Turquia	4	13
Leste asiático	11	29
Sudeste asiático	23	52
Sul asiático	46	80
América Latina	7	15
Oriente Médio	8	23
Norte da África	14	31
África Subsaariana	59	82

Fonte: ILO, 2010: tabela A12

No outro extremo do atual espectro mundial dos meios de vida, temos a lista anual da revista *Forbes* dos bilionários do mundo (em dólares). No final de março de 2009, após um ano inteiro de crise financeira, havia 793 bilionários no planeta, que, juntos, valiam 2,4 trilhões de dólares. Esse valor equivale ao produto nacional anual da França. Um ano antes, o número de bilionários chegava a 1.125, abocanhando o equivalente ao produto nacional de 128 milhões de japoneses, ou cerca de um terço do produto nacional de mais de 300 milhões de estadunidenses. É verdade que estamos colocando riqueza e renda em pé de igualdade, mas esses parecem ser os melhores dados disponíveis acerca dos miliardários do mundo.

Como era de se esperar, os estadunidenses dominam o pedaço, sendo responsáveis por 359 dos 793 bilionários registrados em 2009, e 473 dos 1.125 de 2008 – ou seja, um pouco menos da metade do total. As figuras mais ricas do planeta são Bill Gates, da Microsoft, e Warren Buffet, um investidor corporativo profissional. No entanto, a lista dos 10 mais incluía, para além de um terceiro estadunidense, dois indianos, dois alemães, um espanhol e um sueco (Ingvar Kamprad, o fundador da empresa de móveis domésticos IKEA). Em 2008, a Rússia ganhou a medalha de prata em termos de bilionários no mundo, 87, fazendo de Moscou a capital bilionária do planeta. Mas a crise atual parece ter atingido a oligarquia russa em cheio, riscando 55 nomes da lista de bilionários e transformando Nova York na sede dos ricaços do planeta. Todos os outros países estão muito longe dos EUA, mas a Alemanha,

|254|

com suas inúmeras empresas e fortunas familiares herdadas, destaca-se em terceiro lugar no ranking, com 54 bilionários em 2009. Possuíam cidadania chinesa 47 bilionários (28 no continente e 19 em Hong Kong). Na sequência, vêm o Reino Unido com 25, a Índia com 24, o Canadá com 20 e, por fim, o Japão com 17.

A África Subsaariana que, depois do sul asiático, é o grande albergue mundial dos pobres, possui quatro bilionários – três sul-africanos e um nigeriano. Dentre os países mais populosos, Bangladesh e Paquistão ficaram de fora da lista, e a Indonésia tem uma presença mínima, com apenas cinco bilionários. O Brasil possui 13 e o México, 9 bilionários (www.forbes.com/2008, www. forbes.com/2009).

E o que é que preenche a lacuna entre os miliardários e os pobres? Vastas distâncias e categorias de renda que mal se podem definir e delimitar com alguma precisão ou segurança. Depois dos miliardários, vem a nata da lista da distribuição de renda dos países ricos (os países da OCDE, basicamente). Assim como os miliardários, o décimo da população estadunidense com as maiores rendas forma uma classe social própria e goza de muito mais prosperidade do que os outros decis (OECD, 2008: 36). Traduzindo a renda dessa pequena classe de ricos nos parâmetros utilizados pelo Banco Mundial para calcular a pobreza, chegamos à conclusão de que esse grupo de estadunidenses e cada um dos membros de suas famílias viviam, em torno de 2005, com 255 dólares ao dia (isso após a dedução de impostos). Isso representa, em termos de poder aquisitivo, 204 vezes o nível global de pobreza. Nessa classe dos ricos, os britânicos ocupam a segunda colocação – se desconsiderarmos Luxemburgo –, mas somente 5% dos britânicos mais ricos estão à altura dos 10% estadunidenses mais ricos. Adicionando-se esse dois grupos, temos um total de 33 milhões de pessoas, 0,5% da população mundial. Mas o panorama da classe dos ricos não acaba aqui. Parece razoável supor que 1% da população dos países de renda média e do resto dos países de alta renda, juntamente com cerca de 0,1% da população da África Subsaariana e do sul asiático, também gozam de uma renda alta – para os padrões do Atlântico Norte. Somando-se essas pessoas aos 33 milhões mencionados anteriormente, chega-se a 75 milhões de pessoas ricas, ou 1,2% da população mundial. A cautela acadêmica pede que esse dado seja grafado como de 1 a 1,5%.

O MUNDO

Os cidadãos prósperos – diferentemente dos ricos – desse mundo podem ser definidos como aqueles cuja renda está acima da renda média dos países ricos da OCDE – ou seja, o colarinho-branco ou trabalhador qualificado mediano. Entretanto, a OCDE tornou-se mais desigual após a admissão de membros menos prósperos, tais como o México e a Turquia. A renda média dos países da OCDE é atingida apenas pelo primeiro decil dos turcos e mexicanos. Adicione-se a eles o decil mais próspero do resto da América Latina, Rússia, África do Sul e Malásia, além de uma proporção minúscula do restante do mundo. Sem contar os ricos duas vezes, teríamos, no fim, 500 a 600 milhões de seres humanos prósperos, o que representa 8% a 9% da população mundial.

Entre os cidadãos prósperos e os relativamente pobres ou marginalizados nos países ricos, existe um grupo considerável – os menos prósperos –, cuja renda está abaixo da média de 55 dólares ao dia, mas acima do nível relativo de pobreza de 27 dólares ao dia. Esse grupo contém cerca de 390 milhões de pessoas – trabalhadores menos qualificados, em geral empregados no setor de serviços. Em termos de padrões de vida, eles podem ser agrupados com a classe média do restante do mundo. As fronteiras entre a classe média e a classe que, anteriormente, foi intitulada "próspera", não possuem definições estatísticas reconhecidas. Uma estimativa razoável de acordo com os parâmetros aqui utilizados, contudo, seria de 500 a 600 milhões de pessoas.

Já a população relativamente pobre dos países ricos não seria considerada pobre de acordo com padrões globais; no contexto nacional, contudo, trata-se de grupos claramente prejudicados, cuja renda média equivale a menos da metade da renda média disponível em seus países. As mães solteiras representam uma grande porção desse grupo. Restringindo o conceito de país rico aos países da OCDE menos o México e a Turquia, o número de cidadãos relativamente pobres de países ricos chega a 129-130 milhões – 2% do total mundial. Portanto, existem, nos países ricos, pelo menos tantos cidadãos marginalizados quanto cidadãos ricos. Quase a metade dessa população desfavorecida dos países ricos vem dos EUA – 50 milhões (cálculos com base em OECD, 2008: tabela 5A.2.1 – relacionando a proporção de cidadãos pobres à população total do país em questão).

Acima da linha de pobreza do Terceiro Mundo, estipulada em 2,5 dólares ao dia, e da estadunidense, de cerca de 13 dólares ao dia, estão a classe trabalhadora do setor formal e a classe média baixa dos países pobres – ou seja, os medianos, não pobres. Ao todo, são cerca de 2,12 bilhões de pessoas, aproximadamente um terço da população mundial. Nessa faixa de renda, 40% encontra-se na China e no leste asiático; 15% na América Latina, no Leste Europeu e na Ásia Central; 10% no sul asiático e no oeste da Ásia/norte da África; e, por fim, apenas 6% na África Subsaariana.

Só agora é que vêm os pobres de fato. Quase a metade da população mundial – 47% ou 3,085 bilhões de pessoas em 2005 – recebe menos de 2,5 dólares por dia de trabalho. Dentre elas, 40% estão no sul asiático; quase um terço na China e no restante do leste asiático em desenvolvimento – tais como a Indonésia e o Vietnã; e, finalmente, um quinto vive na África.

Um resumo desse panorama da renda mundial atual encontra-se na tabela 4.8 a seguir.

A polarização do mundo não se dá apenas entre aqueles na lista da *Forbes* e o restante. Os cidadãos extremamente pobres dos países pobres são mais numerosos do que todos os habitantes dos países de alta renda juntos – uns 300 milhões a mais. Mas outro fenômeno importante que se deve considerar ainda é o fato de o consumo discricionário em massa ter se tornado uma possibilidade e também uma prática das massas. Uma boa metade da população mundial pode agora se dar ao luxo de praticá-la – em graus diferentes, é claro, e esse número não inclui os pobres dos países pobres. Esse fenômeno vem alterando os parâmetros sociais do planeta. Na região do Atlântico Norte do século XX, o consumismo em massa transformou os EUA em um "império irresistível" em termos culturais, segundo um estudo fabuloso (De Grazia, 2001; sobre a China, cf. Croll, 2006). Por outro lado, apesar de o consumo discricionário em massa constituir uma variável social relevante, a probabilidade de ele determinar o destino da Ásia no século XXI não é maior do que seu impacto sobre a história dos EUA e da Europa Ocidental no século XX.

Tabela 4.8 Faixas de renda no mundo em torno de 2005 (porcentagem da população mundial).

Os miliardários, riqueza > $ bilhão 793 famílias em 2009
Os ricos, renda > $ 255 ao dia 75 milhões – 1% a 1,5% da população mundial
Os prósperos, renda de $ 55 a $ 255 ao dia 500-600 milhões – 8%-9% da população mundial
Os menos prósperos, renda abaixo da média dos países ricos – de $ 27 a $ 55 ao dia 500-600 milhões – 8%-9% da população mundial
Os relativamente pobres em países ricos, renda < $ 27 ao dia 129 milhões – 2% da população mundial
Os medianos, não pobres dos países pobres, renda > $ 2,50 ao dia 2,124 bilhões – 33% da população mundial
Os pobres dos países pobres, renda < $ 2,50 ao dia 3,085 bilhões – 47% da população mundial
Os extremamente pobres dos países pobres, renda < $ 1,25 ao dia 1,377 bilhões – 21% da população mundial

Fonte: Cálculos com base em edições de 2008 e 2009 da revista *Forbes* (para os miliardários); OECD, 2008 (para os ricos e os relativamente pobres); Chen e Revaillon, 2008 (para o restante).

Entretenimento para adultos: lazer e consumo

Transformações sociais do último século tiveram forte impacto sobre a vida de centenas de milhões de adultos fora do ambiente de trabalho. Após as duras condições impostas pelo capitalismo industrial, a maioria tem, hoje, mais tempo livre. Entre 1900 e 1975, o trabalhador francês médio passou a ter 40% mais tempo livre por ano (Fourastié, 1979: 75). Férias remuneradas começaram a ser oferecidas a empregados europeus em meados da década de 1930 – duas semanas, uma conquista esplêndida da coligação francesa Frente Popular, e da democracia social sueca. Na Grã-Bretanha, surgiram os resorts à beira mar, destinados à classe trabalhadora – como em Blackpool, a oeste, e Scarborough, a leste do núcleo industrial inglês. Os EUA ainda não oferecem o direito legal a férias, e um quarto das empresas estadunidenses não proporciona férias remuneradas (Fleck, 2009: 21-2). Já as leis trabalhistas chinesas são mais progressistas. A partir de primeiro de janeiro de 2008, os empregados chineses com mais de um ano na casa passaram a ter o direito a cinco dias de férias remuneradas (OIT, banco de dados Natlex, www.ilo.org/dyn/natlex). O artigo 57 do estatuto trabalhista sul-coreano de 1997 prevê um dia de férias remuneradas ao mês, só que, assim como no Japão, a maior parte desses dias não costuma ser tirada como férias, mas sim como dias de folga por questões de saúde ou outros motivos (Fleck, 2009: 22).

O costume do sábado como dia de descanso se espalhou por toda a Europa nas décadas de 1960 e 1970, chegando ao Japão na década de 1990 e à China – ao menos oficialmente – em 1995. A decisão coreana, de 2004, de transformar os sábados em dia de descanso vem sendo implementada gradualmente – as empresas coreanas com menos de 20 funcionários têm até 2011 para introduzir a jornada de trabalho de cinco dias por semana.

O equilíbrio entre trabalho e lazer varia muito de acordo com o país, mesmo entre os de alta renda. Os europeus ocidentais são os que trabalham menos horas ao ano – 1.350 é a média na Alemanha e 1.648 no Reino Unido –, ao passo que os estadunidenses e os japoneses trabalham bem mais – 1.809 horas ao ano nos EUA, e 1.842 no Japão. Os mais *workaholic*, no entanto, são os coreanos, com sua média anual de 2.302 horas (os dados aqui apresentados estão longe de ser ideias, pois não distinguem entre os regimes de período integral e meio-período; além disso, restringem-se ao trabalho assalariado e referem-se apenas a 2006 – ver OECD, 2007a: tabela F). Até que ponto essas médias díspares refletem preferências culturais distintas ou diferentes dinâmicas de relações de poder entre empregador e empregado são perguntas que permanecem em aberto.

Nos países ricos, todavia, seja qual for a proporção entre trabalho e lazer, sobra dinheiro para além dos gastos estritamente necessários – moradia, alimentação e vestuário mínimo. No início do século XX, quase a metade do consumo dos domicílios de países desenvolvidos destinava-se à alimentação. Nos anos 1950, quase um terço do consumo dos domicílios britânicos referia-se à alimentação; na França, mais de um terço; na Itália, 40%; e na Espanha da década de 1960, quase 50%. Na década de 1990, essa proporção havia caído, nos países de alta renda, para 18% (Bairoch, 1997, III: 387; Deaton, 1976: tabela 4). Em 2005, 6% a 9% do consumo doméstico bastava para a compra de alimentos e bebidas não alcoólicas nos EUA e nos principais países da Europa Ocidental. Na mesma altura, os japoneses gastavam um oitavo, e os russos, um quarto de seu orçamento em alimentos. Esse quadro é, obviamente, diferente nos países pobres – uma diferença que provavelmente acaba sendo, em grande medida, subestimada devido à difusão das lavouras de subsistência. De todo modo, no Congo e na Nigéria, 60% do consumo individual refere-se a comida; na Índia, um terço; na China, um quarto; e no Brasil, 15% (World Bank, 2007a: tabela 11).

Adicionando os gastos com moradia e saúde, pode-se ter uma ideia das dimensões do consumo discricionário – embora haja opções de moradia e alimentação mais caras ou mais em conta. Tomando os países da OCDE como um todo, cerca de 60% do orçamento dos consumidores – ou bons 40% do produto nacional – estão disponíveis para o consumo discricionário individual.

O consumo discricionário da classe média desenvolveu-se na Europa do segundo terço do século XIX – junto com as galerias e lojas de departamentos de Paris, Milão e outras cidades da Europa Ocidental, assim como de Nova York e de outras cidades estadunidenses –, antes de espalhar-se na direção sul, nas Américas, atingindo Tóquio no último quarto do mesmo século. O consumo popular em massa emergiu nos EUA nas décadas de 1910 e 1920, a era do fordismo, o objeto de um estudo controverso e instigante da OIT de 1929-1930 (De Grazia, 2005: 78 e ss). Ele chegou à Europa no final da década de 1950, um pouco mais tarde no Japão e, depois, no restante do leste asiá-tico. A aquisição de um automóvel era crucial, talvez o elemento que melhor definisse o "século estadunidense". Em 1938, havia 41 automóveis para cada 100 habitantes nos EUA, e 3 nos outros países ocidentais mais ricos (Bairoch, 1997: 556). Em 2009, a China tornou-se o maior mercado automobilístico do planeta, e o equivalente indiano do fusca, da Volkswagen (conhecido em inglês como *beetle*), o Nano, acaba de ser lançado.

O "estilo de vida" – termo que, na Europa, remonta às reflexões pós-Detroit, do início da década de 1930, do economista do trabalho francês François Simiand (De Grazia, 2005: 93) – tornou-se mais específico do que as expressões "trajetória da vida" ou "meio de vida", referindo-se às novas possibilidades de escolha. Por isso, é compreensível que as pesquisas de mercado e a sociologia pop estejam muito mais voltadas à descoberta de tendências no estilo de vida. O estilo e a moda são hoje prazeres firme-mente estabelecidos, até mesmo entre os pobres urbanos que, na verdade, não dispõem de recursos para financiar esses prazeres, mas, mesmo assim, se tornaram grandes peritos "a distância". Um exemplo extraordinário disso é a garotada de Quinxasa, que, inspirada na moda do líder de uma banda popular, Papa Wemba – moda intitulada *Société des Ambianceurs et des Personnes Élégantes* –, discute os méritos relativos de Armani, Gucci e outras marcas de estilistas requintados (Wrong, 2000: 174 e ss).

O universo do cinema e as viagens a lazer de longa distância – ou seja, o turismo – tornaram-se fenômenos centrais da vida adulta fora do trabalho. O cinema completou um século e, antigamente, constituía um traço importante da vida urbana. Hoje existem também a televisão, os vídeos, os *downloads* da internet e os *uploads* pelo telefone celular, que, acima de tudo, fazem do mundo contemporâneo um espetáculo constante. Os jogos olímpicos de 2008, por exemplo, representaram uma espécie de comunhão global do entretetimento na frente da televisão.

Viajar é um prazer mais exclusivo aos adultos do que assistir televisão – que, apesar de governada pelo consumo adulto, constitui o passatempo preferido de crianças do mundo todo. Enquanto fenômeno popular, o turismo remonta à década de 1930 e às primeiras férias em larga escala – que naquela altura, é claro, eram passadas no litoral local. O turismo da classe média alta já havia iniciado no século anterior, com a ajuda da agência de viagens britânica Thomas Cook e dos guias turísticos alemães Baedeker.

Na década de 2000, o turismo internacional havia se tornado uma grande indústria, abocanhando, em 2003, 6% das exportações mundiais totais de produtos e serviços. Em 2008, foram registradas 924 milhões de chegadas de turistas internacionais no mundo todo – e alguns turistas certamente foram registrados mais de uma vez. Em 2003, a Organização Mundial de Turismo – fundada em 1970 a partir de outra organização de 1947 que, por sua vez, surgiu a partir da União da Propaganda Turística Internacional Oficial de 1934 – tornou-se uma das organizações oficiais da ONU (www.unwto.org).

A disponibilidade de recursos permeia a história do turismo – primeiro foram os europeus de classe alta e, hoje, são também os chineses da classe média alta. A escolha das destinações, contudo, é uma questão mais complexa. Algumas são pautadas por fatores puramente geográficos – montanhas pitorescas (os Alpes suíços, antigamente) ou o litoral (antigamente, somente os calçadões e, hoje, também a praia em si). Já outras escolhas turísticas são mais comerciais – Miami para as classes médias latino-americanas, Singapura para as asiáticas e, mais recentemente, Dubai para as eurasiáticas – incluindo também os mais privilegiados dos antigos países comunistas do Leste Europeu. Outras destinações oferecem uma mistura de atrações culturais e comerciais, tais como Paris, Londres e Nova York; outras exercem atração por serem exóticas – as ofertas destas últimas vêm aumentando imensamente nas últimas décadas.

A geração no poder e a geração fora dele

À frente de países e sociedades modernas estão, via de regra, adultos – diferentemente das sociedades pré-modernas, que eram governadas por anciãos. Porém, porque não há muitas pessoas no poder, a população adulta pode ser dividida entre aqueles que estão no poder e aqueles que não estão – fato que, no âmbito de uma mesma geração, pode causar conflitos políticos. É entre os adultos que a dinâmica entre os fatores determinantes do mundo vem à tona de maneira mais clara – a geologia histórica das civilizações, as ondas de globalização e os caminhos rumo à modernidade, bem como os impulsos atuais que gerem a dinâmica mundial.

As preocupações políticas, o interesse político e a atividade política estão distribuídos de forma desigual pelo planeta, em arranjos cujas raízes parecem remeter a diferentes experiências e oportunidades. Em termos gerais, o leste asiático – Vietnã, China, Japão e Coreia do Sul –, os EUA e as regiões central e norte da Europa parecem ser as mais politizadas, juntamente com alguns países africanos aqui e ali, tais como a Tanzânia e, em alguns sentidos, também a Nigéria. Do lado oposto estão os países menos interessados em política cotidianamente, incluindo boa parte da América Latina, da Europa latina, do norte da África e do Paquistão. Esse dado pode pegar os círculos politicamente arrojados desses países de surpresa, mas vale lembrar que esses círculos são extremamente isolados e limitados, restritos a um público masculino (Inglehart et al., 2004: A004, A062, A086, E023). Em relação aos cidadãos das outras democracias ricas, os estadunidenses são, de longe, os mais participativos em termos de campanhas políticas, mas também os que menos vão votar (Kumar et al., 2009: 335-6).

TERCEIRA IDADE

Nas sociedades pré-modernas, a terceira idade representava, sobretudo, uma condição de respeito e sabedoria oriunda dos longos anos de experiência. Esse traço parece comum a todas as civilizações, ainda que coexista com a adoração artística da beleza juvenil. Não era apenas nas sociedades desprovidas de soberania que o governo formal era constituído pelos chamados "anciãos". O superlativo "o mais velho" também era, às vezes, utilizado como título para o chefe de Estado, como no caso da Estônia entre 1920 e 1940, ou de instituições religiosas, tais como os monastérios ortodoxos. O responsável pelo gueto de Lodz, na Polônia nazista, costumava assinar como "*der älteste der Juden*" (o mais velho dos judeus). Por outro lado, é verdade também que as imagens medievais cristãs do "ciclo da vida", com seu ápice na idade adulta e o declínio posterior, também destacavam a decadência física como traço central da terceira idade. Em algumas representações, a curva da vida começava a decair – ou, pelo menos, estagnava – aos 35 anos; em outras, aos 50 ou 55 anos. Na França, assim como em outros países da Europa, a fragilidade típica da terceira idade levou ao estabelecimento de certos direitos sob o *Ancien Régime*. Exemplos incluem a isenção, de cidadãos a partir dos 70 anos, de penas de tortura ou envio às *galères* (as galés), assim como o direito a ser acolhido em um "hospital" àqueles que não dispunham de recursos para se sustentar – com as idades mínimas variando entre 60 e 80 anos (Gutton, 1988: 12 e ss, cap. 4).

As culturas contemporâneas apresentam níveis diferentes de respeito à terceira idade. Em geral, há mais respeito na África e na Ásia do que nas Américas e na Europa, fenômeno decorrente do sistema patriarcal, dos laços familiares mais fortes e dos caminhos rumo à modernidade dos dois primeiros continentes, que acabaram preservando muito mais dos valores, das normas e dos costumes pré-modernos. A idade avançada constitui, até hoje, uma vantagem muito maior no mercado de trabalho japonês do que no europeu ou americano, por exemplo. A Índia representa hoje um exemplo interessante de democracia eleitoral competitiva com líderes bastante idosos. Quando este que vos escreve estava na meia-idade, seus cabelos meio louros, meio grisalhos elevavam seu *status* nas visitas ao continente africano por constituírem um suposto sinal de idade avançada. Porém, é claro que a preferência modernista pela juventude, com sua adulação do novo e da transformação, também teve seu impacto na África e na Ásia.

Em 1996, o governo chinês achou pertinente promulgar uma lei especial para a proteção dos direitos dos idosos (cf. Therborn, 2004: 310). Yasujiro Ozu conseguiu antever, com a presciência crítica dos artistas, a erosão pós-guerra da devoção filial no Japão em seu belíssimo filme *Tokyo Story* (*Era uma vez em Tóquio*), de 1953 – que narra a triste história dos pais velhinhos e provincianos que vão visitar os filhos atarefados em Tóquio. De fato, na Pesquisa Mundial de Valores, do início da década de 2000, um bom quarto da população japonesa declarou não concordar plenamente com a afirmação "aos pais se devem amor e respeito incondicionais", proporção semelhante à registrada na Europa Ocidental, ao passo que apenas 5% dos chineses se desviaram da regra de devoção filial (Inglehart et al., 2004).

Assim como a história da humanidade como um todo, a modernidade também inclui viradas irônicas. Entre os países ricos, os EUA – desprovidos de qualquer tradicionalismo doméstico importante, mas fortemente influenciados pela tradição antiburocrática e individualista dos seus colonos – se sobressaem em virtude de suas rigorosas restrições ao estabelecimento da idade de aposentadoria compulsória (por meio do Ato de Aposentadoria de 1978 – ver Graebner, 1980). A extensão do espaço social reservado aos idosos nos países é invejada por muitos acadêmicos e profissionais europeus saudáveis e ativos com mais de 65 anos.

Previdência e aposentadoria

Nas sociedades assalariadas de hoje, a aposentadoria constitui a principal fronteira entre a idade adulta e a terceira idade. Em virtude das expectativas e direitos em torno da aposentadoria, e por causa do declínio nas taxas de natalidade abaixo do nível de reprodução, a idade avançada tornou-se um dos temas centrais no mundo rico, sobretudo na Europa, no Japão, na Coreia e em Singapura. Nos países da OCDE, 14% da população têm 65 anos ou mais; no Japão, 20%; na Alemanha e na Itália, 19%; na França e no Reino Unido, 16% (dados de 2005). Além disso, alguns países certamente terão um número elevado de idosos em breve. Por exemplo, estima-se que, em 2015, um em cada

NOSSO TEMPO NA TERRA

quatro japoneses e mais de um em cada cinco alemães e italianos terão 65 anos ou mais. Na China, 10%, e na Índia, 6% da população estarão nessa faixa etária.

Por outro lado, a terceira idade permanece um privilégio em algumas partes do planeta. No Zimbábue, por exemplo – país que, no início de 2010, ainda era governado por um tirano de 85 anos –, apenas um pouco mais de 40% da população provavelmente viverá para ver seu 40º aniversário. Na África do Sul, um terço da população deverá morrer antes de completar 40 anos. Já na China e na América do Sul, 90%-95% sobrevivem até seu 40º aniversário. Nos países ricos e nos antigos países comunistas, o Programa das Nações Unidas para o Desenvolvimento costuma monitorar a probabilidade de se atingir os 60 anos. Um terço dos russos provavelmente não chegará até lá e, dentre todos os países da antiga União Soviética, a proporção varia de um quinto a um terço da população. Um estadunidense em oito provavelmente não atingirá os 60 anos, enquanto apenas 6%-9% dos europeus ocidentais e japoneses (UNDP, 2007a: tabelas 3 e 4).

Apesar dos maus-tratos sofridos na infância – que parecem persistir, mas que certamente diminuíram –, hoje as mulheres da misógina Ásia vivem mais do que os homens. No sul asiático, isso representa um progresso relativamente recente, talvez o outro lado do feticídio feminino. No mundo como um todo, as mulheres tendem a viver quatro anos a mais do que os homens. Porém, até a década de 1980, as sul-asiáticas viviam menos do que os homens. Atualmente, esse já não é mais o caso – no Paquistão, o tempo de vida das mulheres excede o dos homens em um ano; em Bangladesh, em dois anos; e, na Índia, em três. Hoje são as mulheres da África Subsaariana assolada pela aids que geralmente têm suas forças vitais sugadas – tanto em termos absolutos, com a expectativa de vida em 53 anos, quanto em termos relativos, pois, em média, as mulheres vivem apenas dois anos a mais do que os homens. Em Moçambique, Zâmbia, Zimbábue e Nigéria, elas vivem apenas um ano a mais. Nos países ricos, as mulheres costumam viver, na média, cinco anos a mais do que os homens.

No outro extremo da expectativa de vida e da morte prematura de acordo com o sexo estão os países eslavos orientais da antiga União Soviética – Belarus, Rússia e Ucrânia –, onde as mulheres vivem 11 ou 12 anos a mais do que os homens. Isso não se deve a algum tipo especial de longevidade feminina, mas

| 265 |

O MUNDO

sim aos traumas pós-comunistas sofridos pelos homens, já bastante vulneráveis por causa da cultura da vodca (dados históricos retirados de World Bank, 1990: tabela 32; 2000: tabela 1.3; dados recentes oriundos de World Bank, 2010: tabela 1; quanto à mortalidade pós-comunista, ver Cornea e Paniccià, 2000; Stuckler et al., 2009).

Nossa classe social na idade adulta nos acompanha na terceira idade através da aposentadoria. No Reino Unido, por exemplo, os bancários ou corretores de seguros aposentados da classe média alta tendem a viver – após os 65 anos, a idade de aposentadoria compulsória – sete ou oito anos a mais do que os funcionários das cervejarias da Whitbread ou os vendedores dos supermercados Tesco (*Financial Times*, 20-21/10/2007, p. 18).

Em 1737, o vocábulo francês *retraite* foi utilizado pela primeira vez em sua acepção moderna – ou seja, aposentadoria remunerada por tempo de trabalho (Gutton, 1988: 185). Ao longo do século XVIII, a prática da aposentadoria remunerada difundiu-se, primeiramente aos oficiais militares e civis, mas também aos soldados profissionais. A tradição de assistência a soldados inválidos é mais antiga, eternizada no grandioso Hôtel des Invalides em Paris. Sob a forma de um sistema nacional de previdência, as aposentadorias foram introduzidas pela primeira vez na Alemanha em 1883. Entretanto, já em 1865 o pagamento de pensões aos veteranos da Guerra Civil estadunidense era um fenômeno de grande magnitude. O valor dos benefícios (com relação à renda média do beneficiário) era mais alto para os pensionistas militares estadunidenses do que para os novos pensionistas civis europeus. Além disso, em torno de 1900, o número de aposentados nos EUA era maior, ou pelo menos igual, ao número registrado nos países europeus pioneiros (Skocpol, 1992: 109, 131 e ss).

De todo modo, a noção de aposentadoria enquanto meio de vida dos cidadãos idosos comuns é, basicamente, um fenômeno euro-americano pós-Segunda Guerra Mundial que ainda não chegou a determinadas partes da América Latina – da Ásia e da África, então, nem se fale. No Brasil, por exemplo, quase uma em cada cinco pessoas com mais de 60 anos não dispõe de uma aposentadoria (Pochmann et al., 2005: tabela 3.9). No início dos anos 2000, o então prefeito de esquerda da Cidade do México, Andrés Manuel López Obrador, introduziu, no distrito federal, pensões modestas e cuidados médicos básicos gratuitos para todos aqueles acima de 70 anos – e seu sucessor e companheiro de partido, Hebrard, continua dando atenção especial às necessidades da população idosa, distribuindo, gratuitamente, comprimidos de Viagra.

Na década de 1980, um sistema de previdência privada com base em investimento de capital foi introduzido na América Latina pela ditadura militar chilena. A partir do início dos anos 1990, o Banco Mundial foi angariando contribuintes mundo afora, fenômeno que cheguei a testemunhar em Budapeste em 1996, por ocasião de um evento para o qual o Banco Mundial mandou trazer banqueiros chilenos ardilosos e faladores, além de oficiais do tesouro e, para completar, alguns peritos em políticas sociais do Leste Europeu (para mais detalhes sobre esse sistema, ver World Bank, 1994). O sistema parece ter preenchido seu propósito primeiro, que era de acumular vastas quantidades de capital dos contribuintes para a gestão de fundos de investimentos. O que o sistema não resolveu, todavia, foi a ausência de assistência à população idosa como um todo, a dificuldade central no Terceiro Mundo, agravada pelo descompasso entre o setor formal e o setor informal do mercado de trabalho. Hoje, após sua rápida disseminação nos anos de ouro do neoliberalismo, os planos de previdência de capital privado gozam, em grande medida, de uma má reputação – até mesmo no Chile, onde o governo Bachelet de 2006-2010 fez esforços significativos para proporcionar um pouco de equidade à população idosa.

Os planos de previdência vêm sendo minuciosamente analisados na China, mas o processo está se alongando – em 1991, o comitê de reforma da comissão planejadora chegou até a me consultar sobre o assunto. Em 2003, apenas 20% da população chinesa empregada contava com um sistema de previdência, ao passo que, na Índia, a proporção mal chegava a 10% (Tao, 2006: 518, 543; Anant et al., 2006: 211, 27). Na China, sobretudo os empregados urbanos são cobertos por planos de previdência, mas a disseminação desses planos é bastante desigual, desenhando uma curva decrescente entre as províncias no eixo leste-oeste. O legado deixado pelos tempos mais socialistas refere-se ao fato de que boa parte dos aposentados do serviço público da zona urbana são pensionistas, mas apenas 2% dos da zona rural (Smeeding et al., 2008: 4). Somente uma pequena minoria dos residentes da zona rural – que, por sua vez, constituem mais

O MUNDO

da metade da população total – possui cobertura de um plano de previdência, mas o sistema é novo e, por enquanto, ainda não começou a pagar pensões de fato (UNDP, 2007b: 90, 55). O 17º Congresso do Partido Comunista, em 2007, solenemente declarou que o partido "explorará formas de instituir um sistema de aposentadoria para os idosos da zona rural" (UNDP, 2007b: 41). No ano de 2009, foi anunciado que um esquema voluntário bastante modesto seria introduzido gradualmente no país, por meio do qual pensões equivalentes a 15% da renda rural média seriam pagas (OECD, 2010: 192).

Para os idosos do início e de meados da década de 2000, uma pensão precária, denominada "pensão social" pela OMS (WHO, 2008: tabela 6.1), estava ao alcance de 2% dos vietnamitas, 13% dos indianos e 32% dos brasileiros. Uma pesquisa dos domicílios de Délhi, realizada em 2002, oferece um reflexo confiável das melhores condições possíveis para os idosos da Índia. Pelo menos a metade deles dependia de transferências bancárias dos filhos, um em cada seis recebia uma aposentadoria vinculada a um antigo emprego, e um em cada nove ganhava uma pensão social do governo (Alam, 2006: tabelas 4.1a-b). Em 2004, o governo indiano trocou um sistema seguro de previdência para seus servidores públicos por um sistema de "contribuição definida", ou seja, um esquema dependente do mercado financeiro (Shenoy, 2006: 85). Somente na Europa, na América do Norte, na Oceania, no Japão e em mais uns poucos países, como a Argentina e o Uruguai, todos ou a maioria dos idosos recebem pensões da qual realmente podem viver. Diversos esquemas previdenciários estão a caminho, sobretudo no leste asiático, mas acabam empatados pelo projeto do Banco Mundial (World Bank, 1994) de desviar os fundos destinados à aposentadoria para a alimentação do capitalismo financeiro, universalizando, assim, o sistema chileno – do qual os militares, espertos, excluíram as forças armadas, garantido para eles um sistema de previdência estatal. Esses esquemas de fundos de investimentos individuais geridos por instituições financeiras privadas não só transformam as pensões de direito em risco – assumido inteiramente por cada um dos cidadãos – como também perpetuam, de novas maneiras, um dos principais males do sistema previdenciário do Terceiro Mundo – ou seja, apenas aqueles que se aposentam do "setor formal" (serviço público ou grandes corporações) recebem uma pensão.

| 268 |

A Europa conta com um sistema previdenciário incomparavelmente generoso. Uma porção significativa dos europeus (do leste, oeste e sul) na faixa dos 55-59 anos está aposentada. Apenas dois terços da população europeia masculina dessa faixa etária ainda estão ativos no mercado de trabalho – no restante dos países ricos, a proporção chega a 80%. Um quadro mundial diferenciado emerge, no entanto, quando analisamos a fatia da população com mais de 65 anos. Os que não dispõem de pensões precisam continuar trabalhando por tanto tempo quanto lhes for humanamente possível. Para a maioria, a aposentadoria, acompanhada de uma pensão decente, constitui um período bastante bem-vindo de descanso – e uma das grandes conquistas do sistema de bem-estar social. Por outro lado, para alguns de nós, cujos empregos são interessantes e não exigem esforço físico, seria interessante poder decidir continuar trabalhando depois dos 65 ou 67 anos.

Tabela 4.9 Participação masculina no mercado de trabalho entre os cidadãos com mais de 65 anos em 2005 (porcentagem)

Europa desenvolvida	7
Leste Europeu	14
China[a]	(20)
Países desenvolvidos fora da Europa	22
Mundo	31
Leste e sudeste asiático	33
América do Sul	36
Oriente Médio e norte da África	39
América Central e Caribe	44
Sul asiático	52
África Subsaariana	69

Nota: [a] O dado chinês refere-se a homens e mulheres.

Fonte: Kapsos, 2007: tabela A4.2; para a China: OECD, 2010: tabela 7.2.

Infelizmente, mesmo com uma pensão minimamente decente, a terceira idade pode vir acompanhada por níveis significativos de pobreza relativa – distantes dos índices históricos de pobreza registrados para os idosos comuns, mas ainda assim claramente perceptíveis nas sociedades de consumo.

Em geral, o pagamento de pensões reduziu os índices de pobreza relativa na terceira idade registrados nos países ricos ao longo do século XX e também

O MUNDO

no início do século XXI. Os casos especiais em que a terceira idade implica menos pobreza possuem duas causas distintas. A primeira é a tendência canadense – e, frequentemente, turca também – de continuar trabalhando na terceira idade. A segunda é o sistema de previdência herdado do comunismo no Leste Europeu – que, apesar de não necessariamente fantástico para padrões europeus ocidentais dos anos 1960, ainda garante mais estabilidade econômica do que o capitalismo leste-europeu pós-1989. Os índices exorbitantemente altos de pobreza relativa entre os idosos da Coreia do Sul parecem estar relacionados com o extraordinário crescimento econômico e com a decorrente decadência da zona rural, sem a introdução de um sistema de previdência para acompanhar as mudanças – que só entrou em vigor em 2008. Os idosos afetados pela pobreza na Coreia são os antigos fazendeiros e lavradores que foram deixados para trás pela nova e próspera economia urbana. Um processo semelhante parece estar se desenrolando no Brasil, agravado pelo êxodo rural de longa distância, deixando para trás os pobres idosos do Nordeste do país. No México, o número altíssimo de idosos vivendo com seus filhos e netos (mais informações a seguir) ajuda a segurar a pobreza na terceira idade melhor do que na Coreia, onde os níveis gerais de pobreza são consideravelmente mais baixos e estão em rápido declínio nas residências urbanas. (Em 1998, 55% dos coreanos com mais de 60 anos viviam com os filhos; em 2002, o número caiu para 43% – ver Kim e Choi, 2008.) Os outros países latino-americanos que figuram no Luxemburg Income Study – Colômbia, Guatemala e Peru, estes dois últimos conhecidos pela sua desigualdade social – também apresentam níveis de pobreza apenas levemente mais altos na terceira idade do que na idade adulta.

Tabela 4.10 Pobreza relativa entre adultos e idosos em meados da década de 2000 (porcentagem da população em questão)

País	<65 anos	>65 anos
Alemanha	8	10
Austrália	12	22
Brasil	20	37
Canadá	13	6
China	não há dados	17
Coreia do Sul	14	41
Espanha	11	17
EUA	17	25
França	7	8
Itália	12	11
Japão	12	22
México	18	27
Polônia	12	3
Reino Unido	12	16
Rússia (2000)	19	14
Suécia	6	7
Taiwan	10	29
Turquia	14	15
OCDE	9	13

Observação: Pobreza aqui significa 50% ou menos da média da renda líquida nacional (ajustada por domicílio). Os dados quanto à OCDE referem-se aos domicílios com uma pessoa acima da idade de aposentadoria.

Fontes: para a China: T. Smeeding et al., 2008: figura 1; para OCDE, Japão e Turquia: OECD, 2008: tabelas 5.1 e 5.3; para o restante: Luxemburg Income Study, dados principais.

O índice bastante baixo de pobreza na China, muito abaixo dos registrados no México, na Coreia e em Taiwan, não se deve a um sistema de previdência melhor – embora a renda na terceira idade não oriunda do mercado de trabalho seja levemente mais significativa na China do que no México, mas é mais baixa do que em Taiwan. Uma das razões principais é a defasagem entre a renda urbana e a rural (mais ou menos na razão de três para um), o que significa que as pensões urbanas e as outras fontes de renda na terceira idade duram bastante em relação à média nacional de renda. No máximo 1% das mulheres da zona urbana acima de 65 anos dispõem de uma renda líquida inferior à metade da média nacional, ao passo que 33% das que vivem na zona rural se encontram nessa situação (Smeeding et al., 2008: tabelas 5 e 7; para uma forma bem di-

O MUNDO

ferente de calcular a pobreza relativa urbana na China, ver Saunders, 2007).
Mas outro fator importante é a coabitação com filhos e netos, tema ao qual
retornaremos agora.

Modalidades de moradia

A condição frágil e a propensão às enfermidades, traços típicos da terceira
idade, requerem modalidades de moradia especial – o que, é claro, não significa
necessariamente que essas necessidades sejam atendidas. Nesse sentido, há quatro modalidades principais. A família – os parentes mais próximos – constitui a
modalidade mais antiga e, até hoje, mais importante. As instituições de caridade,
sejam elas religiosas ou seculares, são a segunda modalidade – cuja relevância
está presente em todas as religiões mundiais e que, nos tempos modernos, é
manifestada de forma secular principalmente pela filantropia e pelas instituições anglo-saxãs. Essa alternativa, todavia, não costuma ser a primeira opção
da maioria. A terceira opção, o sistema de bem-estar social, é mais recente,
embora possua precursores institucionais – se não até culturais –, os temíveis
asilos de idosos ingleses ("*poorhouses*") e franceses ("*hôpitaux*"). Por fim, para
os idosos com mais recursos, sempre houve uma quarta opção – a aquisição
de serviços de assistência.

A porção da Europa a oeste da linha imaginária que vai de Trieste a São
Petersburgo era, com raras exceções – como mencionado anteriormente –,
a única região do mundo a estabelecer, há mais de mil anos, a regra de que
novos casais deveriam constituir uma nova residência, separada da dos pais.
Nas outras regiões, a regra era que, pelo menos no início da vida matrimonial, o casal vivesse na casa dos pais – em geral, na casa do pai do noivo.
Esses costumes antiquíssimos ainda são visíveis até hoje nas modalidades
de moradia dos idosos. A tendência de passar a terceira idade sozinho,
mesmo nos casos de viúvos(as), é predominante na Europa Ocidental e em
suas ramificações além-mar. Nas sociedades agrárias pré-modernas, um ou
ambos os pais, ao se aposentarem, costumavam firmar um contrato formal
com um filho ou filha, que assumia a responsabilidade pelos pais idosos,
fornecendo-lhes moradia e mantimentos básicos, oriundos da produção
da fazenda.

Em outras partes do mundo, inclusive na América Latina, uma proporção considerável dos idosos vive com os filhos ou outros parentes. Entre a população indiana acima de 60, quase 90% moravam com familiares em meados da década de 1990 (Alam, 2006: 95). Porém, não se trata meramente de um costume familiar ou escolha pessoal – muitos idosos indianos certamente prefeririam viver sozinhos, mas próximos dos filhos. Só que, se não há pensões que bastem para o sustento próprio, os idosos acabam dependendo de suas famílias. Essa dependência pode, com frequência, levar a atritos e maus-tratos e, por isso, o governo chinês, em 1996 (como já mencionado anteriormente), e o indiano, em 2007 (*Le Monde*, 23/1/2009), acharam necessário criar leis para a proteção legal dos idosos.

Tabela 4.11 Modalidades de moradia dos idosos no mundo em torno do ano 2000 (porcentagem da população acima de 65 anos)

	Sozinho	Somente casal	Com filhos e netos[a]
Alemanha	42	51	7
Austrália	34	52	14
Canadá	29	50	21
China	1	19	81
Dinamarca	46	48	6
EUA	31	49	20
Índia[b]	4	8	88
Itália	26	43	30
Japão	19	39	41
México	12	17	71
Reino Unido	38	50	12
Suécia	46	51	4
Taiwan	12	30	59

Observações: [a] Aqui estão também incluídas outras modalidades de domicílio para além das formadas por filhos e netos, mas seu número nos países em desenvolvimento é irrisório. [b] Dados relativos a 1994-5 e a cidadãos acima de 60 anos.

Fonte: Índia: Alam, 2006: 95; Japão e Dinamarca: Murozuni e Shikata, 2008: tabela 2; restantes: Smeeding et al., 2008: tabela 2.

As modalidades de moradia nos países não europeus exibidas na tabela 4.11 correspondem às constatações das Pesquisas de Demografia e Saúde da ONU, envolvendo três continentes na década de 1990. De fato, na África e na América Latina, a metade da população idosa vivia com um filho ou filha

O MUNDO

adulta; na Ásia, à exceção da China e da Índia, dois terços; na África, apenas 10% ou menos viviam sozinhos (Bongaarts e Zimmer, 2001: tabelas 1 e 3).

Há ainda duas questões centrais a serem consideradas – a primeira está ligada ao nível de desenvolvimento econômico, mensurável em recursos, tais como o PIB *per capita*; e a segunda é de natureza histórico-cultural, manifestada nos diferentes padrões familiares. Comparados aos idosos de países pobres, os idosos de países ricos dispõem de mais meios para levarem uma vida independente de seus filhos. Esse fator tem impacto não só no cotejo entre o Ocidente e os outros três continentes, mas também no cotejo entre o continente chinês, de um lado, e Taiwan, a Coreia do Sul e o Japão, de outro. Além disso, as recentes transformações repentinas, comentadas anteriormente no caso da Coreia do Sul, também estão acontecendo em Taiwan e no continente chinês – onde, em 1995, 92% da população acima de 65 anos viviam com familiares, ao passo que, em 2002, essa proporção caiu para 81% (Smeeding et al., 2008: tabela 3). Mas as transformações dos padrões familiares não dependem exclusivamente do crescimento econômico. Em Zâmbia, por exemplo, a situação dos idosos parece ter sido afetada mais pelas crises político-econômicas e pelos surtos de aids. Na década de 1970, o governo proibiu as instituições para a terceira idade, e o presidente Kuanda declarou ser um dever familiar "nobre e sagrado" cuidar dos idosos. Porém, uma vez que ele deixou a presidência em 1991, o governo admitiu haver demanda para tais instituições e, então, os asilos construídos por ONGs e igrejas logo ficaram lotados (Cliggett, 2005: 158).

No entanto, há ainda os padrões culturais, que distinguem, em termos do número de domicílios com familiares de várias gerações, não só o Japão da Europa Ocidental e da América do Norte, mas também a região sul da região norte da Europa. Na África e na Ásia – mas não na América Latina –, é mais provável que idosos vivam com seus filhos do que com suas filhas (Bongaarts e Zimmer, 2001: 21), manifestação clara da predominância da descendência patrilinear nos sistemas familiares africanos e asiáticos. Na África, a migração laboral de longa distância, a circulação complexa de crianças entre familiares e a incidência da aids são todas características refletidas nas diferenças entre o continente e a Ásia em termos das relações entre avós e netos – hoje em dia mais importantes na África do que na Ásia.

Os sistemas familiares clássicos vêm se transformando de um jeito bastante individual. Muitos idosos europeus, por exemplo, moram completamente sozinhos ou então com seus respectivos cônjuges – fato que não deve ser interpretado como desejo de isolamento. De fato, muitos desses idosos têm contato frequente e regular com seus filhos e outros familiares. Um estudo recente da União Europeia revelou, por exemplo, que um terço dos cidadãos com mais de 65 anos toma conta de netos ou dão auxílio a outros familiares diariamente (Eurostat, 2008). Essas modalidades de moradia europeias implicam, na verdade, o desejo de autonomia.

O norte da Europa – os países nórdicos e a Holanda – foi o pioneiro nos serviços públicos de assistência ao idoso, incluindo assistência domiciliar barata de limpeza, compras, preparação de alimentos, além de cuidados paramédicos. Esses serviços possibilitam que cidadãos idosos comuns possam continuar levando uma vida decente em seus próprios lares. Os serviços de assistência à terceira idade disseminaram-se por toda a Europa, sobretudo na Alemanha e na França. Mas até mesmo na Europa – no Reino Unido, por exemplo – tudo depende do tamanho do seu orçamento e da sua disposição em aceitar caridade. Fora da Europa Ocidental, os serviços públicos de assistência aos idosos encontram-se em um estado seriamente subdesenvolvido.

TRAJETÓRIA DE VIDA IDEAL NO SÉCULO XXI

Após um dia de trabalho duro e intenso, é legítimo sonhar com exemplos empíricos. No século XXI, a trajetória de vida ideal, em termos geográfico-sociais, talvez comece com um nascimento seguro e uma criação não autoritária no norte da Europa, seguidos de uma educação em uma instituição finlandesa – alto desempenho independentemente da classe social dos pais, sem macetes para memorizar (Müller e Kogan, 2010: figura 4). Na sequência, uma juventude liberal no noroeste da Europa, com a possibilidade de viajar pelo mundo, com uma formação superior em Oxford ou Cambridge e, para fechar a juventude com chave de ouro, uma festa de casamento inesquecível em algum lugar da Ásia, com alguém de uma cultura diferente da sua. Após o casamento, que tal embarcar em uma idade adulta entusiasmante e gratificante, repleta de trabalho árduo, em alguma grande cidade do leste asiático ou da Índia? A essa aventura se seguiria uma aposentadoria tranquila em algum lugar sossegado, bonito, mas bem localizado – tipo Genebra ou Vancouver. E, depois de tudo isso, o melhor mesmo é ir para a Escandinávia para gozar dos serviços de assistência ao idoso.

MORTE E DEPOIS

Após a terceira idade, vem a morte. Vale lembrar que casamentos ostentosos são uma especialidade asiática, do Azerbaijão até a Coreia; já os funerais, o desfecho da trajetória de vida, são, em geral, realizados de forma mais magnífica na África (Goody, 1976: 10). Por isso, talvez valesse a pena adicionar, à trajetória de vida ideal descrita anteriormente, um funeral na Ilha de Lagos ou na Cidade do Cabo.

Já a questão da vida após a morte é um tema mais complicado. Ela certamente não parece muito provável na Europa – talvez na Polônia, na Irlanda ou em algum lugar menor, tipo Malta. Talvez no oeste, nas Américas, onde a maioria esmagadora da população – com os EUA e o Chile à frente – acredita na vida após a morte. Ou então no sul, na África; ou no leste, na Ásia. O único problema é que você pode acabar indo parar no inferno e não no paraíso, uma realidade corriqueira nos países muçulmanos e também em muitos cristãos, tais como o Zimbábue, as Filipinas, o México e os EUA (Inglehart et al., 2004: tabelas F51-4). Na Índia hindu e no sudeste asiático budista, é provável que seus pecados tornem sua próxima vida na terra um inferno.

Se preferir ser venerado após bater as botas, a melhor opção é ir para a China ou para o Vietnã, onde a moda dos altares domésticos em homenagem aos antepassados voltou com força total, e onde seu aniversário continuará sendo comemorado após a sua morte (Taylor, 2007; Chan et al., 2009). No México, é provável que você ganhe pelo menos uma dosezinha de tequila no feriado anual de Finados.

Suas chances de se tornar um espírito ancestral benevolente são maiores nas regiões indígenas da África, no Vietnã e na China, onde a probabilidade de você ser lembrado no Festival de Qingming (quando se faz a limpeza dos túmulos) vem se tornando cada vez mais alta.

Conclusão: como chegamos até aqui e aonde vamos

Guias não costumam trazer uma conclusão no final, mas este sim, sobretudo porque o processo de escrita e reflexão sobre ele foi um aprendizado para mim. Com a ajuda da minha própria pesquisa, além das pesquisas de muitos, muitos outros, este livro reuniu uma grande quantidade de informações distintas com o intuito de começar a entender esse complexo mundo que nos circunda, quer gostemos dele ou não. A ascensão da humanidade sob a forma da sociedade em que vivemos torna absolutamente necessário que todos nós comecemos a compreender como o mundo tornou-se o que é hoje, quais caminhos foram percorridos e quais experiências deixaram suas marcas sobre ele. A que se deve a diversidade impressionante e a conectividade multifacetada do planeta?

O rosário inteiro não é nem curto, nem fácil de entender. Para poder narrá-lo com toda a riqueza de detalhes, seriam necessários habilidade e espaço ainda maiores do que os de Lawrence Durrell em sua tetralogia multifacetada *Alexandria Quartet* (*Quarteto de Alexandria*). O que os sociólogos costumam fazer quando se veem diante de tramas sociais intricadas e amplas é tentar estabelecer e sistematizar não só padrões de inter-relação e interação entre elas, mas também padrões de conexão e subdivisão, padrões de força e ação e os seus respectivos desdobramentos. Sociólogos costumam desconfiar de teorias minimalistas que atribuem tudo a uma causa única, independentemente de sua sofisticação matemática. Eles também permanecem sempre muito atentos – como todo bom historiador – aos impactos importantes e, via de regra, também duradouros, das eventualidades e acasos da história. Esses impactos, no entanto, não descrevem uma trajetória aleatória, diria o cientista social, mas sim estão inseridos – muitas vezes sem se deixar perceber – em um fluxo contínuo de dinâmica social sobre o qual eles raramente possuem influência. A vitória das tribos arábicas sobre o Império Bizantino na batalha de Jarmuque em 634, a descoberta da América por Cristóvão Colombo em 1492 ou a vitória de Yeltsin sobre Gorbachev em 1991, por exemplo, foram todos resultados fortuitos, mas a expansão muçulmana, a conquista europeia e a queda do comunismo soviético que se seguiram a esses resultados fortuitos impulsionaram uma dinâmica social específica e perceptível que, embora inesperada, locomoveu-se em direções compreensíveis.

COMO CHEGAMOS ATÉ AQUI?

A dinâmica social humana foi dividida, anteriormente, em cinco impulsos – (i) os meios de vida ou de produção, impulsionados pelo aprendizado, pelas trocas interculturais e por conflitos sociais específicos; (ii) a ecologia populacional, ou seja, a interação entre o desenvolvimento populacional e o meio ambiente ou habitat; (iii) as lutas por *status*, reconhecimento e respeito que, sob condições humanas, tornaram-se existenciais e coletivas, e não simplesmente sexuais e individuais. Esses três impulsos permeiam, de alguma maneira, também outras espécies animais e sociedades animais, e esse traço em comum entre seres humanos e animais acaba sublinhando a potência desses impulsos. Entretanto, o quarto e quinto impulsos – a cultura e a política – são exclusivamente humanos. Cultura significa, acima de tudo, a capacidade de utilizar símbolos e idiomas e, portanto, de transmitir experiências, aprendizado e preferências, além de valores e normas adquiridas. É a cultura que engendra modos de persuasão e dissuasão. Já a política implica, em primeiro lugar, a capacidade de poder coletivo e de organização coletiva a fim de atingir um objetivo.

CONCLUSÃO

A maneira pela qual esses cinco impulsos operaram e interagiram uns com os outros em seus diferentes ambientes naturais trouxe à tona uma série de configurações humanas multidimensionais, ou civilizações. Os contornos socioculturais de pelo menos cinco civilizações podem ser claramente reconhecidos hoje (e muitas outras, menores, podem ser adicionadas a esta lista) – a sínica, a índu, a oeste-asiática, a europeia (que foi exportada à maior parte das Américas) e a africana subsaariana. Essas civilizações ainda estão reproduzindo, embora de formas modificadas, não só seus valores e sistemas de família-sexo-gênero, mas também suas cosmologias e noções distintivas do significado e das inter-relações dentro do nosso mundo, entre o nosso mundo e outros mundos, e entre o sagrado, o secular e os tabus. As civilizações exercem influência sobre os currículos escolares das crianças e jovens e determinam, em grande medida, se estes últimos terão direito a uma fase de juventude e por quanto tempo. É delas que advêm os padrões adultos de alta cultura e os modelos de comportamento, propagados por meio de uma língua clássica e por cânones culturais clássicos – na civilização africana, predominantemente oral, por meio da propagação de tradições e costumes familiares. As civilizações clássicas também deixam suas marcas sobre a terceira idade e influenciam nossas perspectivas após a morte.

As civilizações, no entanto, constituem apenas uma das camadas do solo em que hoje pisamos, e sua expansão e contração foram modeladas pelas ondas de globalização – ou seja, esses movimentos, no sentido amplo, transnacionais, transculturais e intercontinentais, mas não necessariamente mundiais. A primeira dessas ondas, que se estendeu do início do século IV ao início do século VIII d.C., estabeleceu o cerne territorial de todas as principais civilizações, tornando árabes o Egito e a Síria, por exemplo, e criou aquilo que hoje chamamos religiões mundiais – desde o cristianismo europeu até o budismo leste-asiático. A segunda onda, do final do século XV até o XVI, testemunhou a conquista das Américas pela civilização europeia, pela sua religião e pelas suas línguas. De fato, a divisão linguística atual das Américas foi imposta logo de cara – o espanhol na maior parte, o português no Brasil e o francês e o inglês no norte. Foi também ao longo dessa segunda onda que o poder naval de longa distância estabeleceu-se pela primeira vez, graças ao qual foi possível avançar pela Ásia até as Filipinas e pôr fim ao avanço continental dos guerreiros nômades – cuja última grande façanha havia sido a conquista da Índia por Babur, que havia fugido de Samarkand para Cabul, a partir de onde instaurou sua dinastia mogol na Índia.

Aí veio a Guerra Mundial Zero, a primeira, ainda não reconhecida, guerra mundial entre os britânicos e franceses que durou mais de meio século, desde meados do século XVIII até 1815. Foi ela que criou os contornos atuais da América (principalmente) do Norte e da Índia anglófona europeizada, levando o crescente Império Britânico a Singapura e Malaca, ao Ceilão (o atual Sri Lanka) e ao cabo africano. Mas os franceses não foram derrotados em todos as frentes. O *Code Napoléon*, ou código civil francês de 1804, foi exportado à América Latina, a Luisiana e também à Europa latina. Além disso, a expedição ao Egito, no final da guerra, das tropas francesas derrotadas propiciou laços culturais duradouros entre as elites francesas e egípcias.

O prenúncio da quarta onda de globalização foi a conquista da Argélia pelos franceses em 1830, mas ela só começou a locomover-se a todo vapor com a vitória britânica, nos anos 1840, sobre os chineses, impondo-lhes a importação do ópio britânico cultivado na Índia. Seu desfecho foi a carnificina entre impérios de 1914-1918. Foi essa onda que criou a divisão do mundo, utilizada nos séculos XX e XXI, entre países desenvolvidos e subdesenvolvidos – ou "em desenvolvimento" – que, por sua vez, ainda constitui um dos fatores determinantes das nossas diferentes trajetórias de vida e, sobretudo, das nossas chances de sobrevivência. Essa onda testemunhou também a ascensão do capitalismo na Europa, nos EUA e em outras ramificações da civilização europeia. O comércio internacional abasteceu os tanques do capitalismo industrial da região do Atlântico Norte, ao passo que o outrora rico e desenvolvido mundo asiático passou a derrotado e subdesenvolvido. Também foi nessa altura que as arbitrárias fronteiras contemporâneas do continente africano foram estabelecidas, bem como suas línguas europeias oficiais.

A despeito da tecnologia militar de ponta, dos navios a vapor blindados e das metralhadoras, e embora seu desenlace tenha sido uma chacina sem precedentes, pode-se afirmar – e costuma-se fazê-lo em apresentações tradicionais – que a quarta onda de globalização desencadeou a importante extensão do comércio e dos fluxos de capital graças aos novos meios de transporte e comunicação. Estritamente do ponto de vista econômico, no entanto, o que se seguiu a 1918 foi o processo contrário da globalização – os

CONCLUSÃO

fluxos comerciais, migratórios e financeiros desaqueceram-se, declínio que só foi compensado nos anos 1990.

Porém, foi justamente no final dessa quarta onda que uma quinta onda de política globalizada começou a se formar, com a Internacional Comunista, que levou as revolucionárias política e ideologia trabalhistas europeias à China, ao Vietnã e a outras partes da Ásia, inspirando, mais tarde, movimentos anticoloniais na África e outras regiões asiáticas. Com a ascensão de partidos políticos revolucionários, os parâmetros da política mundial sofreram mudanças. No extremo oposto do espectro político, a política anticomunista tornou-se uma meta internacional da direita, iniciada pela intervenção internacional de dez países contra a nascente União Soviética em 1919-1920 e consagrada, oficialmente – ainda que de forma destorcida –, pelo Pacto Anticomintern de 1936, firmado entre a Alemanha, a Itália e o Japão. O ataque japonês à frota estadunidense do Pacífico estacionada em Pearl Harbor, no sudeste asiático controlado pelos britânicos, associado às declarações de guerra aos EUA por parte da Alemanha e da Itália, deu origem à primeira guerra mundial não eurocêntrica. Após a derrota coletiva das potências fascistas, essa guerra globalizada transformou-se na Guerra Fria globalizada, colocando, frente a frente, os EUA e seus aliados, de um lado, e a URSS e seus aliados, do outro.

Apesar de a maioria dos atores principais dessa quinta onda de globalização ter saído de cena – o Comintern, o "bloco socialista" soviético e os membros do Pacto Anticomintern –, seus legados permanecem. O mais importante talvez seja o declínio político da Europa, devido à perda de seus impérios coloniais e de seu *status* de superpotência – que, por outro lado, foi compensado, de maneira surpreendente, pelo seu exitoso desenvolvimento econômico. Além disso, o "milagre econômico" das regiões nordeste e sudeste-asiáticas, desde o Japão até a Tailândia, deve-se, em grande medida, à Guerra Fria, ao desafio social imposto pelo comunismo (incluindo a reforma agrária) e à resposta americana – mercados de exportação acessíveis e despesas locais enormes durante as guerras da Coreia e do Vietnã. O lucrativo ramo do tráfico sexual nas Filipinas e na Tailândia também foi uma espécie de presente inaugural deixado pelas forças armadas estadunidenses.

A Guerra Fria mantém, até hoje, as elites políticas da UE divididas, com as novas elites anticomunistas da Europa Oriental muito mais solidárias aos

O MUNDO

EUA e suas guerras (sobretudo a guerra do Iraque) do que suas equivalentes de centro-direita na Europa Ocidental. Há também uma diferença notável entre as interpretações da Segunda Guerra Mundial leste e oeste-europeias, visível, por exemplo, no desfile anual de veteranos (e suas famílias) da Waffen-SS (organização nazista paramilitar) na região báltica – tradição absolutamente impensável no oeste do continente.

Mas essa quinta onda política de globalização não foi marcada apenas por antagonismo internacional. Ela foi também responsável pela criação das primeiras instituições de ação global coletiva – a Liga das Nações após a Primeira Guerra Mundial e a Organização das Nações Unidas após a Segunda, além de suas organizações especializadas, tais como a OIT (da antiga Liga das Nações) e a longa relação de instituições da ONU, desde a OMS, a ONUAA (Organização das Nações Unidas para Agricultura e Alimentação), a Unesco e tantas outras, até o PNDU. Todas elas são organizações importantes de produção de conhecimento, de conscientização e, por vezes – como é o caso da OMS –, de criação e implementação de políticas.

A sexta e atual onda de globalização ainda está correndo. Nos anos 1990, ela costumava ser denominada "McDonaldização" do planeta, termo que, hoje, soa escandalosamente leviano e americanômano – ainda que tenha lá o seu lado crítico. Seu impulso central foi uma nova dinâmica do capitalismo, oriunda da desindustrialização e das revoluções eletrônica e financeira. Seja qual for a interpretação dos historiadores do futuro, dois fatores deverão se sobressair. Primeiro, foi essa a onda que uniu a humanidade do ponto de vista social, por meio das preocupações em comum – os direitos humanos, o meio ambiente e o capitalismo global – e das tecnologias de telecomunicação – as transmissões via satélite e a autocomunicação pela internet. Segundo, foi essa a onda que começou a desviar o planeta do eixo do Atlântico Norte de volta aos seus centros asiáticos pré-modernos. Evidências históricas indicam que essa sexta onda não deverá ser interpretada como uma onda *sui generis* ou única; por outro lado, sua relevância crucial também não deve ser ignorada.

A modernidade constitui outra camada geológica da cultura contemporânea. Para além de sua aplicação central original na área da estética, a modernidade tem sido, nas últimas décadas, invocada e também depreciada por diversos motivos. Neste livro, ela não foi posta a serviço de descrições/

CONCLUSÃO

denúncias/homilias mais ou menos idiossincráticas, mas sim foi empregada como ferramenta analítica na designação de transformações culturais de peso e de seus desdobramentos sociais. Nesse sentido, a modernidade é aqui uma orientação cultural que assume autonomia sobre a autoridade do passado e que ambiciona construir um futuro novo, jamais visto antes.

Porém, o modernismo de fato sempre coexistiu com alguma espécie de respeito seletivo pelo passado, talvez de forma mais evidente na Grã-Bretanha, a pioneira nas ciências empíricas modernas e no capitalismo industrial que preservou sua aristocracia rural, seus costumes corteses medievais e seus ritos universitários. Então, são poucos os modernistas que lamentarão o fato de a seguinte proposta do Manifesto Futurista de 1909 nunca ter sido cumprida: "Destruiremos os museus, as bibliotecas e academias de todos os tipos [...]" (Humphreys, 1999: 11).

Libertar-se das limitações impostas pela sabedoria ancestral constituiu, todavia, um passo essencial no desenvolvimento humano. Como vimos anteriormente, a modernidade deve ser analisada e afirmada de acordo com áreas específicas – produção de conhecimento, arte, arquitetura, economia e política. Considerando as viradas políticas como fatores sociais determinantes, pode-se distinguir entre quatro caminhos centrais rumo à modernidade, definidos de acordo com as configurações de poder contra e a favor dela. A modernidade jamais denotou uma evolução imanente – sua emancipação do passado sempre foi objeto de contenda e conflito. Às vésperas da sua chegada, novas fontes de conhecimento estavam em ascensão, e novos meios de vida, em desenvolvimento, transformando as configurações de poder coletivo.

Até que ponto a Europa deve seu progresso modernista à descoberta das Américas e seus desdobramentos, jamais conjeturados por Aristóteles e os outros sábios da Antiguidade clássica, permanece uma questão polêmica. De todo modo, pode-se afirmar, sem o perigo de cair em contradição, que a modernidade europeia foi o resultado de batalhas locais – da Revolução Francesa e das revoluções inglesas do século XVII. Se, por um lado, poucos historiadores ou sociólogos históricos teriam, hoje, a audácia de resumir esses conflitos internos como meras revoluções burguesas, por outro lado, foi justamente sua natureza interna que tornou a noção de classe social um conceito político de destaque na Europa na sequência da Revolução Francesa – conceito político que, mais tarde, foi reafirmado no capitalismo industrial europeu. As classes sociais e as ideologias sociais articuladas – os chamados "ismos" – têm sido traços distintivos da política europeia desde então, ainda que estejam hoje em declínio. Até mesmo o *"New Labour"*, ou a nova orientação do Partido Trabalhista Britânico a partir da década de 1990, continuou sendo – ainda que de forma minimalista – o Partido Trabalhista. A legião de igrejas avessas ao movimento moderno fez com que a triunfante modernidade europeia estabelecesse a zona mais secularizada do planeta. Além disso, o processo interno de modernização acarretou o declínio das autoridades sociais pré-modernas de forma mais integral do que em qualquer outra parte do globo.

Já o antagonista da modernidade no "Novo Mundo" dos assentamentos europeus além-mar, por outro lado, sempre esteve do lado de fora, nas metrópoles europeias corruptas ou entre os nativos e escravos "selvagens". Lá a pergunta não era "quais são os direitos das pessoas", mas sim "quem são as pessoas". A partir dessa problemática, desenvolveu-se uma defasagem bastante peculiar entre, de um lado, o discurso político universalista e, de outro, sua interpretação e implementação particularistas. No Novo Mundo, o clero estava do lado da modernidade independente e, de fato, as Américas permanecem, até hoje, um poço de religiosidade moderna. Em virtude da retórica política universalista, a problemática das classes sociais sempre se sobressaiu menos, e as autoridades tradicionais eram, com algumas exceções regionais, muito mais fracas do que na Europa, o que por sua vez possibilitou a ascensão de uma política populista – plebeia, em partes da América Latina, mas raramente armada. Mesmo hoje, o sistema político estadunidense, por exemplo, é mais aberto e imprevisível do que o europeu – isto é, com relação à pergunta "quem será o presidente" enquanto representante do povo, e não com relação ao modo como o país será governado.

O caminho do Novo Mundo rumo à modernidade foi marcado pela imigração em massa, processo que, inicialmente, foi bem definido em termos raciais. Hoje, entretanto, após a queda do racismo institucional, o Novo Mundo parece ter sido muito mais capaz de lidar com os fluxos de migração em massa do que a velha Europa emigratória; ou do que os modernizadores reacionistas, com suas políticas defensivas de fechamento das fronteiras; ou então do que os antigos Estados coloniais dos outros continentes, inundados por complicações étnicas locais. Se, por um lado, é verdade que os países do Novo Mundo dos

CONCLUSÃO

colonos europeus compartilham características importantes, apesar de todas as suas divisões políticas diferentes, por outro lado, um país, mais do que todos os outros, distinguiu-se do resto na primeira metade do século XIX – os EUA, com o triunfo precoce, absoluto e incólume da sua modernidade; com seu governo interno e sua economia e ecologia demográfica; e com sua força militar local. Impulsionado por uma missão evangélica mundial, esse país, cuja autoconfiança não conhece fronteiras, encarou o domínio mundial, desde o despertar do século XX, como seu "Destino Manifesto".

Nos antigos Estados coloniais fora das Américas, onde a modernidade emergiu a partir dos sentimentos de identificação e revolta contra o agressor colonial, a divisão colonial entre os mestres e os nativos ainda é reproduzida, embora tenha sido oficialmente revogada. Os novos líderes ocupam os lares dos velhos líderes, e seus Estados utilizam o idioma da antiga metrópole para corroborar ou corromper as práticas e normas administrativas dos antigos colonos. De fato, foram poucos os países africanos que mantiveram sua língua pré-colonial como principal idioma – a Tanzânia vem fomentando o suaíli, no Paquistão fala-se urdu e em Bangladesh, bengali. A despeito dessas exceções, em todo lado dominar a língua dos antigos colonos faz parte da cultura da elite. Mas a exceção central talvez seja a Indonésia, cuja língua franca malaia pré-colonial foi promovida ao posto de idioma nacional indonésio, o *Bahasa Indonesia*. O discurso nacionalista anticolonial continua poderoso, e os políticos locais costumam saber articulá-lo muito bem em diversas línguas. Esse discurso advém do ressentimento por conta das humilhações sofridas no período colonial, embora haja, historicamente, um número consideravelmente alto de casos em que os locais se identificaram, de maneira positiva, com os líderes coloniais, especialmente na Índia.

Nesses países, antes da chegada da modernidade, as ideologias sociais e de classes eram subdesenvolvidas, como era de se esperar. Enquanto as religiões tradicionais locais tornaram-se fontes de resistência anticolonial, principalmente as missões cristãs, mas também as muçulmanas, atuaram como veículo dos conceitos modernos de educação e medicina. Não é à toa, portanto, que a estrada colonial rumo à modernidade reproduziu crenças e práticas religiosas em ampla escala, incluindo, na África, a magia negra e a crença em bruxas. Por ter sido uma intrusão externa, a modernidade colonial jamais se infiltrou, de forma profunda e bem-sucedida, nas sociedades tradicionais conquistadas. Aliás, na maioria dos casos, os colonizadores deliberadamente sequer tentaram, preferindo governar por meio de chefes locais e rajás. Na África, com seus Estados frágeis, essa prática deixou, até hoje, uma quantidade considerável de poder nas mãos de líderes pré-modernos (Mamdani, 1996) – fenômeno também presente em algumas das ex-colônias mais conservadoras, tais como a Malásia.

A modernização reacionista imposta de cima para baixo e realizada sob fortes ameaças euro-americanas constitui o quarto e último caminho rumo à modernidade. Basicamente, ele consistiu em aprender com os bárbaros ameaçadores a fim de mantê-los para fora. No século XIX, o Japão era o único país que realmente havia obtido êxito nessa empreitada, embora mais uns poucos países tenham conseguido protelar ameaças colonizadoras e invasões – tais como o antigo Sião, o Afeganistão e a antiga Abissínia. Já a China e o Império Otomano, apesar de usurpados por diversos abutres vorazes, conseguiram ao menos impedir que se tornassem colônias. No século XX, a Arábia Saudita e outros países do golfo Pérsico ricos em petróleo deram início a uma segunda onda de modernização reacionista, ainda que de forma muito diferente devido à dependência total na importação de mão de obra. Pode-se afirmar que as "modernizações" capitalistas impulsionadas pelo governo chinês pós-Mao – e logo imitadas no Vietnã – constituem uma terceira onda de modernização reacionista, impelidas pelo medo de que o Partido Comunista, à frente do país, seja corroído pela pobreza nacional.

De todo modo, o legado histórico desse quarto caminho rumo à modernidade são as culturas e sociedades integradas, porém dualistas. Integradas porque esse era justamente o objetivo da modernização reacionista. Dualistas por causa da existência simultânea de uma política econômica adaptada, incluindo seu sistema educacional, de um lado, e, de outro, a preservação de práticas de autoridade e deferência, de noções de estilo e estética e de crenças e rituais.

AONDE VAMOS?

Será que a história da humanidade permanecerá relevante? Aonde a dinâmica mundial nos levará?

CONCLUSÃO

A primeira pergunta pode ser respondida com um "sim" bastante resoluto. É claro que talvez seja mais fácil fazer essa afirmação em Cambridge – onde o Departamento de Clássicas é muito maior do que o de Sociologia – do que em qualquer outro lugar. Mesmo assim, as novas fundações culturais chinesas, por exemplo, em rápida difusão pelo planeta, carregam o nome de Confúcio – sobre o qual um novo líder em Davos tanto arengou em 2010. Além disso, realmente parece que um tipo popular de confucionismo está em ascensão na China – embora um filme oficioso, dedicado a ele e lançado no pior momento possível, não competiu muito bem com o longa hollywoodiano *Avatar* no início de 2010 (*International Herald Tribune*, 29/1/2010, p. 16; 2/2/2010, p. 2; Poceski, 2009: 254). Outro exemplo é o Partido do Povo Indiano (o BJP), atualmente na oposição, mas no poder até o início dos anos 2000, que fomentou a civilização índu ativamente – incluindo o ensino do sânscrito – e utiliza sua longa tradição histórica de forma profusa em sua retórica política. O INC (Partido do Congresso Nacional Indiano, em português), atualmente no poder, é secularista e menos tradicionalista, mas também não chega a ser a-histórico.

A religiosidade popular não está diminuindo. A queda do comunismo deu-lhe um bom empurrão no Leste Europeu e no leste asiático. Na civilização islâmica do oeste asiático e da região norte-africana, as tradições islâmicas, com suas interpretações divergentes, estão em ascensão. A civilização africana sempre foi mais elusiva, mas lá também não há sinais visíveis de que a religiosidade esteja abrandando-se. Os sistemas familiares africanos vêm sendo prejudicados pela crise econômica prolongada e pela urbanização pautada pelo escapismo; mesmo assim, seus traços distintivos permanecem vivos – a poligamia, o dote pago à família da noiva, a valorização da fertilidade, a sexualidade expansiva, a extensão dos laços familiares para além da família nuclear e o sistema patriarcal. Em termos gerais, não parecia haver, em 2004, indícios de que os sistemas de família-sexo-gênero mundiais convergiriam.

A experiência do moderno permanece distinta em partes diferentes do globo. Nossos Estados-nações foram constituídos de maneiras radicalmente diferentes, fato que continua influenciando nossa identidade nacional. A Europa deverá permanecer mais secular do que as Américas, por exemplo. As noções pré-modernas de autoridade e deferência terrenas tendem a permanecer mais fortes nos antigos países coloniais e nos países que passaram pela modernização reacionista do que na Europa e no Novo Mundo. Como referência para questões de identidade e organização, as classes sociais continuam muito mais evidentes na Europa do que no resto do planeta. A missão estadunidense de "liderar" o restante do mundo permanece incontestada entre as elites do país.

Em suma, o impacto da história continuará conosco no futuro próximo. Mas em qual direção os ventos da dinâmica mundial estão soprando? As perspectivas e possibilidades discerníveis podem ser resumidas em cinco tópicos diferentes.

Em primeiro lugar, parece ter chegado o fim da emancipação modernista das limitações naturais que sempre elevaram os parâmetros da ecologia populacional humana. Na verdade, nós estamos percebendo os limites dessa emancipação, bem como os riscos e custos da insolência que seria transgredir esses limites. Ao mesmo tempo, as possibilidades do corpo humano parecem estar em expansão.

A revolução verde asiática parece ter se exaurido, e a agricultura indiana – o meio de vida de dois terços da população – encontra-se sob pressão crescente, causada pela também crescente densidade demográfica, pelos solos desgastados e pela escassez de água. Além disso, como a África conseguirá alimentar sua população em forte crescimento é uma boa pergunta, mas é provável que avanços tecnológicos façam uma grande diferença por lá – suas terras, ainda abundantes, vêm sendo vendidas a investidores estrangeiros que, por sua vez, possuem seus próprios desejos de segurança alimentícia. Em 2008, projeções da ONU anunciaram que a população da Nigéria deverá dobrar até 2050, atingindo 289 milhões, e a de Uganda, triplicar, chegando a 90 milhões. As mudanças climáticas – incluindo não só o aquecimento global, mas também níveis mais elevados de turbulência – constituem uma nuvem negra nos horizontes mundiais, ainda mais carregada sobre as áreas pobres do planeta – ameaçando secas na faixa de savana da África e enchentes no deltaico Bangladesh. As questões climáticas ganharam espaço nas agendas políticas mundiais, mas ainda estão longe de constituírem o objeto de ações globais. No futuro próximo, o mais provável serão as ações improvisadas por parte dos nossos governantes.

Em outros sentidos, a demografia deverá permanecer cada vez mais sob o controle humano, graças à biomedicina. Os ciclos de vida humana certamente durarão mais, e menos bebês e crianças serão arrancadas deles precocemente. A tendência é que mais tipos de câncer possam ser tratados sem grandes dificul-

CONCLUSÃO

dades, como já é o caso do câncer de mama e de próstata. Hoje, a natalidade é não só algo que se controla, mas também algo que se produz. Os ramos da engenharia genética e da cirurgia plástica deverão continuar deixando suas marcas sobre as vidas humanas.

Em segundo lugar, do ponto de vista econômico, nós estamos vivendo hoje no rescaldo – ou será no período de suspensão? – da dialética sistêmica marxista do capitalismo, com sua tendência à coletivização dos meios de produção e com o fortalecimento da classe trabalhadora. Assim, o conflito cotidiano entre as classes do capitalismo e dialética capitalista permanecem um traço distintivo deste século.

A permanência do capitalismo como principal meio de sustento e de produção do planeta constitui um palpite garantido para a próxima década. Porém, vale lembrar que o domínio do capitalismo é, hoje, mais restrito do que geralmente se pensa. Como afirmado anteriormente a respeito da tabela 4.5, no máximo 40% da população economicamente ativa do planeta encontram-se em um regime capitalista de trabalho. Há também outros regimes, como o trabalho autônomo, o emprego no negócio da família (sistema via de regra patriarcal) ou o serviço público, por exemplo. De todo modo, a dinâmica econômica do planeta advém do capitalismo, e a crise financeira de 2008-2009 gerou muito rancor contra financistas e banqueiros, mas poucos protestos anticapitalistas e nenhuma ideologia ou movimento alternativo. Pelo contrário, aliás – a figura por trás da Venezuela chavista, a relativamente tímida alternativa latino-americana ao capitalismo, sofreu um golpe pesado com a queda nos preços do petróleo.

As perspectivas do capitalismo no futuro próximo serão decididas na China, mas é impossível fazer previsões concretas. O governo do Partido Comunista continua comprometido, ao menos retoricamente, com o "socialismo", e retém em suas mãos o poder político de desviar o país desse caminho. Tal desvio, no entanto, só terá lugar se uma das duas condições seguintes se concretizar: ou se uma virada não capitalista parecer uma alternativa mais auspiciosa para a riqueza e o poder do país, ou se conflitos sociais oriundos do capitalismo ameaçarem seriamente a unidade e o poder chineses. A primeira condição parece bastante improvável no futuro próximo. Como vimos anteriormente, a lógica marxista do crescente descompasso ou "contradição" entre as forças de produção e as relações capitalistas privadas foi revertida, atingindo certo equilíbrio na década de 1970. No momento, não há indícios de que a lógica do capital privado restringirá a produtividade e eficiência do país, embora o capitalismo tenha revelado seu calcanhar de aquiles – ou seja, sua capacidade duvidosa de operar com fontes alternativas de energia. A longo prazo, é possível que as relações capitalistas de produção irão de encontro, de forma fatal, às forças de produção ecologicamente sustentáveis.

A segunda condição permanece uma ameaça, mas terá de enfrentar obstáculos colossais para se concretizar. Se, por um lado, a China capitalista é o palco de diversos protestos, por outro, eles costumam ser locais, restritos a uma única fábrica ou aldeia. Diante do poder do capital e do Estado, essas manifestações dispõem de poucos recursos de organização coletiva para além da própria fábrica ou aldeia. Processos legais, além de assembleias e abaixo-assinados locais – bem como os esporádicos motins locais – tornam-se, então, a válvula de escape. A classe operária da indústria pesada no norte do país ainda se lembra dos tempos maoístas, quando foram sagrados líderes do país. Esses trabalhadores orquestraram, por vezes, protestos para promover a conscientização quanto à problemática das classes – como foi o caso na cidade de Liaoyang em 2002, quando carregaram retratos de Mao e cantaram "A Internacional", o hino da esquerda. Esses operários, no entanto, foram reduzidos devido a reestruturações industriais, da mesma forma que os trabalhadores do estaleiro da polonesa Gdansk e os mineradores da região ucraniana de Donbass – ver a extraordinária obra de C. K. Lee (2007a) e também o volume por ela editado (2007b).

A confluência de protestos das classes populares e de escaramuças internas no partido do governo poderia causar uma grande reviravolta no país, levando à ascensão de um partido de fato comunista contra o Partido Comunista oficial. Tal quadro não é inimaginável, mas, por si só, não representaria o início de uma nova linha de ação sustentável. Sob a liderança de Gorbachev, o crescimento do socialismo democrático dentro do Partido Comunista da União Soviética tornou-se possível, por exemplo, mas apenas como ideia e não como prática.

Em algum momento do futuro, é provável que o acúmulo de capital e o crescimento econômico sejam desbancados por meios de vida voltados, em primeiro lugar, a outros fins – tais como a segurança e a felicidade, a harmonia social e ambiental, ou o desenvolvimento cultural. Mas esse momento está

CONCLUSÃO

longe do alcance da ainda bastante pobre China. É provável que iniciativas nessa direção partam da Europa e do Japão, ou talvez de regiões da Califórnia.

De qualquer modo, sejam quais forem os prospectos do pós-capitalismo, o capitalismo implica o conflito de classes, bem como a tendência ao fortalecimento dos trabalhadores através do sucesso do próprio capitalismo, fomentando a união e concentração dos trabalhadores e libertando-os da deferência tradicional. Esse aspecto da teoria marxista permanece válido para a indústria do século XXI. O nível de exploração trabalhista que se vê hoje nas áreas de exportação do Terceiro Mundo, incluindo Guangzhou, Shenzhen e o restante do delta do rio das Pérolas, não é sustentável a médio prazo e já foi, em 2010, questionado à força pelas exitosas greves na Honda e na Foxconn.

É até possível que a recente intensificação das desigualdades sociais na maior parte, senão em todo o mundo rico, não vá adiante; porém, não parece haver forças sociais significativas nos horizontes mundiais capazes de impulsionar, com sucesso, a redução dessas desigualdades – sendo o corte dos bônus dos banqueiros provavelmente a única exceção possível a curto prazo. Isso se deve ao fato de as desigualdades no mundo rico não serem produtos de níveis mais altos de exploração laboral, mas sim de processos de distanciamento econômico no próprio mercado que, por sua vez, privilegiam aqueles que já estão no topo – desde estrelas do futebol do campeonato inglês até executivos e corretores financeiros (para mais informações quanto aos diferentes mecanismos de desigualdade, ver Therborn, 2006). Tais processos podem, é claro, até ser interrompidos, mas, para tanto, seria necessária uma integração comunitária forte, para a qual não existe, hoje, força ou disposição política. E vale lembrar que isso está acontecendo à revelia dos resultados de pesquisas das Ciências Sociais (mais recentemente Wilkinson e Pickett, 2009), que comprovam, de maneira contundente, que os países mais desiguais estão pagando preços altíssimos por isso, não só por conta das privações, do descontentamento e da humilhação sofridos pelos menos privilegiados, mas também pelo medo, pelos altos investimentos em segurança, bem como pela criminalidade e violência que assolam os privilegiados. Para a classe média, ações comunitárias não se estendem para além dos confins de seus próprios bairros, e as classes populares foram fragmentadas e desmoralizadas pela desindustrialização. Os pobres e marginalizados estão também às margens da sociedade em termos políticos, e não só em termos sociais. Seus protestos, quando acontecem, costumam consistir em motins de jovens imigrantes que, por sua vez, podem ser facilmente mantidos fora do primeiro plano das correntes políticas dominantes.

A década de 2000 testemunhou a mobilização das classes médias de diversos países. Porque elas vêm se beneficiando tanto de outras formas, é pouco provável que haja manifestações das classes médias na China, Índia, Indonésia ou Coreia, países onde, hoje, canais democráticos de expressão já estão à disposição. Por outro lado, nas regiões oeste-asiática e norte-africana, é provável que os protestos das classes médias persistam e que cheguem também à Ásia Central e à África Subsaariana. Tentativas sérias no sentido de acabar com as desigualdades latino-americanas, ou quaisquer políticas que forem de encontro aos interesses das classes médias, também provavelmente farão com que elas retornem às ruas, onde já têm ampla experiência – desde em Santiago do Chile, nos anos 1970, até em Caracas e Tegucigalpa, nos anos 2000.

Durante a produção deste livro, a dinâmica entre as forças internas do capitalismo nos países ricos inspirava dúvidas. Há uma tendência de restrição dos setores bancário e financeiro, sobretudo no sentido de tornar a economia produtiva ou "real" menos dependente da montanha russa que é o setor financeiro. Só que os financistas possuem colegas poderosos na política, até mesmo entre os políticos da chamada centro-esquerda – o Partido Democrata nos EUA e o Partido Trabalhista no Reino Unido. Algo terá de ser feito para apaziguar os ânimos populares, mas não se pode prever a proporção de ações realmente concretas e de conversa fiada. Em meados de 2010, contudo, o momento subversivo do liberalismo parecia ter passado, e o capitalismo de sempre, provido de algumas precauções adicionais, parece estar de volta – algo que, hoje, implica o domínio dos financistas.

Para a surpresa de todos e ao contrário das previsões do discurso da globalização sobre a interdependência global sem fronteiras, a dinâmica capitalista mundial demonstrou-se dividida por ocasião da crise financeira de 2008-2009. Os países ricos e suas dependências entraram em declínio, ao passo que as economias chinesa e indiana continuaram a crescer vigorosamente – bem como a economia indonésia, embora de maneira menos impressionante. Tamanho descompasso entre a primeira e a terceira economia mundial em um momento de crise global não possui, que eu saiba, precedentes na história da humani-

CONCLUSÃO

dade. De todo modo, esse descompasso não deve ser tomado como resposta à pergunta se os EUA continuarão o centro dinâmico do capitalismo mundial.

A expansão do setor das finanças tornou o capitalismo estadunidense volátil e propenso a crises, baqueando o setor das manufaturas do país e fazendo-o perder seu domínio, por exemplo, no mercado automobilístico. O capitalismo estadunidense, todavia, não está nem em estagnação, nem ficando para trás. Impulsionados por despesas militares estatais sem igual, e motivados, intelectualmente, pelas melhores universidades de pesquisa do mundo, os EUA permanecem à frente, sozinhos, da indústria aeroespacial e eletrônica, da biomedicina, do *design* de bens de consumo e do varejo. Seus concorrentes mais próximos são, em geral, antigas potências em declínio, tais como o Japão no setor de eletrônicos, e a Europa Ocidental em outras áreas – e não (ainda) os estabelecimentos dos chamados "mercados emergentes". Ao que tudo indica, a única área em que a China está próxima do topo é a de energias renováveis e outras tecnologias verdes, um ramo que promete e com relação ao qual a hegemonia mundial ainda não foi decidida (*International Herald Tribune*, 30-31/1/2010, pp. 1 e 5). As áreas de domínio estadunidense não deverão perdurar para sempre, mas, à exceção das energias renováveis – ramo em que os poderosos interesses dos EUA relativos ao petróleo os impedem de crescer –, não há indícios de declínio iminente.

As energias renováveis constituem, de fato, uma área em que uma economia centralizada e regida por governos – uma espécie de economia socialista, pode-se dizer – poderia muito bem funcionar, na qual as relações privadas de produção seriam provavelmente menos relevantes. Nesse âmbito, existe um objetivo público específico – ou seja, o abastecimento de energia renovável –, e os avanços tecnológicos necessários já foram feitos, embora ainda careçam de mais desenvolvimento, e seus desdobramentos dependam, em grande medida, da extensão e do foco dos investimentos a serem feitos.

Acerca do capitalismo japonês e europeu é mais fácil fazer previsões. O objetivo da UE, estabelecido na Estratégia de Lisboa, de transformar a União na economia do conhecimento mais competitiva do mundo não se materializará nem neste ano, como era o planejado, nem no futuro próximo. Embora a Europa Ocidental possua inúmeras indústrias avançadas, desde automóveis de luxo e roupas de marca até produtos farmacêuticos, sua população cada vez mais velha e suas universidades públicas limitadas muito provavelmente não liderarão a produção mundial de conhecimento no futuro. Pelos mesmos motivos – e levando em conta que a população é ainda menor e a média de idade, ainda mais elevada –, e também por ser tão fechado à imigração, o Japão jamais será o "número 1", como uma onda dos anos 1980 havia previsto.

Terceiro, em termos existenciais, nosso passado modernista reprimido parece estar retornando, sob a superfície da família nuclear, do secularismo e do desenvolvimento, assim como a afirmação de questões existenciais no cenário geopolítico mundial.

Questões em torno do reconhecimento e do respeito perante os gêneros e o sexo também voltaram à tona. A tendência é que essas questões permaneçam controversas, por mais que o respeito aos direitos das mulheres, as paradas gays e os casamentos entre homossexuais, por exemplo, tenham se difundido. A questão do papel da religião na sociedade nunca foi resolvida pelo secularismo moderno, e voltou à cena com os ânimos renovados, sobretudo no oeste e sul asiático, e no leste e oeste europeu. A razão para esse fenômeno nas três primeiras regiões foram os declínios ou fracassos da política secular, do nacionalismo árabe, do socialismo do Partido do Congresso Nacional Indiano e do comunismo, e no oeste europeu, a chegada de uma nova força religiosa, o islamismo dos imigrantes, e sua recepção xenofóbica.

As vítimas do "desenvolvimento" vêm aflorando em massa, exigindo pedidos de desculpas, restituições e compensações, direitos e respeito. Esse grupo inclui desde crianças pobres, deportadas do Reino Unido aos domínios brancos, bem como crianças aborígenes arrancadas dos braços dos pais para serem entregues a famílias "civilizadas", até povos tribais do mundo todo, oriundos das expropriadas e/ou marginalizadas "primeiras nações". Nas regiões indígenas da América Latina e do nordeste da Índia, essas questões tornaram-se problemas políticos de peso. Na Índia, elas alimentam uma insurgência em larga escala e, na América Latina, incansáveis reivindicações de nativos indígenas vêm sendo feitas de norte a sul, desde o México até o sul do Chile. O reconhecimento, o *status* e o respeito étnico ou étnico-religioso são valorizados na maior parte dos países asiáticos, desde a Turquia até as Filipinas, e, em boa parte da África, podem transformar-se, com facilidade, em conflitos explosivos e extremamente violentos.

CONCLUSÃO

O empenho existencial por reconhecimento e respeito, e a consequente resistência a eles, também têm a ver com geopolítica. As questões que se colocam agora são em que medida e de que maneira eles se tornarão temas e conflitos coletivos. No nível nacional, são justamente as questões em torno do respeito e do reconhecimento que estão impedindo o retorno de uma nova sinosfera como centro do mundo desenvolvido. Os ressentimentos existenciais entre os principais membros da civilização sínica, apesar de mais amenos hoje – na Coreia, por exemplo, a interdição da importação da cultura japonesa foi revogada –, continuam vivos e presentes. Os chineses não esqueceram os horrores do imperialismo japonês, e os coreanos, os horrores do domínio colonial japonês. A antiga superioridade chinesa não é reconhecida fora do próprio país, e menos ainda no Vietnã, que permaneceu sob o domínio do Império Chinês ao longo de um milênio amargo, e que tentou, sem sucesso, reafirmar-se através de suas forças militares nada mais do que três décadas atrás.

No oeste asiático, questões de reconhecimento e respeito constituem o cerne do conflito sionista-palestino. Será que os palestinos aceitarão o estabelecimento de um Estado judeu na Palestina? Será que os israelenses reconhecerão o direito de todos os palestinos de viver na Palestina?

O atual conflito entre o islã e o Ocidente deverá, provavelmente, dissipar-se aos poucos, a não ser que algum evento inesperado ocorra. Não se trata de um choque de civilizações, mas sim das consequências imprevistas e não propositais da estratégia anticomunista estadunidense no Afeganistão no final da década de 1970 e na década de 1980, que, por sua vez, fizeram militantes islamistas antimodernistas ascenderem como salvadores da pátria. Porque pensaram ter derrotado uma superpotência, acharam, então, que podiam pelo menos botar mais uma para fora das terras muçulmanas. O plano não correu como o planejado, visto que os EUA queriam, é claro, manter seu abastecimento de petróleo sob controle. Os ânimos até começaram a se acalmar já nessa altura, mas aí veio o ataque espetacular de 11 de setembro e, mais importante, a reação estadunidense e "ocidental" desproporcionalmente exagerada, em nome da qual duas invasões foram efetuadas e desumanos campos de concentração foram estabelecidos – Bagram, Abu Ghraib e Guantânamo –, onde a humilhação era uma "técnica de interrogação" cotidiana. De todo modo, é provável que

|295|

O MUNDO

o rancor e ressentimento incomensuráveis atenuem-se nos próximos anos, a não ser que uma terceira invasão seja orquestrada – possibilidade que não se pode descartar. Tanto o Iêmen quanto o Irã estão próximos da linha de fogo. Se os EUA, no entanto, não colocarem mais lenha na fogueira por meio de suas guerras "ocidentais" e israelenses recorrentes, a violência islamista não passará de um fenômeno restrito a essa geração, que provavelmente fracassará – assim como o anarquismo violento há um século, ou o novo "Partido Comunista" oeste-europeu há 30 anos. A ideia de que o islamismo dominará o mundo – e a consequente fobia do islã – desaparecerá, da mesma forma que as velhas esperanças e medos em torno do comunismo.

Em quarto lugar, é evidente que uma alteração geopolítica do poder mundial já está em andamento, pondo fim ao domínio do Atlântico Norte que durou um quarto de milênio. Por enquanto, o processo tem sido pacífico e baseado em questões econômicas e demográficas – e não em violência ou poder militar. Novas formas de política estão emergindo, mas seu papel no futuro permanece em aberto.

Será que a China vai dominar o mundo, como defende, com grande entusiasmo e otimismo, o excelente jornalista britânico Martin Jacques (2009)? Pode até ser, mas não enquanto eu estiver por aqui, seja qual for a duração total da minha trajetória de vida (nasci em 1941). Em primeiro lugar, o mundo está se tornando menos dominável, como a Europa e os EUA já perceberam em seus quintais africanos e latino-americanos, respectivamente. Segundo, a China ainda tem muito chão pela frente até adquirir superioridade militar e tecnológica sobre o resto do planeta. Por fim, a vocação imperial e cristã euro-americana de "civilizar" ou "liderar" o mundo é alheia à civilização chinesa – mas não, é claro, a ideia de se tornar o centro dominante do mundo civilizado, ao qual os outros países devem respeito. Mesmo assim, a hipótese de que o século XXI será chinês, assim como o século XX inteiro foi estadunidense – a despeito das diversas restrições e questionamentos –, é plausível.

Também pelo menos tão provável quanto a ascensão da China é a entrada em cena de novos atores mundiais de peso. A Índia já tem esse papel e não deverá desistir dele. O Brasil está prestes a ganhar o *status* tão desejado de superpotência, fato que será impulsionado ainda mais, no futuro próximo, pela recente descoberta de depósitos de petróleo nas camadas pré-sal do litoral do país. Outro país que

CONCLUSÃO

também provavelmente passará, em breve, ao primeiro plano do palco mundial é a Indonésia, país populoso e repleto de recursos naturais que ainda não encontrou seu papel no cenário mundial, ainda vítima do declínio cultural causado pelas longas décadas de ditadura militar. Mais cedo ou mais tarde, a Nigéria também chegará lá, em vista do tamanho tanto de sua população quanto de suas reservas de petróleo. Hoje já se nota, em visita à África, a conexão Nigéria-África do Sul em termos migratórios, intelectuais e comerciais (lícitos e ilícitos). Atualmente, é a África do Sul que retém o posto de superpotência africana; em breve, será a Nigéria.

Sem a incorporação da Rússia – algo que parece improvável no momento –, a tendência é que a Europa avance em sua jornada de declínio político. Porém, é possível que o papel global da União Europeia, uma das principais atrizes do palco mundial, envolva doses consideráveis de influência. Isso se deve aos seus direitos sociais, por enquanto sem igual no planeta, bem como à sua cultura política que ainda não parece ter feito as pazes com o conceito de guerra enquanto prática política normal – isso sem falar na ideia de guerra enquanto glória. A União Europeia poderia ser, portanto, como a grande Escandinávia do planeta – aberta econômica e culturalmente, próspera, eficiente, generosa e igualitária no plano doméstico e, no plano internacional, atenciosa, decente e inofensiva – nos seus melhores momentos, como no apogeu do governo Olof Palme, potente voz da razão, de um lado, e de ultraje moral, do outro; exemplo ilustre e inspiração influente, embora não dominante politicamente, a ser tanto seguida por muitos quanto desprezada pelos poderosos e privilegiados.

Infelizmente, em minha opinião claramente tendenciosa, as chances de a Europa tornar-se a Escandinávia do planeta não parecem muito prováveis. Sua base política doméstica foi seriamente prejudicada – a democracia social foi enfraquecida, em termos sociais, pela desindustrialização e, em termos políticos, pela opção (que beira o imperialismo) de impulsionar o capitalismo, por parte de Tony Blair e da nova orientação de seu Partido Trabalhista; além disso, a democracia cristã foi enfraquecida pela corrupção italiana e pela secularização neoliberal alemã. O liberalismo social tornou-se periférico após Keynes, os novos partidos verdes se demonstraram inconstantes socialmente e a esquerda social e comunista parece, por enquanto, ter abandonado, em grande medida, o projeto europeu.

A expansão da UE para o leste, projeto importante e, em seus próprios termos, bem-sucedido, não adicionou forças progressivas à União – pelo contrário.

| 297 |

O MUNDO

Nos horizontes de 2010, a porção do Leste Europeu incorporada pela UE não dispõe de nenhuma força democrática social, democrática cristã, liberal social ou ambientalista de peso, sendo que a única força de esquerda, o levemente reformado Partido Comunista da Boêmia e Morávia, na República Tcheca, foi completamente marginalizada. O que se tem na região são, na verdade, toda sorte de neoliberais, antigos comunistas e anticomunistas, além de reacionários culturais com algum apelo social, e outros sem. Quanto às políticas externas, as novas elites do leste têm orgulho de atuarem como ajudantes dos EUA, alistando-se para a invasão do Iraque e fornecendo tropas simbólicas tanto para o Afeganistão quanto para o Iraque.

Porém, não se deve descartar a hipótese de que, nos próximos anos, alguns líderes europeus se aperceberão de que uma relação "especial" de servidão ao decadente império estadunidense talvez não seja a melhor opção europeia em termos de política externa.

A imigração constitui outra pedra no sapato da integração europeia. Os fluxos migratórios para a Europa são um sinal de sucesso – em vista do fato de que, após ter sido, por mais de quatro séculos, um subcontinente marcado pela emigração, ele hoje atrai a imigração feito um ímã. Isso se vê de forma concreta, por exemplo, nas filas de argentinos em Buenos Aires reivindicando cidadania italiana para retornarem ao país que seus pais e avós ficaram contentes de deixar para trás há um século. Essa forte atração pegou os países europeus de surpresa e transformou antigos centros de emigração, desde a Suécia até a Espanha, em países cuja proporção de estrangeiros se assemelha à dos EUA – cerca de um oitavo de todos os residentes. Até agora, o sistema de bem-estar social oeste-europeu ainda não soube lidar muito bem com os novos desafios impostos pela imigração. Alguns países, tais como a Dinamarca e a Holanda, outrora modelos de bem-estar social, transformaram-se em carrascos da xenofobia e do abuso aos estrangeiros.

Alguns de nós nutrirão a esperança em uma Europa escandinava como objetivo político, mas as perspectivas não parecem nem um pouco favoráveis (cf. Anderson, 2009).

Uma questão essencial quanto às próximas décadas para a qual eu não disponho de resposta é a seguinte: será que os EUA utilizarão seu poder militar formidável, sem igual no planeta, para brecar seu provável declínio econômico

| 298 |

CONCLUSÃO

relativo, bem como seu declínio no cenário político desarmado? As Guerras do Ópio britânicas não mais constituem uma opção viável aos EUA – e muito menos um ataque como o de Pearl Harbor à China. Se os EUA entrassem em guerra contra a China, o estopim seria, provavelmente, algum conflito no Tibete ou em Taiwan. Nesse sentido, o desdobramento mais provável em meados do século XXI seria alguma espécie de confronto transitório entre uma poderosa, tanto econômica quanto demograficamente, China, de um lado, e uns EUA inferiores nesses respeitos, mas militarmente muito mais bem equipados e, talvez, pelo menos tão influentes ideologicamente, de outro.

Canais eletrônicos de mobilização transformaram o jogo político, mas em que medida e em qual direção ainda não se sabe. Por enquanto, seus principais efeitos foram de abertura, questionamento ou enfraquecimento do regime no poder. Até agora, o poder de abertura desses mecanismos superou os de fechamento, mesmo com seus novos dispositivos de fiscalização. Uma reviravolta em determinadas partes do globo, no entanto, não é de todo inconcebível.

A sociedade civil global deverá continuar crescendo, inspecionando e criticando aqueles no poder. A tendência é que a conectividade da humanidade intensifique-se, trazendo à tona uma esfera pública global. Entretanto, como o fracasso das enormes manifestações populares contra a guerra do Iraque em 2003 ilustrou muito bem, quando os líderes de superpotências definem uma linha de ação, é praticamente, senão totalmente, impossível interceptá-los antes que essa linha de ação acabe colocando-os em apuros – como foi o caso da guerra no Vietnã em 1968. Estados continuarão retendo os papéis principais no palco político mundial no futuro próximo.

Em quinto e último lugar, o modernismo cultural está sendo reciclado e reformulado, ao passo que o pós-modernismo parece restrito aos confins da centro-esquerda euro-americana. Os canais centralizados de comunicação em massa vêm sendo ameaçados por quantidades colossais de comunicações eletrônicas interpessoais.

O modernismo avança, hoje, sobretudo graças ao desenvolvimentismo asiático, somado ao africano e latino-americano. Os primeiros certamente vão se envaidecer de suas civilizações asiáticas clássicas, e vale lembrar ainda que o modernismo do século XXI é, em geral, muito mais consciente, do ponto de vista ecológico, e sofisticado, do ponto de vista existencial, do que seu antecessor. A alta cultura global e

O MUNDO

o aprendizado se tornarão cada vez menos eurocêntricos e mais centrados na Ásia. Nas próximas décadas, a tendência é que as populações cada vez mais velhas do leste asiático e da Europa coloquem o modernismo desenvolvimentista em perigo, pois suas preocupações primordiais serão a segurança e a tranquilidade.

Os legados culturais se tornarão cada vez mais fragmentados e híbridos, mas permanecerão presentes em nossas vidas sociais. Culturas nacionais serão renovadas e reproduzidas, e ganharão novo verniz. A migração transcultural não desaparecerá, mas a capacidade de assimilação cultural nacional provavelmente não conseguirá manter o mesmo ritmo. O alcance da comunicação interpessoal deverá continuar expandindo-se, e as comunidades culturais virtuais não vinculadas a territórios específicos deverão tornar-se mais importantes. O peso relativo das duas culturas, ou seja, a territorial e a virtual, provavelmente não será definido no plano cultural, mas sim no plano geopolítico, de acordo com a sina do poder estatal. Conflitos culturais deverão persistir, mas, como tem sido o caso até agora, entre entidades menores, mais recentes e mais politizadas do que civilizações. Conflitos entre quais culturas é uma boa pergunta, mas dois bons candidatos são o fundamentalismo religioso e o hedonismo secular do oeste e sul asiático – em escala semelhante, senão até mais violenta, do que a "guerra cultural" dos EUA entre o final do século XX e o início do século XXI. O valor atribuído ao sexo e aos gêneros deverá mudar. O islamismo político militante deverá minorar, depois de ter demonstrado não possuir soluções aos nossos velhos problemas mundanos. O surto religioso em quase todos, senão em todos, os antigos países comunistas poderá até desacelerar, mas não há indícios de que a marcha interrompida do secularismo será retomada.

A imaginação e a consciência mundiais deverão permanecer e expandir-se com a imersão do interior africano e asiático em redes eletrônicas. Porém, falando agora de uma perspectiva mais asiática, é pouco provável que valores universalistas, bem como uma cultura sólida de direitos humanos, avancem mais. A tendência é a profunda conscientização quanto à pluralidade dos valores humanos, além do cuidado com sua convivência em vez da propagação e da escolha do melhor.

E isso é tudo que um acadêmico cauteloso ousa dizer quanto ao futuro. Entretanto, a natureza casual e incerta do universo social humano implica que perspectivas diferentes não devem ser, *a priori*, descartadas – sobretudo a pers-

CONCLUSÃO

pectiva segundo a qual os valores e o compromisso com a ação são privilegiados em vez de probabilidades empíricas. A juventude radical que ouviu e dançou a melodia cativante dos Fóruns Sociais Mundiais, "um outro mundo é possível", não é nem ingênua, nem está equivocada. Ela constitui a esperança do novo século, porque, de fato, nós precisamos de um outro mundo.

BIBLIOGRAFIA

Alam, M. 2006. *Ageing in India*. New Delhi, Academic Foundation.

Allen, R. 2005. 'Real Wages in Europe and Asia: A First Look at the Long-Term Patterns', pp. 111–30 in R. Allen et al. (eds), *Living Standards in the Past*. Oxford, Oxford University Press.

Amnino, A. and Guerra, F. -X. (eds) 2003. *Inventando la nación. Iberoamérica Siglo XIX*. Mexico, Fondo de cultura económica.

Anant, T. C. A., et al. 2006 'Labor Markets in India: Issues and Perspectives', pp. 205–300 in J. Felipe and R. Hasan (eds), *Labor Markets in Asia*. Basingstoke, Palgrave.

Anderson, B. 1996. 'Language, Fantasy, Revolution: Java 1900–1950', pp. 26–40 in D. Lev and R. McVey (eds), *Making Indonesia*. Ithaca NY, Cornell University Southeast Asia Program.

Anderson, B. 2006. *Imagined Communities*. Rev. edn. London, Verso.

Anderson, P. 1974. *Passages from Antiquity to Feudalism*. London, NLB/Verso.

Anderson, P. 1998. *The Origins of Postmodernity*. London, Verso.

Anderson, P. 2009. *The New Old World*. London, Verso.

Anderson, P. 2010. 'Two Revolutions', *New Left Review* 61 (new series), 59–96.

Appadurai, A. 2008. 'The Capacity to Aspire: Culture and the Terms of Recognition', pp. 29–35 in D. Held and H. Moore (eds), *Cultural Politics in a Global Age*. Oxford, Oneworld.

Appiah, K. A. 1992. *In My Father's House*. New York and Oxford, Oxford University Press.

Ashcroft, B. et al. (eds) 1995. *The Post-Colonial Studies Reader*. London, Routledge.

Augar, Ph. 2009. *Chasing Alpha*. London, The Bodley Head.

Aydin, C. 2007. *The Politics of Anti-Westernism in Asia*. New York, Columbia University Press.

Bairoch, P. 1988. *Cities and Economic Development*. London, Mansell.

Bairoch, P. 1997. *Victoires et déboires*. 3 vols. Paris, Gallimard folio.

Banister, J. 2005 'Manufacturing Employment in China', *Monthly Labor Review*, July, 11–29.

Barnes, I. 2008. *World Religions*. London, Cartographica Press.

Bartelson, J. 2009. *Visions of the World Community*. Cambridge, Cambridge University Press.

Bauman, Z. 1992. *Intimations of Postmodernity*. London, Routledge.

Bayly, C. A. 2004. *The Birth of the Modern World, 1780–1914*. Oxford, Blackwell.

Bayly, S. 2007. *Asian Voices in a Postcolonial Age*. Cambridge, Cambridge University Press.

Benjamin, T. 2009. *The Atlantic World*. Cambridge, Cambridge University Press.

Berman, H. 1980. *Law and Revolution. The Formation of the Western Legal Tradition*. Cambridge. MA, Harvard University Press.

Berners-Lee, T. 1999. *Weaving the Web*. San Francisco, Harpers.

Berry, A. and Serieux, J. 2006. 'Riding the Elephants: The Evolution of World Economic Growth and Income Distribution at the End of the Twentieth Century (1980–2000)'. New York, UN, DESA Working Paper 27.

Bhatt, E. 2006. *We Are Poor But So Many*. Oxford, Oxford University Press.

Blackburn, R. 1988. *The Overthrow of Colonial Slavery*. London, Verso.

Blackburn, R. 1997. *The Making of New World Slavery*. London, Verso.

Blossfeld, H. -P. et al. (eds) 2005. *Globalization, Uncertainty and Youth in Society*. London, Routledge.

Bodde, D. 1981. *Essays on Chinese Civilization*, Princeton, NJ, Princeton University Press.

Bongaarts, J. and Zimmer, Z. 2001. 'Living Arrangements of Older Adults in the Developing World: An Analysis of DHS Household Surveys'. New York, UNFPA Working Paper 148.

Boserup, E. 1970. *Women's Role in Economic Development*. London, George Allen & Unwin.

Bourguignon, F. and Morrisson, C. 2002. 'Inequality Among World Citizens, 1820–1992', *American Economic Review* 92, 727–44.

Brading, D. 1998. 'Patriotism and the Nation in Colonial Spanish America', pp. 13–45 in L. Roniger and M. Sznajder (eds), *Constructing Collective Identities and Shaping Public Spheres*. Brighton, Sussex Academic Press.

Braudel, F. 1963/1987. *Grammaire des civilisations*. Paris, Arthaud.

Breman, J. 2003. *The Labouring Poor in India*. Oxford, Oxford University Press.

Breman, J. 2004. 'The Informal Sector', pp. 402–25 in V. Das (ed.), *Handbook of Indian Sociology*. Oxford, Oxford University Press.

Breman, J. 2007. *The Poverty Regime in Village India*. New Delhi, Oxford University Press.

Briggs, A. and Burke, P. 2005. *A Social History of the Media*. Cambridge, Polity.

BIBLIOGRAFIA

Brown, J. 2006. *Global South Asians*. Cambridge, Cambridge University Press.

Callahan, M. 2009. 'Riddle of the Tatmadaw', *New Left Review* 60, 27–64.

Cassen, B. 2003. *Tout a commencé à Porto Alegre*. Paris, Mille et Une Nuits.

Castells, M. 1996–8. *The Information Age*. 3 vols. Oxford, Blackwell.

CEPAL/ECLA. 2008. *Anuario Estadistico de América Latina y del Caribe*. Santiago de Chile, CEPAL/ECLA.

Chan, A., Madsen, R. and Unger, J. 2009. *Chen Village*. 3rd edn. Berkeley, University of California Press.

Chanda, N. 2007. *Bound Together*. New Haven, Yale University Press.

Chang, Ha-Joon. 2008. *Bad Samaritans*. New York, Random House Business Books.

Chang, L. T. 2008. *Factory Girls*. London, Picador.

Chaudhuri, K. N. 1985. *Trade and Civilization in the Indian Ocean*. Cambridge, Cambridge University Press.

Chaudhuri, K. N. 1990. *Asia Before Europe*. Cambridge, Cambridge University Press.

Chen, S. and Ravaillon, M. 2008. 'The Developing World Is Poorer Than We Thought, But No Less Successful in the Fight against Poverty'. World Bank Policy Research Working Paper 4703.

Chesnais, J.-C. 1992. *The Demographic Transition*. Oxford, Clarendon Press.

Chronic Poverty Research Centre 2004. *Chronic Poverty Report 2004–5*. Manchester, Chronic Poverty Research Centre.

Chua, A. 2003. *World on Fire*. London, William Heinemann.

Clark, P. 2009. *European Cities and Towns 400–2000*. Oxford, Oxford University Press.

Clarke, S. 2008. 'Globalization and the Uneven Subsumption of Labour Under Capital in Russia', pp. 32–51 in M. Taylor (ed.), *Global Economy Contested*. London, Routledge.

Cliggett, L. 2005. *Grains in the Grass*. Ithaca and London, Cornell University Press.

Coaldrake, W. 1996. *Architecture and Authority in Japan*. London, Routledge.

Coedès, G. 1966. *The Making of Southeast Asia*. London, Routledge & Kegan Paul.

Coedès, G. 1968. *The Indianized States of Southeast Asia*. Honolulu, East-West Centre Press.

Collins, R. 2006. *A Short History of Africa*. Princeton, Markus Wiener.

Cooke, Fang Lee 2005. *HRM, Work and Employment in China*. London, Routledge.

Cornia, G. A. and Paniccià, R. (eds) 2000. *The Mortality Crisis in Transition Economies*. Oxford, Oxford University Press.

Cousins, L. S. 1985. 'Buddhism', pp. 278–343 in J. Hinnells (ed.), *A Handbook of Living Religions*. London, Penguin.

Croll, E. 2006. *China's New Consumers*. London, Routledge.

| 305 |

O MUNDO

Curtin, P. 1984. *Cross-Cultural Trade in World History*. Cambridge, Cambridge University Press.

Curtin, P. 2000. *The World and the West*. Cambridge, Cambridge University Press.

Dale, S. 2010. *The Muslim Empires of the Ottomans, Safavids, and Mughals*. Cambridge, Cambridge University Press.

Dalrymple, W. 2009. *Nine Lives*. London, Bloomsbury.

Darwin, J. 2007. *After Tamerlane*. London, Allen Lane.

Das, S. 2010. 'Caste, Ethnicity, and Religion: Linkages with Unemployment and Poverty', pp. 354–67 in S. Thorat and K. Newman (eds), *Blocked by Caste. Economic Discrimination in Modern India*. New Delhi, Oxford University Press.

Das, V. 2004. 'Introduction', pp. 1–16 in V. Das (ed.), *Handbook of Indian Sociology*. Oxford, Oxford University Press.

Datt, R. 2002. 'Industrial Relations: The Menacing Growth of the Phenomenon of the Lockout', pp. 179–200 in R. Kumar (ed.), *Indian Labour in the Post-Liberalisation Period*. Kolkata, K. P. Bagchi & Co.

Davis, M. 2006. *Planet of Slums*. London, Verso.

Deaton, A. S. 1976. 'The Structure of Demand 1920–1970', pp. 89–131 in C. Cipolla (ed.), *The Fontana Economic History of Europe*, vol. 5:1. London, Collins/Fontana.

De Grazia, V. 2005. *Irresistible Empire*. Cambridge, MA, Belknap Press.

Demélas, M. -D. 2003. *La Invención de la política*. Lima, IFEA & IEP.

Diop, C. A. 1967/1993. *Antériorité des civilisations nègres: Mythe ou vérité historique?* Paris, Présence Africaine.

Dobson, W. and Hufbauer, G. C. 2001. *World Capital Markets*. Washington, DC, Institute for International Economics.

Dunn, J. 2005. *Setting the People Free. The Story of Democracy*. London, Atlantic Boks.

Eckert, C. J. et al. 1990. *Korea Old and New*. A History. Seoul, Ilchokak.

Eisenstadt, S. 2006. *The Great Revolutions and the Civilizations of Modernity*. Leiden-Boston, Brill.

Eurostat. 2008. Europe Memo/08/752.

Felipe, J. and Hasan, R. 2006. 'Labor Markets in a Globalizing World', pp. 63–142 in J. Felipe and R. Hasan (eds), *Labor Markets in Asia*. Basingstoke, Palgrave.

Fernández-Armesto, F. 2000. *Civilizations*. London, Macmillan.

Fernández-Armesto, F. 2008. *The World: A Brief History*. 2 vols. Upper Saddle River, NJ, Pearson Prentice-Hall.

Fleck, S. 2009. 'International Comparisons of Hours Worked: An Assessment of the Statistics', *Monthly Labor Review* May, 3–26.

Fogel, J. 2009. *Articulating the Sinosphere*. Cambridge, MA, Harvard University Press.

Fourastié, J. 1979. *Les Trente glorieuses*. Paris, Fayard.

Gereffi, G. et al. 2005. 'The governance of global value chains', *Review of International Economy* 21:1, 78–104.

BIBLIOGRAFIA

Githiora, C. 2008. 'Kenya: Language and the Search for a Coherent National Identity', pp. 235–51 in A. Simpson (ed.), *Languages and National Identity in Africa*. Oxford, Oxford University Press.

Glasius, M. and Timms, J. 2005. 'The Role of Social Forums in Global Civil Society: Radical Beacon or Strategic Infrastructure?', in H. Anheier et al. *Global Civil Society 2004/5*. Los Angeles and London, Sage.

Glenny, M. 2008. *McMafia*. New York, Alfred Knopf.

Goody, J. 1976. *Production and Reproduction*. Cambridge, Cambridge University Press.

Goody, J. 1993. *The Culture of Flowers*. Cambridge, Cambridge University Press.

Goody, J. 1998, *Food and Love*. London, Verso.

Goody, J. 2010. *Renaissances*. Cambridge, Cambridge University Press.

Graebner, W. 1980. *A History of Retirement*. New Haven and London, Yale University Press.

Graevenitz, G. von (ed.) 1999. *Konzepte der Moderne*. Stuttgart-Weimar, J. B. Metzler.

Grewal, D. S. 2008. *Network Power*. New Haven and London, Yale University Press.

Guilmoto, C. 2009. 'The Sex Ratio Transition in Asia', *Population and Development Review* 35(3): 519–50.

Guimarães, N. A. 2009. *Desemprego, uma construção social. São Paolo, Paris e Tóquio*. Belo Horizonte, Argumentum.

Gumbrecht, H. U. 1978. 'Modern, Modernität, Moderne', pp. 93–131 in O. Brunner et al. (eds), *Geschichtliche Grundbegriffe*. Stuttgart, Klett-Cotta.

Gutton, J. -P. 1988. *Naissance du vieillard*. Paris, Aubier.

Haavio-Mannila, E. and Rotkirch, A. 2010. 'Sexuality and Family Formation', pp. 465–97 in S. Immefall and G. Therborn (eds), *Handbook of European Societies. Social Transformations in the 21st Century*. New York and Berlin, Springer.

Hadiz, V. 2001. 'New Organizing Vehicles in Indonesia: Origins and Prospects', pp. 108–26 in J. Hutchinson and A. Brown (eds) *Organising Labour in Globalising Asia*. London, Routledge.

Hanlon, P., Walsh, D. and Whyte, B. 2006, *Let Glasgow Flourish*. Glasgow, Centre for Population Health.

Harle, J. C. 1986/94. *The Art and Architecture of the Indian Subcontinent*. New Haven and London, Yale University Press.

Hatton, T. and Williamson, J. 2006. *Global Migration and the World Economy*. Cambridge, MA, MIT Press.

Hattstein, M. and Delius, P. 2005. *Islam. Kunst und Architektur*. Netherlands, Könemann.

Haynes, J. (ed.) 1998. *Religion in Global Politics*, New York, Longman.

Heinsohn, G. 2008. *Söhne und Weltmacht: Terror im Aufstieg und Fall der Nationen*. Munich, Piper.

| 307 |

Hempel, J. 2009. 'How Facebook Is Taking Over Our Lives', *Fortune*, 2 March, 35–41.

Hertel, T. and Zhai, F. 2004. 'Labor Market Distortions: Rural–Urban Market Inequality and the Opening of China's Economy'. Washington, DC, World Bank Policy Research Paper 3455.

Hobsbawm, E. 1987. *The Age of Empire, 1875–1914*. London, Weidenfeld & Nicolson.

Höllinger, F. and Haller, M. 2009. 'Decline or Persistence of Religion', pp. 281–301, in M. Haller et al. (eds), *The International Social Survey Programme 1984–2009*. London, Routledge.

Hourani, A. 1983. *Arabic Thought in the Liberal Age, 1798–1939*. Cambridge, Cambridge University Press.

Howland, D. R. 1996. *Borders of Chinese Civilization*. Durham, NC, Duke University Press.

Huang, Y. 2008. *Capitalism with Chinese Characteristics*. Cambridge, Cambridge University Press.

Huard, P. and Durand, M. 1954. *Connaissance du Viêt-Nam*. Paris, Imprimerie Nationale.

Humboldt, A. von. 1966[1822]. *Ensayo político sobre el Reino de La Nueva España*. Mexico, Porrua.

Humphreys, R. 1999. *Futurism*. London, Tate Publishing.

Huntington, S. 1996. *The Clash of Civilizations and the Remaking of the World Order*. New York, Simon & Schuster.

Ibn Khaldun. 1967[1377]. *The Muqaddinah. An Introduction to History*. London, Routledge & Kegan Paul.

Ichijo, A. and Uzelac, G. (eds) 2005. *When is the Nation?* London, Routledge.

Iliffe, J. 2007. *Africans*. 2nd edn. Cambridge, Cambridge University Press.

ILO. 2007. *Key Indicators of the Labour Market*. Geneva, ILO.

ILO. 2008a. *Global Employment Trends*. January. Geneva, ILO.

ILO. 2008b. *Global Wage Report 2008/09*. Geneva, ILO.

ILO. 2009. *Global Employment Trends*. January. Geneva, ILO.

ILO. 2010. *Global Employment Trends*. Geneva, ILO.

IMF. 2009. *World Economic Outlook Update*. July.

Inglehart, R., Halman, L. and Welzel, C. 2004. 'Introduction', pp. 1–20 in R. Inglehart et al. (eds), *Human Beliefs and Values*. Mexico, Siglo XXI.

International Sociology. 2001. Special issue on Civilizations, 16:3.

Jacques, M., 2009. *When China Rules the World*. London, Allen Lane.

James, C. L. R. 1938. *The Black Jacobins*. New York, Vintage Books.

Jodhka, S. 2006. 'Agrarian Structures and Their Transformations', pp. 365–87 in V. Das (ed.), *Handbook of Indian Sociology*. Oxford, Oxford University Press.

John, J. and Narayanan, P. 2006. 'Elimination of Child Labour: Why Have We Failed?', pp. 180–200 in Council for Social Development, *India Social Development Report*, Oxford and New Delhi, Oxford University Press.

Jones, G. 2007. 'Delayed Marriage and Very Low Fertility in Asia', *Population and Development Review* 33(3), 453–78.

Joshi, S. 2001. *Fractured Modernity*. New Delhi, Oxford University Press.

Kaldor, M. , Kumar, A. and Seckinelgin, H. 2009. 'Introduction', pp. 1–25 in A. Kumar et al. (eds), *Global Civil Society 2009*. Los Angeles and London, Sage.

Kapsos, S. 2007. 'World and Regional Trends in Labour Force Participation: Methodologies and Key Results', ILO, Economic and Labour Market Papers, 2007/1.

Kaser, K. 2000. *Macht und Erbe*. Vienna: Böhlau.

Keay, J. 2000. *India. A History*. London, Hammersmith.

Kennedy, H. 2007. *The Great Arab Conquests*. London, Weidenfeld & Nicolson.

Khilnani, S. 1998. *The Idea of India*. New York, Farrar Straus & Giroux.

Khondker, H. H. 2006. 'The National, the Religious, and the Global in the Construction of Global Identity in Bangladesh', pp. 81–106 in G. Therborn and H. H. Khondker (eds), *Asia and Europe in Globalization*. Leiden, Brill.

Kiernan, V. 1969. *The Lords of Human Kind*. London, Weidenfeld & Nicolson.

Kim, Jin Wook and Choi, Young Jun. 2008. 'Private Transfers and Emerging Welfare States in East Asia: Comparative Perspectives', Luxemburg Income Study Working Paper 507.

Kiple, K. 2007. *A Movable Feast*. Cambridge, Cambridge University Press.

Kosellek, R. 2002. *The Practice of Conceptual History*. Stanford, Stanford University Press.

Kumar, A. et al. (eds) 2009. *Global Civil Society 2009*. Los Angeles and London, Sage.

Kuznesof, E. 2005. 'The House, the Street, Global Society: Latin American Families and Childhood in the Twenty-first Century', *Journal of Social History* 38:4, 859–72.

Lam, W. 2009. 'Hu Jintao's Great Leap Backward', *Far Eastern Economic Review* Jan/Feb, 161.

Lapidus, I. 2002. *A History of Islamic Societies*. 2nd edn. Cambridge, Cambridge University Press.

Lawrence, S. & Ishikawa, J. 2005. 'Trade Union Membership and Collective Bargaining Coverage: Statistical Concepts, Methods and Findings', Geneva, ILO Social Dialogue Indicators, Working Paper 59.

Lee, C. K. 2007a. *Against the Law: Labor Protest in China's Rustbelt and Sunbelt*. Berkeley, California University Press.

Lee, C. K. (ed.) 2007b. *Working in China*. London, Routledge.

Lett, E. and Banister, J. 2009. 'China's Manufacturing Employment and Compensation Costs: 2002–06', *Monthly Labor Review*, April, 30–38.

Lewis, B. 1964/1994. *The Shaping of the Modern Middle East*. New York and Oxford, Oxford University Press.

Li Yongping and Peng Xizhe. 2000. 'Age and Sex Structure', in Peng Xizhe and Guo Zhigang (eds), *The Changing Population of China*. Oxford, Blackwell.

O MUNDO

Li, Zhisni 1994. *The Private Life of Chairman Mao*. London, Arrow.

Lindert, P. H. 2000. 'Three Centuries of Inequality in Britain and America', pp. 167–216 in A. Atkinson and F. Bourguignon (eds), *Handbook of Income Distribution*, vol. 1. Amsterdam, Elsevier.

Liu Yanbin, 2007. *China's Labor Market and Proactive Employment Policy*. OECD seminar, www. oecd. org.

Livi-Bacci, M. 2007. *A Concise History of World Population*. 4th edn. Oxford, Blackwell.

Logan, W. 2000. *Hanoi. Biography of a City*. Sydney, UNSW Press.

Lyotard, J.-F. 1984. *The Postmodern Condition*. Minneapolis, University of Minnesota Press.

McKeown, A. 2004. 'Global Migration, 1846–1940', *Journal of World History* 15, 185–9.

McNeill, J. R. 2000. *Something New Under the Sun*. London, Penguin.

McNeill, J. R. 2010. *Mosquito Empires*. Cambridge, Cambridge University Press.

McNeill, W. 1979. *Plagues and Peoples*. Harmondsworth, Penguin.

Maddison, A. 2001. *The World Economy. A Millennial Perspective*. Paris, OECD.

Maddison, A. 2007. *Contours of the World Economy, 1–2030 AD*. Oxford University Press.

el Magd, N. A. 2008. 'Website Ignites Political Action', *Guardian*, 1 May, 20.

Mamdani, M. 1996. *Citizen and Subject*. Princeton, Princeton University Press.

Markovits, C. 2000. *The Global World of Indian Merchants, 1750–1947*. Cambridge, Cambridge University Press.

Marmot, M. 2004. *Status Syndrome*. London, Bloomsbury.

Marmot, M. 2005. 'Social Determinants of Health Inequalities', *The Lancet* 365(9464), 1099–104.

Marr, D. 1981. *Vietnamese Tradition on Trial, 1920–1945*. Berkeley, University of California Press.

Martin, D. 1997. *Reflections on Sociology and Theology*. Oxford, Clarendon Press.

Mason, P. 2007. *Live Working or Die Fighting*, London, Harvill Secker.

Mason, R. H. P. 1969. *Japan's First General Election, 1890*. Cambridge, Cambridge University Press.

Mayer, K. U. (ed.) 1990. *Lebensverläufe und sozialer Wandel*. Kölner Zeitschrift für Soziologie, Sonderheft (special issue), 31.

Mazrui, A. and A. M. 1998. *The Power of Babel*. James Currey.

Mbembe, A. 2001. *On the Postcolony*. Berkeley, University of California Press.

Mensch, B., Grant, M. and Blanc, A. 2006. 'The Changing Context of Sexual Initiation in sub-Saharan Africa', *Population and Development Review* 32(4), 699–727.

BIBLIOGRAFIA

Meyer, J. et al. 1997. 'World Society and the Nation-State', *American Journal of Sociology* 103(1), 144–81.

Micklethwait, J. and Wooldridge, A. 2009. *God Is Back*. London, Allen Lane.

Milanovic, B. and Yitzhaki, S. 2002. 'Decomposing World Income Distribution: Does the World Have a Middle Class?', *Review of Income and Wealth* 48:2, 155–77.

Milanovic, B. 2008. 'Even Higher Global Inequality Than Previously Thought: A Note on Global Inequality Calculations Using the 2005 International Comparison Program Results', *International Journal of Health Services* 38:3, 421–9.

Mitchell, L. 2009. *Language, Emotion and Politics in South India*, Indiana University Press.

Mitford, N. 1955. 'The English Aristocracy', pp. 158–68 in S. Spender et al. (eds), *Encounters*. London, Weidenfeld & Nicolson.

Morrisson, C. 2000. 'Historical Perspectives on Income Distribution: The Case of Europe', pp. 217–60 in A. Atkinson and F. Bourguignon (eds), *Handbook of Income Distribution*, vol. 1. Amsterdam, Elsevier.

Mosley, L. 2007. 'The Political Economy of Globalization', pp. 106–25 in D. Held and A. McGrew (eds), *Globalization Theory*. Cambridge, Polity.

Mudimbe, V. Y. 1988. *The Invention of Africa*. London, James Currey.

Mukherjee, R. 2002. 'Agricultural Labour in the Indian Economy', pp. 259–72 in R. Kumar (ed.), *Indian Labour in the Post-Liberalisation Period*. Kolkata, K. P. Bagchi & Co.

Müller, B. and Haller. M. 2009. 'Social Identities in Comparative Perspective', pp. 175–96 in M. Haller, R. Jowell and T. Smith (eds), *The International Social Survey Programme, 1984–2009*. London, Routledge.

Müller, W. and Kogan, J. 2010. 'Education', pp. 217–89 in S. Immerfall and G. Therborn (eds), *Handbook of European Societies*. New York, Springer.

Murozumi, M. and Shikata, M. 2008. 'The Structure of Income in Elderly Households and Relative Poverty Rates in Japan from the Viewpoint of International Comparisons'. Luxemburg Income Study Working Paper 483. www.lisproject.org.

Nagaraj, R. 2007. 'Labour Market in India'. OECD Seminar on Labour Markets in Brazil, China, and India. www.oecd.org.

Nanda, A. R. and Ali, A. 2007. 'Health Sector: Issues and Challenges', pp. 18–32 in Council for Social Development, *India Social Development Report*, Oxford and New Delhi, Oxford University Press.

National Sample Survey Organization. 2003. *Household Consumer Expenditure and Employment-Unemployment Situation in India. NSS 58th Round*. Delhi, Government of India.

Newsweek. 2010. Issues 2010. Special edition.

Nigerian National Bureau of Statistics. 2006. Census of 1991.

Nisbett, R. 2003. *The Geography of Thought*. London and Yarmouth Maine, Nicholas Brealey.

OECD. 1999. *Historical Statistics 1960–1997*. Paris OECD.

|311|

OECD. 2000. *Economic Outlook*. Paris OECD.

OECD. 2006. *OECD in Figures, 2006–2007*. www.oecd.org.

OECD. 2007a. *OECD Employment Outlook*. Paris, OECD.

OECD. 2007b. *OECD Economic Survey of India*. Paris, OECD.

OECD. 2008. *Growing Unequal?* Paris, OECD.

OECD. 2009. *OECD in Figures*. Paris, OECD Observer Supplement 1.

OECD. 2010. *OECD Economic Surveys. China*. Paris, OECD.

Okafor, O. C. 2009. 'Remarkable Returns: The Influence of Labour-Led Socio-Economic Rights Movement on Legislative Reasoning, Process and Action in Nigeria, 1999–2007', *Journal of Modern African Studies* 47:2, 241–66.

Okri, B. 1991. *The Famished Road*. London, Vintage.

Oommen, T. K. 2009. 'Indian Labour Movement: Colonial Era to the Global Age', *Economic and Political Weekly* XLIV(52), 81–9.

Osterhammel, J. and Peterson, N. P. 2005. *Globalization. A Short History*. Princeton, Princeton University Press.

Panikkar, K. M. 1960. *Common Sense About India*. London, Victor Gollancz.

Parish, W., Laumann, E. and Mojola, S. 2007. 'Sexual Behavior in China: Trends and Comparisons', *Population and Development Review* 33(4): 729–56.

Peleggi, M. 2007. *Thailand, The Wordly Monarchy*. London, Reaktion Books.

Peng Xizhe and Guo Zhigang (eds) 2000. *The Changing Population of China*. Oxford, Blackwell.

Poceski, M. 2009. *Introducing Chinese Religions*. London, Routledge.

Pochmann, M. et al. 2005. *Atlas da exclusão social*, vol. 5. Agenda não liberal da inclusão social no Brasil. São Paolo, Cortez editora.

Poe, D. Z. 2003. *Kwame Nkrumah's Contribution to Panafricanism*. London, Routledge.

Pollock, S. 1996. 'The Sanskrit Cosmopolis', pp. 197–247 in J. E. M. Houben (ed.), *The Ideology and Status of Sanskrit*. Leiden, Brill.

Pollock, S. 1998. 'India in the Vernacular Millennium: Literary Culture and Polity in South Asia, 1400–1750', *Daedalus*, Summer, 41–74.

Pollock, S. 2006. *The Language of the Gods in the World of Men*. Berkeley, University of California Press.

Pomeranz, K. 2000. *The Great Divergence*. Princeton, Princeton University Press.

Porter, R. 2000. *The Creation of the Modern World*. New York and London, Norton.

Poston Jr, D. L., Mao, M. X. and Yu Mei-yu. 1994. 'The Global Distribution of Chinese around 1990', *Population and Development Review* 20(3), 631–45.

Potts, L. 1990. *The World Labour Market. A History of Migration*. London, Zed Books.

BIBLIOGRAFIA

Przeworski, A. and Vreeland, J. 2000. 'The Effect of IMF Programs on Economic Growth', *Journal of Development Economics* 62, 385–421.

Rahman, T. 2000. *Language and Politics in Pakistan*. Oxford, Oxford University Press.

Rao, A. 2009. *The Caste Question. Dalits and the Politics of Modern India*. Berkeley, University of California Press.

Ratha, D. and Xu Zhimei. 2008. *Migration and Remittances Factbook*. Washington, World Bank.

Ray, R. and Qayum, S. 2009. *Cultures of Servitude*. Stanford, CA, Stanford University Press.

Reid, A. (ed.) 1997 *The Last Stand of Asian Autonomies*. Basingstoke, Macmillan.

Richta, R. et al. 1969. *Civilizace na rozcesti*. Prague, Rudé Pravo.

Riley, J. C. 2005. 'Estimates of Regional and Global Life Expectancy, 1800–2001', *Population and Development Review* 31(3), 537–43.

Roberts, R. and Kynaston, D. 2001 *City State*. London, Profile Books.

Rock, M. 2001. 'The Rise of the Bangladesh Independent Garment-Workers Union (BIGU)', pp. 27–47 in J. Hutchinson and A. Brown (eds), *Organising Labour in Globalising Asia*. London, Routledge.

Rodrik, D. 1997. 'What Drives Public Employment?' Cambridge, MA, National Bureau of Economic Research, Working Paper 6141.

Rogan, E. 2009. *The Arabs*. London, Allen Lane.

Rosenau, P. M. 1992. *Postmodernism and the Social Sciences*. Princeton, NJ, Princeton University Press.

Rossi, I. and Rossi, M. 2009. 'Religiosity. A Comparison Between Latin Europe and Latin America', pp. 302–12 in M. Haller et al. (eds), *The International Social Survey Programme 1984–2009*. London, Routledge.

Roy, O. 2004. *Globalized Islam*. London, Hurst & Company.

Roy, O. 2008. *La Sainte Ignorance*. Paris, Seuil.

Roy, O. 2010. 'The Allure of Terrorism', *International Herald Tribune*, 11 January, 6.

Runciman, W. G. 2009. *The Theory of Cultural and Social Selection*. Cambridge, Cambridge University Press.

Sarotte, M. E. 2009. *1989: The Struggle to Create Post-war Europe*. Princeton, NJ, Princeton University Press.

Sassen, S. 2001. *The Global City*. Rev edn. (1st edn 1991). Princeton, NJ, Princeton University Press.

Saunders, P. 2007. 'Comparing Poverty Among Older People in Urban China Internationally', *The China Quarterly* 190, 451–65.

Schama, S. 2006. *Rough Crossings*. London, BBC Books.

Schwarz, H. and Ray, S. (eds) 2000. *A Companion to Postcolonial Studies*. Oxford, Blackwell.

Scholte, J. A. and Timms, J. 2009. 'Global Organisation in Civil Society. The Effects on Poverty', pp. 80–95 in A. Kumaret et al. (eds), *Global Civil Society 2009*. Los Angeles and London, Sage.

Seidman, S. (ed.) 1994. *The Postmodern Turn*. Cambridge, Cambridge University Press.

Sen., A. 2005. *The Argumentative Indian*. London, Allen Lane.

Shavit, Y. and Blossfeld, H.-P. 1993. *Persistent Inequality*. Boulder, CO, Westview Press.

Shane, S. 2010. 'In Terror Scares, Evidence of a Diminished Enemy', *International Herald Tribune*, 14 January, 1, 4.

Shenoy, P. D. 2006. *Globalization. Its Impact on Industrial Relations in India*. Geneva, ILO and New Dawn Press.

Sherlock, S. 2001. 'Labour and the Remaking of Bombay', pp. 147–67 in J. Hutchinson and A. Brown (eds), *Organising Labour in Globalising Asia*. London, Routledge.

Shimazu, N. 1998. *Japan, Race and Equality: The Racial Equality Proposal of 1919*. London, Routledge.

Silver, B. 2003. *Forces of Labour*. Cambridge, Cambridge University Press.

Simpson A. 2008 (ed.) *Languages and National Identity in Africa*. Oxford, Oxford University Press.

Singh, Y. 2002. *Modernization of Indian Tradition*. Jaipur and New Delhi, Rawat.

Sklair, L. 2001. *The Transnational Capitalist Class*. Oxford, Blackwell.

Skocpol, T. 1992. *Protecting Soldiers and Mothers*. Cambridge, MA. Belknap.

Smeeding, T. et al. 2008. 'Elderly Poverty in an Ageing World: Conditions of Social Vulnerability and Low Income for Women and Men in Rich and Middle-Income Countries', Luxemburg Income Study, Working Paper Series 497. www.lisproject.org.

Smith, D. 2003. *Hinduism and Modernity*. Oxford, Blackwell.

Smith, S. A. 2008. *Revolution and the People in Russia and China*. Cambridge, Cambridge University Press.

Speir, C. 1973. *Phases of Indian Civilization*. Delhi, Cosmo Publications.

Spence, J. 1990. *The Search for Modern China*. New York and London, Norton.

Srinivas, M. N. 2002. *Collected Essays*. Oxford, Oxford University Press.

Srinivasan, S. and Bedi, A. S. 2009. 'Tamil Nadu and the Diagonal Divide in Sex Ratios', *Economic and Political Weekly* XLIV(3), 56–63.

Stewart, K. 2009. 'Poverty, Inequality and Child Well-being in International Context: Still Bottom of the Pack?', pp. 267–90 in J. Hills et al. (eds), *Towards a More Equal Society?* Bristol, Policy Press.

Stuckler, D., King, L. and McKee, M. 2009. 'Mass Privatisation and the Post-Communist Mortality Crisis: A Cross-National Analysis', *The Lancet* 373(9661), 399–407.

Sugyarto, G., et al. 2006. Labor Markets in Indonesia: Key Challenges and Policy Issues', pp. 301–66 in in J. Felipe and R. Hasan (eds), *Labor Markets in Asia*. Basingstoke, Palgrave.

Summerfield, G. 2006. 'Gender Equity and Rural Land Reform in China', pp. 137–58 in J. S. Jaquette and G. Summerfield (eds), *Women and Gender*

Equity in Development Theory and Practice. Durham and London, Duke University Press.

Tao, R. 2006. 'The Labor Market in the People's Republic of China', pp. 503–58 in J. Felipe and R. Hasan (eds), *Labor Markets in Asia*. Basingstoke, Palgrave.

Taylor, M. 2008. 'Power, conflict and the production of the global economy', pp. 11–31 in M. Taylor (ed.), *Global Economy Contested*. London, Routledge.

Taylor, P. (ed.) 2007. *Modernity and Re-enchantment. Religion in Post-revolutionary Vietnam*. Singapore, ISEAS.

Taylor, P. J. 2004. *World City Network*. London, Routledge

Taylor, P. J. 2009. 'Measuring the World City Network: New Developments and Results', GaWC Research Bulletin 300, www.lboro.ac.uk/gawc/rb/rb300.html.

Tezanos, J. F. (ed.) 2009. *Juventud y Exclusión Social*. Madrid, Sistema.

Therborn, G. 1984. 'The Prospects of Labour and the Transformation of Advanced Capitalism', *New Left Review* 145, 5–38.

Therborn, G. 1989. 'Reform and Revolution. Reflections on Their Linkages Through the Great French Revolution', pp. 197–222 in J. Bohlin et al. (eds), *Samhällsvetenskap, ekonomi, historia*. Göteborg, Daidalos.

Therborn, G. 1992 'The Right to Vote and the Four Routes to/through Modernity', pp. 62–92 in R. Torstendahl (ed.), *State Theory and State History*. London, Sage.

Therborn, G. 1995. *European Modernity and Beyond*. London, Sage.

Therborn, G. 2004. *Family in the World, 1900–2000*. London, Routledge.

Therborn, G. 2006. 'Meaning, Mechanisms, Patterns and Forces: An Introduction', pp. 1–60 in G. Therborn (ed.), *Inequalities of the World*. London, Verso.

Thorat, S. and Newman, K. (eds) 2010. *Blocked by Caste. Economic Discrimination in Modern India*. New Delhi, Oxford University Press.

Tilkidjiev, N. (ed.) 1998. *Middle Class as a Precondition of a Sustainable Society*. Sofia, AMCD.

Tokman, V. 2004. *Una voz en el camino. Empleo y equidad en América Latina: 40 aõs de búsqueda*. Santiago de Chile, Fondo de Cultura Económica.

Topan, F. 2008. 'Tanzania: The Development of Swahili and a National and Official Language', pp. 252–66 in A. Simpson (ed.), *Languages and National Identity in Africa*. Oxford, Oxford University Press.

Trocki, C. 1997. 'Chinese Pioneering in Southeast Asia, 1760–1840', pp. 83–102 in A. Reid (ed.), *The Last Stand of Asian Autonomies*. Basingstoke, Macmillan.

Tryhorn, C. 2009. 'Nice Talking To You, Mobile', *Guardian*, 3 March, 16.

Tu Wei-ming. 1990. 'The Confucian Tradition', pp. 112–37 in P. Ropp (ed.), *Heritage of China*. Berkeley, University of California Press.

UN. 2008. Department of Economic and Social Affairs, Population Division, www.esa.un.org/migration.

UNDP. 2007a. *Human Development Report 2007/2008*. Geneva, UNDP.

UNDP. 2007b. *Human Development Report China 2007/2008*. Geneva, UNDP.

UNESCO. 2005, *International Flows of Selected Cultural Goods and Services, 1994–2003*. Paris, UNESCO.

UNFPA. 2007. *The State of World Population*. New York, UNFPA.

UNFPA. 2008. *The State of World Population*. New York, UNFPA.

UNFPA. 2009. *The State of World Population*. New York, UNFPA.

UN Habitat. 2007. *The State of African Cities*. Nairobi, UN.

UN Habitat. 2008. *The State of the World Cities 2008/9*. Nairobi, UN.

UNICEF. 2005. *The State of the World's Children*. Geneva, UNICEF.

UNICEF. 2006. *The State of the World's Children*. Geneva, UNICEF.

UNICEF. 2008. *The State of the World's Children*. Geneva, UNICEF.

US Congress 2008. Congressional Budget Office, Issue Brief 17.4.

US Department of Health and Human Services. 2008. *Health*, United States.

US Department of Labor. 2008. *A Chartbook of International Labor Comparisons*.

Venkata Ratnam, C. S. 1994. 'Changing Role of Trade Unions in a Period of Transition', in P. Sinha et al. (eds), *Trade Unions in a Period of Transition*. Delhi: Friedrich Ebert-Stiftung.

Wallech, S. 1992. ' "Class versus Rank": The Transformation of Eighteenth-Century English Social Terms and Their Theories of Production', pp. 269–91 in M. C. Horowitz (ed.), *Race, Gender, Rank*. Rochester, NY, Rochester University Press.

Wallerstein, I. 1974. *The Modern World System*, vol. I. New York, Academic Press.

Waterman, P. and Timms, J. 2004 'Trade Union Internationalism and Global Civil Society in the Making', in H. Anheier et al. (eds), *Global Civil Society 2004/5*. London, Sage.

Weber, E. 1979. *Peasants Into Frenchmen: The Modernization of Rural France, 1870–1914*. London, Chatto & Windus.

Welch, A. T. 1985. 'Islam', pp. 123–70 in J. Hinnells (ed.), *A Handbook of Living Religions*. London, Penguin.

Westad, O. A. 2005. *The Global Cold War*. Cambridge, Cambridge University Press.

WHO. 2008a. Commission on Social Determinants of Health, 2008. *Closing the Gap in a Generation*. Final report. Geneva, WHO.

WHO. 2008b. *World Health Report*. Geneva, WHO.

Wilkinson, R., and Pickett, K. 2009. *The Spirit Level*. London, Allen Lane.

World Bank. 1990. *World Development Report*. Washington, DC, World Bank.

World Bank. 1994. *Averting the Old Age Crisis*. New York, Oxford University Press.

World Bank. 2000. *World Development Indicators*. Washington, DC, World Bank.

BIBLIOGRAFIA

World Bank. 2002 *Globalization, Growth, and Poverty*. Washington, DC, World Bank.

World Bank. 2005. *World Development Indicators*. Washington, DC, World Bank.

World Bank. 2007a. *Purchasing Power Parities ICP*. Washington, DC, World Bank.

World Bank. 2007b. *Remittances Trends*. Washington, DC, World Bank.

World Bank. 2007c. *World Development Report*. Washington, DC, World Bank.

World Bank. 2008. *Migration and Development Brief 5*. Washington, DC, World Bank.

World Bank. 2009. *World Development Report*. Washington, DC, World Bank.

World Bank. 2010. *World Development Report*. Washington, DC, World Bank.

Wrong, M. 2000. *In the Footsteps of Mr Kurtz*. London, Fourth Estate.

Yadav, N. 2006. *Gender, Caste and Class in India*. New Delhi, Pragun.

Xiang Biao. 2008. 'Ethnic Transnational Middle Classes in Formation: A Case Study of Indian Information Technology Professionals', pp. 341–68 in A. Saith, M. Vijayabaskar and V. Gayathri (eds), *ICT and Indian Social Change*. New Delhi and London Sage.

Zea, L. 1965. *El Pensaminento Latinoamericano*. 2 vols. Mexico, Pormaca.

Zeng Yi. 2000. 'Marriage Patterns in Contemporary China', pp. 91–100 in P. Xizhe and G. Zhigang (eds), *The Changing Population of China*. Oxford, Blackwell.

O AUTOR

Göran Therborn, sociólogo, é professor emérito de Sociologia na Universidade de Cambridge. Foi codiretor do Swedish Collegium for Advanced Studies in the Social Sciences e professor de Sociologia da Uppsala University, na Suécia. Costuma ser solicitado para palestras e workshops em universidades espalhadas pelo mundo todo, como Estados Unidos, França e diversos países da América Latina. Profícuo autor, destacou-se por seus estudos sobre os rumos do capitalismo e do marxismo contemporâneos. Desde a década de 1990, Therborn enfoca suas pesquisas nos estudos comparativos das sociedades.

GRÁFICA PAYM
Tel. (11) 4392-3344
paym@terra.com.br